KB066001

생각 바꾸기 훈련 사례

REBT와
인지이론의 실제

홍경자 편저

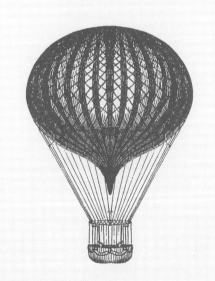

학지사

머리말

이 세상은 거대한 드라마의 현장이다.

기쁨과 슬픔으로 점철된 인생길에서 거의 모든 사람에게는 어김없이 행복한 순간이 있고 또 고난의 시기가 있다. 문제는 좌절감을 안겨 주는 실패와 고난의 시기를 우리가 어떻게 지혜롭게 잘 타개해 나가느냐에 있다고 하겠다. 대부분의 사람은 시련의 시기를 맞이하더라도 얼마의 시간이 지난 다음에는 방황과 고통을 떨치고 일어선다. 그런데 어떤 이는 좌절과 절망의 늪에서 허둥대며 귀중한 삶의 시간을 허송한다.

무엇이 이런 차이를 가져오는가? 그것은 자기가 경험하는 실패나 불운에 대해서 어떤 생각과 태도로 임하는가에 따라 이런 차이점이 나타난다고 하겠다. 그래서 심리적인, 적응적인 문제를 풀어 나가는 데 있어서 개인의 사고(인지) 과정, 즉 인지적인 면에 초점을 맞추는 상담과 치료의 방법이 현대에 와서는 가장 많은 각광을 받고 있다.

개인의 사고방식이 그의 행복감과 불행감을 좌우하고, 적응적·부적응적 결과를 야기한다는 이론을 최초로 체계화한 사람은 엘리스(Albert Ellis)다. 엘리스의 '합리적 정서행동치료(REBT)'이론은 지나치게 경쟁적인 우리나라의

사회 분위기 속에서 스트레스를 심하게 받고 있는 청소년, 부모, 교사, 직장
인들에게 많은 도움을 줄 것으로 사료된다. 또 유교 문화가 심어 준 경직된
삶의 방식에서 탈피하여 유연한 태도로 살아가는 길을 제시하는 것으로 보
인다. 그래서 저자는 엘리스가 저술한 다음과 같은 REBT 책을 우리나라에서
처음으로 번역하였다. 그리고 1980년대부터 지금까지 심리상담에 REBT를
적용해 오고 있다.

- 엘리스 & 하퍼 저 / 홍경자 역(1984). **이성을 통한 자기성장**(Growth through reason). 서울: 탐구당
- 엘리스 저 / 홍경자 역(1986). **정신건강적 사고**(A new guide for rational living). 대구: 이문출판사
- 엘리스 저 / 홍경자, 김선남 역(1995). **화가 날 때 읽는 책**(Anger: How to live with/without it). 서울: 학지사

저자가 실제로 인도한 REBT 집단상담에 참여한 사람들의 반응은 매우 고
무적이었다. 불과 4~5회기(8~10시간)에 걸쳐서 REBT를 익힌 참가자들이 완
벽주의적인 사고와 열등감에서 벗어나는 방법을 알게 되었고, 불안을 덜 느
끼며 마음이 기쁘고 힘이 생겼다고 보고하였다.

오늘날 인지적인 치료 방법으로는 엘리스의 REBT나 벡(Aaron Beck)의 인
지치료(CT) 외에도 수용전념치료(ACT), 마음챙김(mindfulness), 심리도식치
료 등의 기법이 활발히 소개되고 있다.

특별히 REBT 이론 분야에서는 박경애(1997)가 REBT의 총론서인『인지·
정서·행동치료』를 저술하였고, 2019년에는 한국REBT인지행동치료학회를

창립하였다. 또 많은 학자가 엘리스의 책을 번역하였으며, REBT와 관련된 학술 논문들이 수백 편이나 발표되었다.

그런 추세로 인하여 요즈음에는 상담자와 심리치료자들이 REBT를 위시한 인지이론적 접근을 내담자들에게 적용하고 있다. 그런데 심리상담에 종사하는 자들은 경직된 관념과 자기 감정에 빠져 있는 내담자들에게 합리적이고 철학적인 태도로 사고하도록 인도하기가 결코 용이하지 않다는 것을 경험하였을 것이다.

첫째로, 시련과 역경 등 인생의 제반 문제에 대해서 상담자 역시 거시적인 관점에서 합리적이고 과학적이며 철학적인 통찰을 확실하게 다지기 어려운 경우가 많기 때문이다.

둘째로, 내담자의 왜곡된 신념을 바꾸도록 설득하면서 동시에 내담자를 무조건적으로 수용하기가 용이하지 않기 때문이다.

그러므로 내담자들의 성숙과 치유를 돕는 상담자들은 원로 치료자들이 직접 상담한 사례를 접함으로써 거시적이면서 동시에 구체적인 기법을 배울 필요가 있다. 따라서 저자는 이 책을 크게 이론과 실제로 나누어, 앞에서는 먼저 REBT의 핵심 사상과 치료 기법을 소개하였다(1~5장). 이어서 저자가 『이성을 통한 자기 성장』(1984)이라는 이름으로 일찍이 번역한 바 있는 REBT 사례집, 즉 엘리스와 하퍼(Ellis & Harper)의 『Growth through Reason』 중에서 네 개의 사례를 선택하여 수록하였다(6~9장). 그리고 저자가 상담한 두 개의 사례와(10, 11장), 불교적 관점과 기독교적 관점을 인지이론적인 면에서 비교·성찰한 저자의 글(12장)을 소개하였다.

아무쪼록 심리상담에 종사하는 전문가들과 상담심리학 및 심리치료에 관심 있는 분들에게 이 책이 많은 도움이 되기를 희망한다.

　　끝으로 이 책의 출판을 기꺼이 허락해 주신 학지사의 김진환 사장님에게 깊이 감사드린다. 그리고 저자의 원고 저술과 수정 작업을 도와준 이정미, 배미정, 김윤민 선생에게도 고마운 마음을 전한다.

2020년 우면산 기슭에서

저자

차례

Part 1
이론편

Part 2
실제편

Part 1

이론편

REBT와 인지이론의 실제
생각 바꾸기 훈련 사례

01

엘리스의
합리적 정서행동치료(REBT)와
인지행동치료(CBT)

우리가 일생을 살다 보면 때로는 실수하고 실패하며 다른 사람들에게 배척받고 배반당하는 일을 경험할 수 있다. 그런 어려움을 당할 때 어떤 사람은 얼마 동안은 혼란스러운 마음으로 위축되지만 끝내는 자리를 박차고 일어선다. 그런데 어떤 사람은 그런 낭패스러운 사건 앞에 자아가 송두리째 흔들려 자포자기하며 자기 인생을 파괴적으로 몰고 가기도 한다.

무엇이 이러한 차이를 낳는가?

그 차이는 세상사를 바라보는 시각, 곧 어떤 사건을 지각하고 해석하는 방식에서 비롯된다고 하겠다. 다시 말해서 개인의 사고 내지 인지가 매우 중요하다.

실패나 시련을 경험할 때 '그건 끔찍해. 이제 내 인생은 망했다.'라고 보는가? 아니면 '정말 속이 상하네. 하지만 그럴 수도 있지. 시간을 두고 좀 더 노력해 보자.'라고 보는가?

이와 같이 개인이 어떤 생각과 어떤 신념으로 그 상황을 받아들이는가에 따라서 성숙하고 적응적인 삶을 사는가의 여부가 좌우된다.

1. 인지이론과 인지행동치료

인지(認知)란 인간이 정보를 처리하는 방식으로서 생각, 지각(知覺), 해석, 주의, 기억, 지식과 같은 활동을 말한다. 인지의 영어표현인 cognition은 '알다'라는 의미의 라틴어 *cognosco*에서 파생된 것으로서, 모든 인지적 기능의 정신 과정을 일컫는다. 그리고 인지과학이란 인간이 생각하는 방식을 연구하는 학문이다.

가령, K씨는 직장에서 팀장이나 직원들이 자기에게 무슨 지시를 하면, 자기를 야단치고 비평한다고 받아들이며 눈치를 보는 데에 여념이 없고, 곧잘 화를 낸다. 이처럼 사소한 일에도 사람들과 부딪치기 때문에 몸을 도사리고 외톨이로 지내며, 자기는 세상 사는 재미가 없다고 투덜댄다.

상담과 심리치료에서 K씨와 같은 사람을 상담하고 치료할 때는 먼저 K씨의 성장 배경에 대해서 알아볼 것이다. 그는 부모에게서 보호와 안전의 욕구가 충족되었는가? 어떤 심리적인 외상(상처)은 없었는가? 그래서 상담자나 정신과 의사는 K씨를 수용하고 공감해 줌으로써 어린시절에 양육자(부모)로부터 사랑과 인정의 욕구가 결핍되었다는 것을 그가 알아차리고, 상담과 치료시간에 있는 그대로의 자신이 따뜻하게 수용되는 경험을 통해 치유받을 수 있게 할 것이다.

그러나 걸핏하면 싸움을 걸고 사람들에게 적대감을 표시하는 K씨의 부정적이고 왜곡된 사고 방식도 면밀하게 검토되어야 한다. 그래서 그의 편향된 사고방식과 신념을 객관적이고 합리적인 방향으로 바꾸도록 상담자가 교육하고 지도할 수 있다.

그의 생각(사고)이 불행감의 주요 원인이라면 어떻게 이를 바꾸어 다른 생각으로 대체할 수 있는가? 이러한 작업을 '복합인지' 또는 메타인지(Meta-cognition)의 과업이라고 한다. 즉, 메타인지란 생각에 대한 한층 높은 차원의 생각 내지 인지에 대한 새로운 인지를 의미한다고 볼 수 있다.

인지치료는 정신분석학적 치료에 대한 새로운 대안으로서 소개된 이론이다. 1950년대에 최초로 엘리스(Ellis)는 합리적 정서행동치료(Rational Emotive Behavior Therapy: REBT)이론을 미국의 심리학계에 소개하였고, 벡(Aaron Beck, '인지치료'의 창시자)과 마이켄바움(Donald Meichenbaum, '인지행동수정'의 창시자)이 각각 독자적인 인지이론을 개발하였다.

3) 세상은 우리의 예측과 어긋나는 일이 일어나기 마련이므로, 이 세상에서 조금이라도 불안하지 않은 사람은 없다. 그것이 인간의 실존이다

그런데 어떤 사람은 난관에 봉착했을 때 지나치게 불안해하며, 분노, 절망 등의 감정에 사로잡혀 인간관계가 깨지고 생산적인 삶을 살지 못한다. 사람들이 가지고 있는 이와 같은 자기파괴적인 감정은 다음의 세 가지 당위적인 신념에서 파생된다(방선욱 역, 2018; 이동귀 역, 2011).

① 나는 무슨 일이 있어도 주어진 일을 잘해야 하고, 중요한 사람에게서 인정받아야만 한다.
② 사람들은 어떤 상황에서든지 언제나 나를 공정하고 친절하게 대해 주어야만 한다.
③ 세상 일은 반드시 내 뜻대로 되어야 하고, 즉각적인 만족이 뒤따라야만 한다.

이것은 우리가 원하는 바, 우리의 소망 사항(wish, want, preference)일 뿐이지, 우리가 강요(must, should)할 사항이 아니다. 그럼에도 불구하고 사람들은 비현실적으로 그런 사상을 강요하고 있다. 엘리스는 이처럼 자기와 타인과 세상에 대하여 절대적인 강요를 하는 그런 독단적인 신념이 모든 정서장애의 뿌리라고 보았다.

이러한 당위적인 신념으로 인해서 다음의 비합리적인 생각(②~④)이 뒤따라 온다.

① 당위적 사고(반드시 ~해야만 한다.)
② 재앙적 사고(끔찍하다. 큰일 났다. 망했다.)
③ 인간 비하적 사고(나는 무가치한 사람이다. 그 사람은 쓰레기다.)
④ 낮은 인내심(이 상황을 도저히 참을 수 없다.)

4) 사람은 생각하는 대로 느낀다

인간의 인지(생각)와 정서(감정) 및 행동은 순환적인 관계로 서로 영향을 미치는데, 감정과 행동은 생각에 의해서 좌우된다. 인간이 불행하다거나 부적응적 행동을 하게 되는 원인은 무엇일까? 그것은 불운한 외부의 조건 때문이라기보다는, 그러한 외부의 조건을 지각하고 인지하는 과정에서 비합리적이고 왜곡된 판단이 작용하기 때문이다. 이것을 불교적 용어로 표현하자면, 일체유심조(一切唯心造)라고 말할 수 있다. 행복감이나 불행감을 위시하여 이 세상의 모든 것(삼라만상을 포함하여)은 오직 마음에서 지어낸 것이다. 인간의 인지 과정을 살펴보면, 어떤 사건이나 자극을 지각한 다음에, 그것에 대하여 추론하고, 그 이후에는 평가적인 의미를 부여하는 경향이 있다. 예를 들어, 당신이 길을 가다가 아는 사람에게 인사를 했는데 그가 모른 척하고 지나갔다고 하자. 이때 그 사람은 당신을 혐오하여 일부러 모른 척할 수도 있고, 당신을 알아차리지 못하여 그냥 지나칠 수도 있다. 그런데 당신은 '저 사람이 왜 그러지? 나를 싫어하기 때문에 모른 척하고 지나갔구나.'라고 추론한다. 그러고 나서 그것은 참으로 '끔찍한' 또는 '견딜 수 없는 일'이라고 평가한다. 그와 같은 생각 때문에 심한 분노나 수치심 등을 느끼게 된다.

이것은 '만약 A가 발생하면 B가 될 것이다.'와 같이 단순하고 직선적인 사고다. 그리고 '만약 그 사람이 나를 싫어한다면 큰일 났다. 나는 분명히 매력 없는 존재인가 보다.'라는 식으로 판단하는 것은 이분법적(二分法的)이며 범주적인 사고를 하는 형태인데, 이것은 너무 단순하며 분명히 오류라는 것이다. 그러한 비합리적인 사고의 습관에 젖어 있게 되니까 개인은 불안하고 부적응적인 방식으로 생활할 소지가 많다. 그러므로 엘리스는 지나친 불안은 대부분 스스로가 가지고 있는 비합리적인 신념 때문이라고 보았다.

5) 사고와 언어는 밀접하게 연관되어 있다. 인간은 생각하면서 동시에 독백(獨白)하는 경향이 있다. 그리고 자기독백에 의해서 자신의 생각, 감정, 행동이

좌우된다

인간은 자기와 대화하고(self-talking), 자기를 평가하며(self-evaluating), 자기를 유지하는(self-sustaining) 존재다.

가령, 중요한 시험에 연거푸 낙방했을 때 A라는 사람은 '나는 도대체 되는 일이 없어.' '이 멍청아, 왜 항상 틀린 답만 적니?' 라고 중얼거린다고 하자. 그는 그런 독백을 하면서 그 말이 맞다고 믿게 된다. 그래서 세상을 원망하거나 자기를 질책하게 된다.

똑같은 상황에서 B라는 사람은, '정말 속상하군. 세상에 쉬운 일은 없는 거야. 그래도 한 번 더 노력해 보자. 하면 돼.'라고 독백한다고 하자. 그는 자신의 긍정적인 독백을 믿고 재기할 수 있을 것이다.

따라서 내가 무슨 말을 독백하는가에 대하여 주의를 기울이고, 왜곡되지 않으며 객관적인 용어로 자기와 현실에 대하여 독백하는 연습이 필요하다. 이것이 어의학(語義學)적인 관점이다.

6) 어떤 부정적인 상황에 접하여 개인이 느끼는 감정은 건강한 감정과 건강하지 못한 감정으로 분류될 수 있다

엘리스는 개인의 정신건강상 건강한 감정을 '적절한 정서'(appropriate emotion)라고 하였고 건강하지 못한 감정을 '부적절한 정서'(inappropriate emotion)라고 하였다.

가령, 사랑하는 사람이 크게 아프면 우리는 걱정을 하게 된다. 또 사랑하는 사람을 잃게 되었을 때 우리는 슬피 울고 비탄에 잠긴다. 그리고 '그가 살아 있었을 때 좀 더 잘해 줄 걸……' 하고 후회하는 마음이 든다. 이것은 매우 정상적인 반응이다. 그래서 '적절한 정서'라고 한다. 이러한 감정은 생활기능에 커다란 악영향을 끼치지 않는다. 이와 같은 상황에서 대부분의 사람들은 얼마의 시간이 지나면 걱정과 슬픔을 떨치고 일어나 서서히 본래의 생활 리듬을 찾게 된다. 그래서 가끔씩 염려와 슬픈 마음에 젖기도 하지만, 현재의 일에 몰두하고 즐거운 시간을 가지면서 살아간다.

그런데 어떤 사람은 많은 시간이 지났음에도 불구하고 여전히 비탄에 잠겨 다른 사람과의 접촉이나 생산적인 삶을 거부하고 사는 경우가 있다. 그래서 그의 비관적인 강도가 지나쳐 생활기능을 마비시키는 것이다. 이때의 과도한 부정적 감정을 '**부적절한 정서**'라고 한다.

이것을 유교적 용어로 표현하자면 '과유불급'(過有不及)이다. 다시 말해서, 무엇이든지 지나친 것은 모자란 것보다 못하다는 것이다.

적절한 정서(appropriate emotion)는 '~하기를 좋아한다.' '~하기를 바란다.' (want, wish)와 관련된 정서다. 반면에, 부적절한 정서(inappropriate emotion)는 '반드시 ~이어야 한다.' '절대로 ~이거나, ~해서는 안 된다.' (must, should)라고 하는 절대적인 명령이나 당위적 생각과 관련되는 정서다. 그것은 〈표 1-1〉과 같이 표시될 수 있다.

표 1-1 적절한 정서와 부적절한 정서

적절한(건강한) 정서		부적절한(건강하지 못한) 정서
염려		지나친 불안
슬픔	×강도×빈도→	우울, 절망(비판)
성가심		분노, 화(격노)
후회		죄책감
실망		수치심(지나친 부끄러움)
(예) 나는 ~을 원한다(I wish). 그런데 그렇게 되지 않아서 매우 걱정(실망)된다.		(예) 나는 무슨 일이 있어도 기어코 ~해야만 한다(I should). 그런데 그렇게 되지 않으니까 나는 그것을 도저히 참을 수가 없고 미칠 지경이다. 나는 망했다.

인간의 감정을 적절한 정서와 부적절한 정서로 분류하여 치료에 도입한 것은 엘리스의 공로라고 할 수 있다.

7) 인간이란 이처럼 비합리적이고 비이성적으로 될 가능성과, 또한 합리적이고 이성적으로 될 가능성을 동시에 가지고 태어난 존재다

인간은 한편으로는 논리적이고 합리적이고 유능하지만, 또 한편으로는 왜곡되고 어리석은 존재다. 사고의 형성과정을 보면 인간은 선천적으로 합리성과 비합리성의 양면성을 가지고 태어난다. 특히 어린이는 성장과정 중에 양육자에 의해서 그리고 사회의 문화와 환경의 영향에 의해서 비합리적 사고가 체득된다. 그리고 그것을 자신의 가치관으로 받아들인다. 그러므로 역기능적인 태도와 정신병리는 학습된 것이다.

이 자리에서 '합리적'이라는 용어와 '합리화'라는 용어의 차이점을 간략하게 언급하겠다. REBT에서 '합리적' 또는 '이성적'이라는 말은 개인이 어떤 목표를 달성하는 데에 도움을 주는 방식으로 사고하고 느끼며 행동한다는 뜻이다. 그러므로 '합리성'이라는 말은 '사리에 맞고 효율적이며 자기파멸적이 아닌 것'을 의미한다. 그러나 합리성에 대한 개념은 문화마다 다를 수 있다. 따라서 '합리성'의 개념은 절대적으로 규정되는 것이 아니다.

한편, '합리화'한다는 것은 자신의 행동에 대해서 대개는 근거가 없이 그럴듯한 설명을 고안해 내거나 변명을 한다는 말로서, 합리적으로 생각하는 행위와는 정반대의 일이다. REBT에서는 합리화를 단호히 배격한다. 그 대신에 합리적 사고를 중시한다.

8) 어느 개인이 심리적인 괴로움에 빠져 있을 경우, 그의 합리적인 인지능력인 지성과 지혜를 최대화하면 비합리적인 사고와 부적응적 행동을 바꿀 수 있다. 다시 말해, 인간은 자신이 늘 사용하던 행동 유형과는 다른 형태를 선택할 수 있다. 이것이 '인지적 재구성'의 작업이다. 그리하여 여생을 편안한 마음으로 살아가도록 스스로를 훈련할 수 있다

상담자와 심리치료자는 내담자가 자신의 사고와 감정과 행동의 특성을 합리적이고 과학적이며 철학적인 관점에서 자각하고 분별하도록 도와줄 수 있다. 그리하여 왜곡된 신념에서 비롯된 자기파멸적인 생각, 감정, 행동을 바꾸어 생산적이고 긍정적인 삶으로 전환하도록 인도하는 것이다. 그것이 인지적인 치료법이다.

9) 어떤 인간이 적응적이고, 성숙한 인간인가? '우리는 모두가 실수하기 쉬우며, 자기의 신념과 사고가 항상 옳은 것만은 아니다.'라는 점을 수용하면서 자기 자신과 타인을 받아들이는 사람이 적응적인 인간이다

세상에서 실패할 때 자기가 취한 행동, 곧 실수 자체는 인정하되 자기 존재 자체는 존중하는 태도, 즉 무조건적인 자기수용이 가능한 사람이 존엄성(dignity)이 있는 인간이다. 성숙한 인간은 좌절적인 상황에 처했을 때 즉각적(단기적)으로 욕구충족하려고 발버둥치기보다는, 인내심을 가지고 장기적 만족을 기하며 세상사를 담담하게 수용하는 사람이다. 그 결과 자기의 삶을 주도적으로 영위하는 자기리더십의 인간, 곧 주체성이 있는 성숙한 인간이다.

REBT에서는 어떤 특정한 종교적 교리를 선호하지 않는다. 그러나 REBT에서 제시하는 성숙한 인간상의 태도는 다음과 같은 니버(Reinhold Nieber)의 기도문과 일치하는 태도라고 하겠다.

> "신이여, 우리가 할 수 있는 것과 할 수 없는 것을 분별하는 지혜를 주시고, 우리가 할 수 있는 것을 행할 수 있는 용기를 주시옵소서. 그리고 우리가 할 수 없는 것을 받아들일 수 있는 겸손함을 주시옵소서."

4. REBT의 치료원리

1) REBT의 ABC 모형과 ABCDE 모형

엘리스의 성격이론의 핵심이 되는 것은 ABC 모형이다. ABC의 연장선인 ABCDE 모형은 상담의 핵심적 기술에 해당한다.

ABCDE를 설명하자면 다음과 같다.

- A(선행사건, Activating Event): 개인에게 심리적인 괴로움을 느끼게 하는 사건, 상황, 행동 또는 개인의 태도를 말한다.

  가령 시험에 떨어졌다든지, 실직하게 되었다든지, 결혼 문제로 자녀와 싸웠다든지 하여 강렬한 정서를 유발하는 어떤 사건(agent)이나 행위 (activity)를 의미한다.

- B(신념체계, Belief System): 어떤 사건이나 환경적 자극에 대해서 개인이 가지게 되는 신념체계 또는 사고방식이다.

  신념체계에는 합리적 신념과 비합리적 신념이 있다. **합리적 신념**(rational Belief System: rB)은 우리가 바라는 어떤 목표를 달성하는 데에 도움을 주는 생각이다. **비합리적 신념**(irrational Belief System: iB)은 개인이 경험한 사건을 아주 수치스럽고 끔찍스러운 현상으로 해석하여 자기를 징벌하고 자포자기하거나 세상을 원망하는 생각이다.

- C(결과, Consequence): 선행사건에 접했을 때 수반되는 후속 반응이다.

  선행사건을 비합리적으로 해석할 때는 부적절한 정서와 행동이 뒤따르고, 합리적으로 해석할 때는 적절한 정서와 행동이 뒤따른다. 그러니까 C는 어떤 사건을 해석함으로써 일어나는 정서적, 행동적 결과를 말한다.

- D(논박, Dispute): 자신이 가지고 있는 비합리적인 신념이나 사고에 대해

서 도전해 보고 과연 그 생각이 사리에 맞고 합리적인지를 다시 한번 따져보는 반박의 과정이다.

- E(효과, Effect): 비합리적인 신념을 철저하게 논박하여 합리적인 신념으로 대체한 다음에 뒤따르는 효과이다.

논박 후에는 자기수용적인 생각과 긍정적인 감정, 적응적인 행동이 수반된다.

REBT에서는 A(선행사건)가 C(정서적, 행동적 결과)를 초래한다고 보는 것이 아니라, 개인의 A에 대한 신념 내지 생각, 곧 B가 C를 초래한다고 본다.

가령 S씨가 이혼한 다음에 극심한 우울증에 시달린다고 하자. 이때 이혼이라는 사건, 곧 A가 우울증(C)의 원인이 아니라, 이혼한 사실(A)에 대한 S씨의 생각(B)이 우울증을 초래한다고 보는 것이다. 그래서 S씨가 우울증을 떨치고 재기하려면 A-C 간에 개입된 그의 생각(B)의 내용을 먼저 발견하는 작업이 필요하다.

그는 아마도 '내가 이혼 당했다니 창피하여 얼굴을 들 수 없다.' '배우자도 없이 쪼들린 상황에서 내 힘으로 아이들을 길러야 하는 내 자신이 얼마나 끔찍한가!' '나는 실패자다. 내 인생은 망했다.' '이런 절망적인 현실을 나는 도저히 견딜 수가 없다. 차라리 죽는 게 낫다. 그런데 자식들을 어떻게 할꼬? 아이고 내 팔자야.'라는 생각 속에 빠져 있기 때문에 염세, 비관하고 있지 않겠는가? 그런 S씨의 생각은 정신건강상 해로우며, 엄밀히 따져볼 때 정확히 맞는 것이 아니다.

상담시간에 상담자는 내담자와 더불어 그가 어떤 생각을 하고 있는지를 먼저 밝힌다. 그리고 그 생각이 과연 합리적이며 정신건강에 유익을 주는 것인지를 분석해 본다. 이 방법이 논박(D)이다. 논박(D)은 S씨가 생각하는 위의 관념들이 합리적인지를 따져보는 것이다.

그렇게 비관하고 사는 것이 자기와 주변사람들에게 어떤 결과(효과성)를 미칠 것인가? 또 이혼 당한 사람들은 모두 실패자인가? 이혼한 사실에 대하여 절망하고 삶을 포기하는 사람은 실제로 몇 %에 해당하는가? 이혼은 끔찍하고 수치스럽다는 말이 논리적으로 옳다는 근거는 어디에서 찾을 수 있는가? 상담자는 내담자가 이에 대해 생각해 보도록 촉구한다.

　이런 D(논박)의 과정을 통하여 S씨가 가지고 있는 관념들이 비현실적이고 검증할 수 없으며 자기파괴적인 생각이었다는 것을 알게 된 다음에야, 그의 신념체계가 정신건강에 유익한 내용으로 바뀔 수 있다. 그리고 부적절한 감정과 행동이 긍정적으로 변화할 수 있다. 이것이 논박 후에 얻게 되는 효과(E)이다. 이 내용을 도식으로 표시하면 [그림 1-1]과 같다.

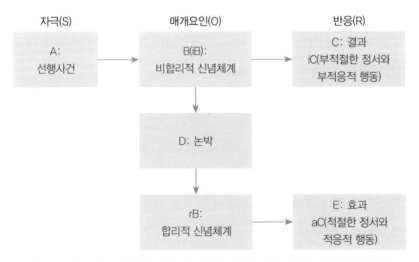

[그림 1-1] 자극-매개요인-반응으로서의 ABC와 그에 대한 논박과 효과인 DE

2) 논박의 요령

　REBT 상담과 심리치료에서 상담자는 세 가지 관점에서 내담자의 신념체계에 대하여 논박적인 질문을 한다. 상담자는 대략 다음의 ①, ②, ③과 같은 질문을 A4용지에 적어주면서, 내담자가 그에 대한 대답을 적도록 하는 것이 좋다. 그리고 나서 그 내용을 내담자와 함께 검토하면서 소크라테스(Socrates)적인 담론이나 REBT 사상의 교육을 실시하는 것이다.

① 기능적 논박: 효과성에 대한 질문

"나의 신념대로 살게 된다면 결국에는 나를 어느 지점으로 몰고 갈 것 (어떻게 될 것) 같은가? 그것이 나에게, 또 주변 사람들에게 어떤 도움이 되는가?"

② 경험적 논박: 현실성에 대한 질문

"현실 사회의 현상은 내가 생각하는(믿는) 대로 돌아가고 있는가? 대략 몇 %?"

③ 논리적 논박: 논리성에 대한 질문

"나의 생각(신념)이 논리적으로 타당한가? 그것이 논리적으로 옳다는 증거는 어디에서 찾을 수 있는가?"

④ 철학적 논박: 비교적 자아 강도가 강하고 세상에 대한 조감(鳥瞰) 능력이 있는 사람에게는 철학적으로 인생을 관조해 보도록 질문할 수 있다.

"그런 역경에 처해 있기 때문에(because of) 내가 삶을 즐길 수 있는 것은 단 한 가지도 없는가? 그리고 내가 삶을 즐겨서는 안 되는가?"

"그런 역경에 처해 있다 하더라도(in spite of), 내가 삶에서 즐길 수 있는 것들은 어떤 것들인가?"

그러나 엄청난 스트레스를 겪고 있는 내담자에게는 이와 같은 철학적 논박을 하지 않는 것이 좋다.

지금까지 살펴본 내용을 정리하자면 [그림 1-2]와 같다.

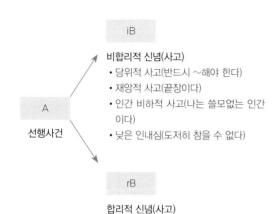

iB

비합리적 신념(사고)
- 당위적 사고(반드시 ~해야 한다)
- 재앙적 사고(끝장이다)
- 인간 비하적 사고(나는 쓸모없는 인간이다)
- 낮은 인내심(도저히 참을 수 없다)

iC

결과: 부적절한 정서와 부적응적 행동
- 과도한 불안, 우울, 분노, 죄책감, 수치심, 자기연민
- 자기학대, 은둔, 파괴적 행동

A

선행사건

rB

합리적 신념(사고)
- 나는 ~을 원한다(I wish...)
  그런데 그렇게 되지 않아 몹시 실망되지만, 그것을 수용할 수 있다.

aC

결과: 적절한 정서와 적응적 행동
- 걱정, 실망, 슬픔, 후회, 짜증
- 의기소침한 감정을 떨치고 생산적인 행동을 시도해 한다.

A ⟶ **iB** ⟶ **iC**

선행사건
예: 내가 실수를 해서 사장이 나를 야단쳤다.

비합리적 신념 찾기
① 당위적 사고
② 재앙적 사고
③ 인간 비하적 사고
④ 낮은 인내심

결과: 부적절한 정서와 부적응적 행동
① 정서: 몹시 창피하다.
② 행동: 사장과 직원들을 회피하고 혼자 지낸다.

D

논박적 질문에 대답하기
① 기능적 논박(효과성)
② 경험적 논박(현실성)
③ 논리적 논박(논리성)

E

논박 후의 효과
① 합리적 사고
② 적절한 정서
③ 적응적 행동

[그림 1-2] REBT의 핵심이론인 ABC 모형(상)과 ABCDE 모형(하)

5. REBT의 상담단계

REBT에서는 내담자가 호소하는 이야기를 경청하면서 그가 과거에 어떤 심리적인 외상을 겪었고 그것이 현재 증상과 어떤 관련이 있는지를 추적하는 데에 많은 시간을 허비하지 않는다. 그 대신에 상담자는 내담자를 무조건적으로 수용하면서 그의 심리적인 고통과 연관된 **핵심 신념**이 무엇인지를 발견하는 작업으로 재빠르게 들어간다. 다시 말해서, 상담의 초기 면접 때부터 내담자를 REBT로 인도하는 것이다(홍경자, 1990; 홍경자, 2010).

1) 1단계: 내담자의 문제점에 대하여 진단 내지 평가를 한다

상담자는 내담자가 호소하는 이야기를 경청하고 그의 과거사와 현재의 상태를 파악한다. 그것은 주로 A-C와의 관계 또는 C-A와의 관련성을 탐색하는 것으로 이루어진다.

예를 들어, S씨가 "오랫동안 절친했던 친구가 빌려 간 내 돈을 갚지 않고 잠적해 버렸어요."라고 말한다고 하자. 이것은 A다. 그러면 상담자는 "그래서 지금 어떤 심정으로 살고 있나요?"라고 질문하여 내담자의 현재 상태인 C를 규명한다.

또 "저는 미치겠어요. 돈 잃고 친구 잃고 병이 났어요. 남편이 이 사실을 알면 저를 가만두지 않을 거예요. 저는 망했어요."라고 말한다고 하자. 이것은 C다. 그러면 상담자는 "무슨 일이 있었습니까?"라고 질문하여 A를 규명한다.

상담 초기에 어떤 상담자는 MMPI(미네소타 다면적 인성검사)나 HTP(집-나무-사람검사)나 SCT(문장완성검사)와 같은 진단도구를 사용하는데, 엘리스는 심리검사의 사용을 권하지 않았다. 인간이란 언제든지 변화할 수 있으며, REBT의 철학이 인간에 대한 평가를 거부하는 입장이기 때문이다.

2) 2단계: A−C 간에 내재되어 있는 B를 탐색한다

"그러니까 친구에게서 배반당하고 금전적 손실을 입고 나서 선생님은 병이 나셨군요."(A−C 관계) "그런 상황에 대해서 무슨 생각을 하셨나요?" 상담자는 이와 같은 질문을 통하여 내담자에게 부적절한 정서적 행동적 결과를 가져다준 근본 원인인 그의 생각(B)이 무엇이고, 그 생각은 합리적이었는지를 그가 알아차리도록 인도한다.

3) 3단계: 상담의 목표를 설정한다

S씨의 경우에 상담의 목표는 옛날 친구를 찾아 자기가 빌려준 금전을 돌려받는다든지, 그에게서 사과를 받아 낸다든지 하는 현실적인 문제 해결에 두지 않는다. 그 대신에 다음과 같은 목표를 설정한다.

- **결과적 목표**: 건강한 정서와 적응적인 행동의 획득
  REBT 상담에서는 내담자에게 괴로움을 야기한 부적절한 감정과 부적응적 행동을 바꾸어 적절한 감정과 적응적인 행동으로 변화시키는 것, 즉 정신건강의 회복에 그 목표를 둔다.
- **과정적 목표**: 합리적 신념체계로 바꾸는 것
  내담자가 그의 비합리적인 신념체계를 발견하고 분석·논박하여 그것을 합리적인 신념체계로 바꾸는 것에 상담의 목표를 둔다. 구체적으로는 내담자의 당위적인(should) 생각을 먼저 발견해 내고, 이어서 그것을 소망사항(wish, want)으로 바꾸도록 한다. 그리하여 적절한 정서와 적응적 행동으로 변화시키도록 한다.

엘리스는 인간의 문제는 개인의 신념과 철학적인 태도와 관련되어 있다고

보았다. 그러므로 상담의 목표는 증상 제거가 아니라 내담자의 성장을 방해하는 기본적인 철학 내지 가치관의 변화에 둔다. REBT는 내담자가 장기적인 욕구 충족(행복)과 융통성과 자기수용과 과학적 태도의 획득을 중요시한다. 그리하여 상담의 목표 속에는 정신건강적인 면에서 내담자들이 다음과 같은 특성을 획득하는 것이 포함된다고 말하였다(박경애, 1997).

- **자기관심**(self-interest): 정서적으로 건강한 사람은 자기 자신에게 관심을 가질 수 있는 역량이 있다.
- **사회적 관심**(social-interest): 정서적으로 건강한 사람은 집단 속에서 유리되지 않고 관계적인 맥락 속에서 인간에 대한 관심을 지니고 있다.
- **자기지향**(self-direction): 정서적으로 건강한 사람은 타인의 지지를 받고 함께 일하는 것을 좋아하기는 하지만, 이러한 지지를 강요하지는 않는다. 그는 자신의 삶에 대한 책임이 있으며 자신의 문제를 독립적으로 해결할 수 있는 능력이 있다.
- **관용**(tolerance): 성숙한 사람은 타인의 실수에 대해 관용적이며 실수하는 사람들을 비난하지도 않는다.
- **융통성**(flexibility): 정서적으로 건강한 사람은 자신의 생각에 대해 융통성이 있으며 타인에 대해 편협하지 않은 견해를 가지고 있다.
- **불확실성에 대한 수용**(acceptance of uncertainty): 성숙한 사람은 우리가 불확실성의 세계에 살고 있음을 깨닫는다.
- **전념**(commitment): 정서적으로 건강한 사람은 현재 자기가 해야 할 일에 몰두할 수 있는 능력이 있다.
- **과학적 사고**(scientific thinking): 성숙한 사람은 자기의 신념이 자기의 감정과 행동에 미치는 결과를 숙고해 봄으로써 자신의 감정과 행동을 조절할 수 있다.
- **자기수용**(self-acceptance): 정서적으로 건강한 사람은 자기가 살아 있다

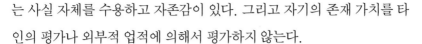

는 사실 자체를 수용하고 자존감이 있다. 그리고 자기의 존재 가치를 타인의 평가나 외부적 업적에 의해서 평가하지 않는다.

- 위험 무릅쓰기(risk-taking): 정서적으로 건강한 사람은 자기가 세운 인생의 목표를 달성하기 위해 위험을 무릅쓰며, 도전의식이 있다.
- 비이상주의(non-utopianism): 성숙하고 정서적으로 건강한 사람은 이 세상이 낙원이 아님을 알며, 누구나 이상향을 성취할 수 없다는 사실을 받아들인다.

4) 4단계: REBT를 실행한다

REBT 이론으로 상담을 진행하는 상담자나 치료자는 구체적으로 다음과 같은 절차를 거친다.

(1) 상담자는 먼저 심리적 문제와 심리 외적 문제를 구별한다

심리적 문제는 내담자가 어떤 사건에 대한 관념 때문에 야기된 정서적/행동적 결과로서 경험하는 문제점을 말한다. 심리 외적인 문제는 환경적 문제, 신체적 문제, 의학적 문제 등 객관적인 현실의 문제를 말한다. REBT에서는 내담자가 호소한 심리적 문제 중에서 REBT의 적용이 가능한 것을 상담의 주제로 선정한다. 예를 들어 보자. 유럽에서 오랫동안 음악 수업을 하고 귀국한 30대의 예술가 G와 H는 경제적 여건상 모두 부모님과 동거하고 있다. G는 어머니가 시시콜콜 간섭하는 것을 참지 못하여 크게 화를 내고 언쟁을 벌인다. 그리고 나면 악기연주를 잘 할 수가 없어 고민이다. H는 강압적이고 화를 잘 내는 아버지와 성격이 맞지 않기 때문에 독립하려고 하는데 시간강사인 월급으로 거처를 구하기 힘들어 고민이다. 당신은 G와 H의 내담자 중에서 누가 REBT 이론으로 도움을 받을 수 있는지 짐작이 갈 것이다.

(2) 상담자는 내담자에게 A-B-C 간의 관계를 설명해 준다

[그림 1-3] 사고-감정-행동의 회로

상담자는 내담자에게 예화를 들어 사고-감정-행동 간의 관계를 설명해 준다.

- 사례: 영수와 동수는 형제다. 이들의 엄마는 장남 때문에 항상 화를 내고 속상해 한다.
  - 공부 못하는 영수(中3)가 게임을 하고 있다. → 엄마의 감정, 행동은? 왜?(무슨 생각?)
  - 공부 잘하는 동수(中1)가 게임을 하고 있다. → 엄마의 감정, 행동은? 왜?(무슨 생각?)

(3) 상담자는 내담자의 심리적인 고통(C)의 원인인 사고(B)의 내용을 구체적으로 규명한다. 그리고 ABCDE 모형을 사용하여 그의 생각과 태도를 바꾸도록 안내한다

(4) 상담자는 여러 가지 인지적, 정서적, 행동적인 기법을 활용하여 내담자가 REBT 이론에 숙달하도록 지도한다

5) 5단계: 새로이 익힌 REBT적 생활방식이 실제 생활에서 심화되도록 한다

내담자는 자신이 존엄하고 고귀한 존재인데, 부모의 가치관과 사회적 준거기준을 내면화하면서 비합리적인 가치관으로 살게 되었다. 그로 인하여 부적응적인 생활양식이 체득되었다. 내담자는 REBT를 철저히 익힘으로써 합리적인 가치관으로 세상과 자신을 바라볼 때 생산적이고 활기찬 삶을 살 수 있다. 이것이 '인지적 재구성'이다.

그리하여 내담자는 궁극적으로 적응적인 면에서 스스로가 자기를 조절하고 지도할 수 있는(self-help) 수준에 이르도록 한다. 다시 말해서, REBT는 내담자가 자기 삶의 의미를 찾고 철학적인 변화를 모색하도록 자기 지도력을 길러준다. 그리하여 인간 본래의 생산적이고 긍정적인 삶을 살 수 있게 해 준다.

이러한 REBT의 사상은 교류분석이론을 주창한 번(Eric Berne)의 사상과 일맥상통한다. 번은 '모든 개인은 존중받아 마땅하며, 그를 괴롭히는 부모자아(should)의 가치관은 파기될 필요가 있다. 그래서 자기에 대한 각본을 다시 쓰는 작업을 통하여 원래의 타고난 천진성과 명랑성, 지혜를 회복해야 한다. 이것이 I am OK, You are OK의 상태다.'라고 하였다.

예를 들어 보자. 오 씨는 장애아인 아들을 아내가 잘 지도하지 않는다고 걸핏하면 화를 내고 세상을 비관한다. 그리고 과음한 나머지 위장과 간의 질환을 앓고 있다. '아내는 아들을 잘 지도해서 자신의 체면을 살려 주어야만 한다. 그렇지 않으면 다른 형제들이 다 잘되고 있는 상황 속에서 자기가 얼굴을 들고 살 수 없다.'라고 생각한다. 오 씨가 상담을 받고 나서 자신의 생각이 자기의 마음과 몸에 해를 가져왔고 아내와의 관계도 악화되었다는 것을 알게 되었다. 그래서 마음을 고쳐 먹는 작업을 하였다. 오 씨는 '무슨 일이 있어도 가족은 나의 체면을 살려 주어야만 한다. 그렇지 않으면 나는 이 세상을 살아갈 의미가 없다.'는 생각이 잘못되었다는 것을 깨달았다. 그리고 '집안에 장애아가 있다는 것은 가문의 수치이므로 우리 가족은 불행할 수밖에 없다.'는 고정관념이 그릇되었다는 것을 알게 되었다. 그는 '주어진 현실을 있는 그대로 인정하고, 장애아를 기르며 그런대로 행복하게 살자.'고 다짐하였다. 서서

A(사건):
촉발경험
여자친구가 다른 사람이 생겨서 나와의 관계를 끊고 싶다는 소식을 전해 왔다.

B(생각):
경험에 대한 비합리적 신념
'나는 정말 보잘것없는 인간임에 틀림없어.'
'나는 앞으로 이 여자친구만 한 사람을 결코 만날 수 없을 거다.'
'그녀가 나를 원하지 않는 것을 보면 아마 나를 원하는 사람은 아무도 없을 것 같다.'
'말도 안 된다. 어떻게 내게 이런 일이 일어날 수가 있나!'
'나쁜 년! 그년이 내게 이렇게 해서는 절대 안 된다.'
'세상이 이렇게 불공평하고 더럽게 굴러가는 것을 도저히 참을 수가 없다.'

C(결과):
고통스러운 정서적 결과

우울

적대감

D(논박):
비합리적 신념에 대한 논박
'이 여자가 나와의 관계를 끝내고 싶어 한다고 해서 내가 보잘것없는 인간이라든가 또는 다른 여성과 좋은 관계를 결코 맺을 수 없을 거라든가 혼자서는 절대 행복할 수 없을 거라는 근거는 어디에도 없다.'
'내가 원하는 대로 일이 잘 안 풀린다는 것이 뭐가 그렇게도 끔찍한 일인가?'
'세상일이 어떻게 좋기만 하겠는가?'
'그녀가 나를 거절했다고 해서 그것이 곧 내가 못난 사람이(혹은 그녀가 몹쓸 사람이)라는 말이 성립되는가?'

E(효과):
새로운 정서적 결과 혹은 효과
슬픔: '우리가 좋은 관계를 맺어 왔지만 이렇게 끝나게 되어 아쉽다. 나는 이제 훌훌 털어 버리고 새로운 여자친구를 찾아 나서겠다.'
속상함: '그녀가 다른 남자를 만나겠다니 속상하다. 하지만 이 일이 참을 수 없을 만큼 끔찍한 일은 아니다.'

[그림 1-4] 절교 통고를 받은 사건을 ABCDE로 풀어가기

출처: 서수균, 김윤희 역(2007), p. 64.

히 분노와 알코올 의존 증상이 사라지게 되었다. 그러자 그의 삶이 새롭게 변화되었다. 이제는 직장에서나 가정 밖에서 부당한 일을 당하더라도 좀처럼 화를 내지 않게 된 것이다. 말하자면 오 씨는 REBT적인 상담을 통하여 철학적인 변화가 일어났기에 그의 성격과 인생관이 바뀐 것이다.

이것을 엘리스는 '일반적인 수준의 REBT'를 뛰어넘어 세련되고 '품격 있는 (elegant) 수준의 REBT'라고 말하였다. 오 씨가 인생을 달관(達觀)하게 되면, 어떠한 상황에서도 화가 나지 않는 경지까지 이를 수 있을 것이다.

[그림 1-4] 또한 절교 통고를 받은 남자가 인지적 재구성 과정인 ABCDE로 문제를 풀어 나가는 것을 보여 준다.

'화를 내지 않는다.'가 아니라 '화가 나지 않는다.'의 경지에 이른 고매한 인격 수준은 우리 모두가 염원하는 이상(理想)이다.

6. REBT 상담자의 역할

REBT 상담자는 다음과 같은 역할을 수행한다.

첫째, REBT 상담자는 상담의 초기부터 내담자의 인지적인 특성(사고의 패턴)을 발견하는 일에 착수하고 그의 생각이 왜곡되어 있다는 것을 명쾌하게 지적해 준다. 그러므로 적극적이고 지시적이다.

둘째, 상담자는 내담자와 긍정적인 협력관계를 맺은 뒤에 다정한 교사나 멘토(mentor) 내지 스승의 역할을 담당한다. 그리하여 REBT에 대한 해설과 강의를 하며, 주로 소크라테스식의 담론과 REBT에 대한 교육을 실시한다.

엘리스는 오랜 시간이 소요되는 정신분석학적 접근이나 융의 분석심리학은 내담자의 치료자에 대한 의존성을 길러 줄 소지가 있기에 반대하였다. 그리고 게슈탈트(Gestalt) 치료나 신비주의적인 방법 등도 반대하였다. 게슈탈트 치료에서 과거의 심리적 외상을 재경험하게 하는 것은, 내담자가 자기의 감정에 주의를 기울임으로써 정작 자기의 부적절한 정서가 비합리적인 관념과 자기독백의 산물이었다는 것을 깨닫게 해 주는 일을 경시할 소지가 있다는 것이다.

셋째, 상담자는 내담자를 무조건적으로 수용하는 태도로 대한다.

내담자에 대한 무조건적인 수용의 태도는 '인간중심상담'의 창시자인 로저스(Carl Rogers)가 말하는 '무조건적인 긍적적 배려'와 매우 유사한 태도다. 그러나 엘리스는 상담자가 내담자에게 지나친 온정을 표시하게 되면 내담자가 가지고 있는 과도한 사랑의 욕구와 인정받고자 하는 욕구를 부지불식간에 충족시켜 줄 위험성이 있으므로 삼가라고 하였다.

그리고 로저스의 '무조건적인 긍정적 배려'의 태도 중에서 엘리스는 '긍정적'이라는 용어를 반대하였다. '긍정적'이라는 말은 내담자에게 어떤 장점이 있기 때문에 수용한다는 의미로 들리기 때문이다. 그러니까 어떤 일을 '훌륭하게 해냈다'거나 '가치가 있다'는 평가는 위험한 자기평가라는 것이다.

'무조건적인 수용'이란 의미는 어느 인간에게서 비록 장점이나 미덕을 찾아볼 수 없다고 할지라도 인간이라는 존재, 그 자체로서 무조건적으로 수용하는 태도로 그를 대하라는 것이다. 그런 태도는 '인간은 외적인 성취나 능력이나 물질에 상관없이 무조건적으로 존중받아 마땅한 존재로서 자기의 존엄성과 행복을 누릴 권리가 주어졌다.'는 사상을 담고 있다. 이런 사상은 특히 장애인들과 그 가족에게 엄청난 위안을 주는 효과가 있다. 있는 그대로의 자신을 받아들이면서, 살아 있다는 사실 자체를 즐기고 행복하면 된다는 것이 그들에게 큰 힘과 용기를 주는 것이다.

엘리스는 내담자의 자존감을 높여 주는 면에서도 로저스와 동일한 견해를 취하면서 자존감의 고양을 상담목표로 삼지 않는 것이 좋다고 말하였다. 자존감이란 자기가 아주 소중하고 귀한 사람이라는 존재의식(자기가치감)과 더불어 이 세상에서 무언가 해낼 수 있다는 유능감(자신감)으로 구성되어 있다. 그렇다면 무언가를 해낼 수 있는 능력이 없는 사람은 인간으로서의 고귀한 존엄성과 행복을 누릴 권리가 없다는 말인가? 그것은 말이 되지 않는다. 그런 의미에서 자존감의 고양이라는 목표도 그는 배척하였다. 엘리스는 자존감과 인간의 존엄성 및 존재의식의 개념에서 자신감 내지 유능성의 개념이 들어가는 것을 싫어하는 것처럼 보인다.

넷째, 상담자는 지적이고 철학적이며 또한 과학적인 태도로 내담자의 문제를 다룬다. 그러기에 상담자는 권위적인 인물로 보일지 모르나 권위주의적으로는 임하지 않는 것이 중요하다. 그래서 엘리스는 초기부터 유머를 곧잘 사용하였다.

자동차 운전면허의 자격증을 취득한 다음에도 접촉사고가 두려워서 운전면허증을 오랜 세월 동안 장롱 속에 넣어 두고 자동차를 운전하지 못하는 내담자가 있었다. 그는 자기 직장이나 전문적인 분야에서는 탁월한 지도자다. 엘리스는 그에게 이렇게 말하였다. "그래요, 당신은 차를 운전하다가 접촉사고가 일어나지 않아야 한다는 확실한 보증(guarantee)이 필요하군요." '보증 수표'라는 말은 엘리스가 자주 사용하는 유머다.

다섯째, 내담자는 자기의 생각에 비합리성이 내포되어 있다는 상담자의 지적에 크게 혼란을 느끼며, 자기가 지금까지 살아온 방식이 비록 비효율적이라 하더라도 그것을 바꾸려고 하지 않는다. 그래서 상담이 오히려 그의 불안을 가속화시킬 수도 있다. 그런 저항을 잘 다루기 위해서는 상담자 자신이 정서적으로 건강하며 철학적으로 폭넓은 관점을 가질 필요가 있다.

여섯째, REBT는 복합적인 치료 모델이므로 상담자는 CBT의 다양한 전략을 자유롭게 활용한다. REBT에서는 내담자에게 인지적, 정서적, 행동적인 기법을 폭넓게 사용한다.

7. REBT를 사용할 때 유념할 점

저자의 경험에 의하면, REBT의 이론을 내담자에게 설명해 주면 그들은 처음에는 생소한 것으로 받아들이다가 이내 REBT 사상에 대하여 이해하는 반응을 보인다. 그러나 상담자나 내담자가 그들의 왜곡된 신념을 제대로 찾아내기가 용이하지 않다는 것을 알게 된다.

설령 그들이 왜곡된 인지와 정서를 찾아냈다 하더라도 내담자는 그것이 잘못되었다는 것을 용납하려 하지 않는다. 게다가 내담자가 자기에게 익숙한 인생철학과 삶의 방식을 떨쳐 버리는 것은 일종의 모험으로 인식되기 때문에 새로운 불안과 공포가 뒤따른다.

이 때 상담자와 치료자가 특별히 유념할 점이 있다.

첫째, 상담자가 이해한 수준만큼 내담자는 충분히 REBT를 이해하지 못하고 있다는 것과, 상담자가 제시하는 새로운 가치관에 대하여 저항하기 쉽다는 점을 인지할 필요가 있다. 그러므로 상담자는 내담자를 성급하게 치료의 단계로 몰고 가려고 노력하는 태도를 지양하고, 마치 어린이에게 새로운 지식을 가르치듯이 천천히 하나씩 하나씩 지도해야 한다.

둘째, 상담자 역시 복잡하고 비극적인 세상사에 대하여 인지적, 과학적, 철학적인 조감 능력이 부족할 수 있다. 어느 한 가지 면에서는 합리적으로 사고하고 분별하는데, 또 다른 인생사에 대해서는 비논리적이고 모순적인 태도가 있지 않은지를 스스로 성찰해 볼 필요가 있다.

인지상담자는 REBT가 지니고 있는 장단점이나, REBT 상담자가 범하기 쉬운 실수 등을 알아 두는 것이 대단히 중요하다.

REBT에서 비합리적 신념을 극복하도록 내담자를 가르치는 데 있어서 유리한 점과 불리한 점은 다음과 같다.

1) 유리한 점

① REBT의 이론과 기법에 정통한 상담자라면 내담자의 비합리적 신념을 빨리 찾아낼 수 있다. 즉, 오랜 세월 동안에 형성된 내담자의 비합리적 신념을 치료자는 첫 회기 상담시간에 혹은 단기간 내에 확인할 수 있다.

② 상담자가 내담자의 비합리적 신념을 지적할 경우에 대부분의 내담자들은 쉽게 동의한다.

③ 대부분의 내담자들은 자신들의 비논리적 생각이나 신념을 스스로 발견하는 방법과 논박하는 방법을 쉽게 배울 수 있다.

④ 상담자는 내담자의 비이성적 생각이나 신념을 논박하고 나서 수치심 공격하기 활동이나 단계적 둔화 등과 같은 정서적, 행동적 방법을 쉽게 고안해서 가르칠 수 있다.

⑤ 상담자는 내담자가 비합리적 생각이나 신념을 실제로 인식하고 논박하도록 몇 가지 방법들을 고안해 줄 수도 있다.

⑥ 내담자는 자신이 정말로 비합리적 신념들에 빠져 있는지를 확인하기 위하여 자기의 정서 및 행동의 과정을 조사할 수 있다.

⑦ 비합리적 생각이나 신념을 탐색하고 논박하는 것에 애로를 느끼는 내담자를 위하여 상담자는 합리적 자기진술의 문장을 만들어 주고 기분전환법 등을 가르쳐 줄 수 있다.

2) 불리한 점

① 내담자는 자기의 생각이나 신념을 인식할 수 있으나, 그것이 비합리적이라는 점을 수용하지 못한다.

② 내담자는 자기의 생각이나 신념이 비이성적이며 자기파멸적인 것임에도 불구하고, 그것이 단지 자기를 혼란하게만 한다고 보거나 심지어는

자기를 지탱해 주는 것이라고 믿는다.

③ 내담자는 합리화(rationalization)하는 경향이 있다. 그래서 자신이 비합리적 신념을 가지고 있음을 부인한다.

④ 내담자는 합리적인 사고는 할 수 있으나 그 합리적 사고에 따라 행동하기를 거부한다.

⑤ 비합리적 생각이나 신념이 바뀐다고 해서 모든 고민이 해소되는 것은 아니다.

⑥ 내담자는 좌절되었을 때 느끼는 감정은 적절한 감정으로서 합리적이라는 점과, 공포, 우울, 격분 등의 감정은 부적절한 감정으로서 자기파멸적이라는 점은 알고 있어도, 내담자가 부적절한 감정에서 벗어나는 데에는 많은 시간과 노력이 필요하다.

⑦ 비합리적 생각이나 신념으로 경직되어 있는 내담자는 자신의 생각을 바꾸기가 힘이 들기 때문에 치료를 포기한다.

⑧ 내담자는 비이성적 생각이나 신념을 쉽게 바꾸는 것 같다가도, 곧 다시 그런 생각이나 신념을 되풀이하는 경향이 있다.

⑨ 내담자는 비이성적 생각이나 신념을 바꿀 수 없다고 확신한다.

3) 상담자가 범하기 쉬운 실수

① 상담자는 내담자에게 정서적, 행동적 장애를 일으키고 있다고 추정되는 비합리적 사고만 지적할 뿐이지, 그러한 사고와 경험 간의 상호작용은 인식하지 못한다.

② 상담자는 REBT의 인지적 측면만을 부각시킨 나머지 정서적, 행동적인 면을 간과한다.

③ 상담자는 때때로 REBT 원리를 내담자에게 너무 빨리 가르치기 때문에 내담자가 저항하기도 한다.

④ 상담자는 내담자에게 REBT 이론을 적용하는 데 너무 나약하다. 그 결과 내담자가 비이성적인 사고와 행동적 장애를 극복하지 못한다.

⑤ 상담자는 한 가지 증상(예: 자기비하)을 효과적으로 공략하지 못한 채, 다른 증상(예: 분노)을 다룸으로써 내담자의 혼란을 가중시킨다.

⑥ 상담자는 내담자에게 부정적이고, 참을성 없고, 적개심을 지닌 태도를 나타내기도 한다. 또한 내담자에게 무조건적인 자기수용을 가르치려고만 했지, 정작 상담자 자신은 내담자를 무조건적으로 수용하지는 못한다.

⑦ 상담자는 인내성을 중요하게 여기면서도, 정작 다루기 힘든 내담자에게는 인내성이 낮다. 그리하여 내담자에게 실망하고 치료를 쉽게 포기한다.

⑧ 상담자는 자신의 비합리적인 사고조차 능숙하게 논박하지 못한다. 그래서 REBT에서 어떻게 논박하는가를 내담자에게 보여 주는 데 실패한다.

⑨ 상담자는 내담자의 자기비하적 성격과 이러한 성격 뒤에 깔려 있는 비합리적인 신념 한 가지에만 초점을 맞춘다. 그 결과로 낮은 욕구 좌절 인내도나 불안의 문제를 소홀히 다룬다.

⑩ 상담자는 내담자의 비합리적인 신념에 대해서 치료자 자신이 나름대로 설정한 가설에 의존한다. 그 결과로 내담자의 문제를 정확히 파악하지 못하고, 때로는 내담자에게 적합하지 않은 해결책을 강요한다.

⑪ 상담자가 너무 단순해서 내담자의 미묘한 감정과 그 배후에 있는 복잡한 비합리성을 파악하지 못하고 표면에 나타난 증상과 그와 관련된 비합리적 신념만 다루는 데에 그친다.

⑫ 상담자는 내담자가 어떠한 문제로 인해서 아주 상심하고 괴로워할 때 (때로는 상담자가 어느 정도 고통을 느끼게 해 주는 것이 필요함에도 불구하고) 서둘러서 위로해 주려고 한다.

REBT의 상담기법

이 장에서는 REBT 상담과 치료에서 어떤 기법을 사용하는지에 대하여 자세히 살펴보기로 한다.

1. 인지적 기법

1) ABCDE 모형으로 풀어가기

내담자의 심리적인 고통이 경감되도록 도와주려면 상담자는 먼저 내담자가 가지고 있는 신념을 발견하는 작업에 착수해야 한다. 그리고 나서 그가 가지고 있는 신념이 비합리적이고 역기능적이라는 것을 깨닫도록 ABCDE 모형으로 풀어 나가는 작업을 한다.

내담자가 그의 심리적 고통의 주범인 비합리적 신념을 찾아내고, 이어서 그 신념이 왜곡되었고 자기에게 해가 된다는 것을 논박을 통하여 알게 된 다음에는 그의 고민은 크게 사라질 것이다. 자신이 신봉했던 고정관념을 버리고 새롭고 유익한 생각, 즉 합리적인 신념으로 바뀌기 때문이다. 이것을 '인지적 재구성'(Cognitive reconstruction)이라고 한다. 한국식으로 표현하자면 '마음의 거울을 닦아라.' 그리고 '생각을 고쳐 먹어라.'라는 것과 같다. 이 책에서 소개되는 여러 가지 인지적, 정서적, 행동적인 방법들은 모두가 내담자의 인지적 재구성을 도와주기 위한 것들이다.

상담자는 내담자에게 [그림 2-1, 2-2]와 같은 ABC 모형과 ABCDE 모형에 대하여 자세하게 설명해 준다.

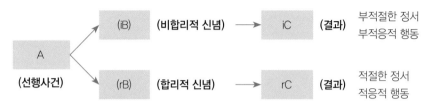

[그림 2-1] ABC 모형으로 풀어가기(A-iB-iC와 A-rB-rC)

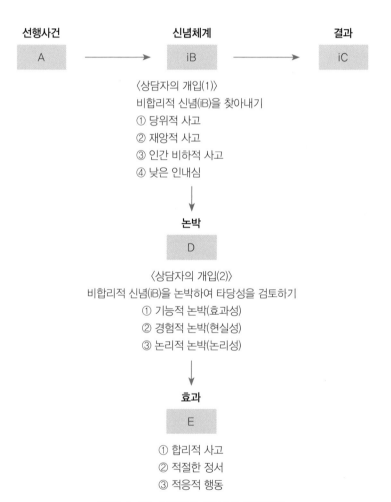

[그림 2-2] ABCDE 모형으로 풀어가기

엘리스는 거의 모든 사람에게 공통적으로 발견되는 비합리적 신념을 11가
지로 요약하였다. 11가지 비합리적인 신념과 관련된 11가지의 비합리적인
사고와 그에 대응하는 합리적 사고는 〈표 2-1〉과 같다.

| 표 2-1 | 11가지 비합리적 사고에 대응한 합리적 사고 |

구분	비합리적 신념	비합리적 사고	합리적 사고
대인 관계	1. 인정의 욕구	나를 아는 모든 사람들로 부터 사랑과 인정과 이해를 받아야만 나는 가치 있는 사람이다.	사람들에게 내가 인정받고 사랑받기보다는, 내쪽에서 사람들을 사랑하는 일에 신경을 쓰는 것이 보다 더 바람직하고 생산적이다.
	2. 의존성	내가 의지할 만한 힘센 누군가가 항상 내 곁에 있어야만 한다.	내가 의지할 만한 사람이 없을 때는 내 자신을 믿고 나를 의지할 수 있다.
	3. 타인에 대한 지나친 염려	타인의 문제나 어려움에 대해 항상 신경을 써야만 한다.	다른 사람의 문제에 심각하게 신경을 쓰는 것은 정신건강에 해롭다.
	4. 비난 경향성	나에게 해를 끼치거나 악행을 저지르는 사람들은 반드시 비난과 처벌을 받아야 한다.	사람들은 비윤리적으로 행동하는 경우가 흔히 있다. 이들을 비난하고 처벌하기보다는 그들의 행동을 변화시킬 수 있도록 도와주는 것이 더 바람직하다.
세상의 일	5. 높은 자기 기대감	내가 가치 있는 사람이 되기 위해서는 완벽하고 유능하며, 성공을 거두어야 한다.	나는 강점과 약점이 있으며, 실수하기 쉬운 불완전한 존재라는 것을 받아들인다.
	6. 좌절 반응	일이 내 뜻대로 진행되지 않는다면 끔찍하고 나는 가치가 없는 존재다.	일이 내 뜻대로 이루어진다면 좋겠지만, 내가 원하는 대로 되지 않는다고 해서 끔찍하게 느낄 필요는 없다.
	7. 완벽성	모든 문제에는 언제나 바르고 완전한 해결책이 있으며, 내가 그것을 찾지 못하면 큰일이다.	이 세상은 불확실한 세계다. 설령 완전한 해결책에 대한 보장이 없더라도 내 자신의 삶을 결정할 수 있다. 나는 위험을 무릅쓰고 도전할 수 있다.

인간의 운명	8. 정서적 무책임	행복이란 외적 조건들에 의해 결정되며, 우리는 그것을 통제할 수 없다.	현재 내가 겪고 있는 심리적인 괴로움은 주로 내가 어떤 사건을 보고 평가하는 방식에 의한 것이다. 그러므로 나의 평가 방식을 변화시킴으로써 나의 마음을 조절할 수 있다.
	9. 문제의 회피	삶의 어려움이나 책임을 직면하는 것보다 회피하는 것이 너 편안하다.	삶의 어려움을 회피하는 행위는 문제를 더 악화시킨다.
	10. 무력감	개인의 과거 경험이 그 사람의 현재 행동을 결정하기에, 나는 과거의 영향에서 벗어날 수 없다.	과거의 경험에 대한 나의 생각과 해석을 재평가함으로써, 나는 과거의 영향을 극복하고 다른 방식으로 살아갈 수 있다.
	11. 과잉 불안	우리는 위험하거나 두려운 일이 일어날 가능성을 늘 생각하고 있어야만 한다.	걱정한다고 해서 어떤 일이 저절로 사라지는 것은 아니다. 위험한 일을 대비하고 최선을 다하되, 만약 그 일을 해결하기가 불가능하다면, 그것을 수용하는 것이 더 낫다.

출처: 박경애(1997), p. 76.

엘리스는 11가지 대표적인 비합리적 신념을 그 뒤에 '당위적 사고, 재앙적 사고, 인간 비하적 사고와 욕구좌절에 대한 낮은 인내심'의 네 가지로 줄였다. 당위적 사고란 자신과 타인과 세상에 대하여 요구적인 생각을 가지고 있는 것을 말한다. 인간 비하적 사고는 자신과 타인의 가치를 비하하는 경향성을 의미한다.

가령 '사랑에 대한 욕구'와 관련하여 이런 네 가지 비합리적 신념(iB)을 살펴보면 다음과 같다.

① 당위적 사고: 다른 사람은 반드시 나를 사랑해야만 한다.
② 재앙적 사고: 그들이 나를 사랑하지 않으면 세상은 너무도 끔찍하다.(끝

장이다)

③ 인간 비하적 사고: 내가 사랑받지 못하면 나는 무가치한 사람이다.

④ 낮은 인내심: 내가 사랑을 받지 못하고 있다는 사실을 나는 견딜 수가 없다.

　　상담자는 내담자의 이러한 비합리적인 신념을 찾아내어 앞의 ABCDE 모형으로 풀어 나간다.

2) 핵심적인 비합리적 신념을 찾아내는 요령: 자동적 사고, 추론, 평가, 핵심인지를 추적하기

　　때로는 상담자가 내담자의 비합리적인 신념을 찾아내기가 용이하지 않는 경우가 있다. 내담자가 자기의 상황이나 심정을 A–B–C의 연관성을 가지고 인식하지 못하며, A–B–C의 형식으로 진술하지 않기 때문이다. 또한 내면적인(무의식적인) 생각은 겉으로 쉽게 표출되지 않기 때문인데, 이런 경우에는 상담자가 내담자의 **자동적 사고**와 **추론** 내지 **귀인**의 사고 경향성과 **평가**의 내용을 알아봄으로써 그의 **핵심적인 비합리적 신념**을 발견할 수 있다. 예를 들어 보자.

　　내담자 1: 저는 사람들하고 잘 지내지 못해요.

　　상담자 1: 어떻게 해서 그렇게 되었나요?

　　내담자 2: 그냥 서로가 별로 말을 하지 않아요.**(A)**

　　상담자 2: 그것에 대해서 선생님은 무슨 생각을 하나요?

　　내담자 3: 아무도 나를 좋아하지 않는다고 생각해요.**(B)**

　　상담자 3: 그럴 때 선생님은 어떤 감정을 느끼고 어떻게 행동하나요?

　　내담자 4: 아, 그러면 기분이 좋지 않지요. 그래서 나는 혼자 지내야겠다고 맘 먹고 그냥 외톨이로 지내요.**(C)**

여기서 내담자 3의 반응, 즉 "아무도 나를 좋아하지 않는다고 생각해요."
(B)가 외톨이로 지내는(C) 원인이 되는 것은 이해가 간다. 그러나 내담자의
생각 속에 구체적으로 어떤 비합리성이 있는지, 그래서 어떤 역기능적인 결
과를 가져오게 되었는지가 명확하지 않다.

이때 상담자는 다음과 같이 질문하는 의사소통의 기술이 요구된다.

> 상담자 4: 직장에서 선생님과 사람들이 서로 별로 말을 하지 않고 지내는군요. 그런 경
> 우에는 자기 자신에게 무슨 말을 독백하고 있습니까? 다시 말해서, 그때 자신
> 에 대해서 문득 번개처럼 스쳐 지나가는 생각은 어떤 것입니까? **(자동적 사고**
> **를 탐색한다)**
>
> 내담자 5: 회사 사람들이 나한테 관심이 없다고 생각해요.
>
> 상담자 5: 그런 생각이 들면 회사 사람들이 선생님을 어떻게 볼 것이라고 미루어 짐작
> 하나요? **(추론을 탐색한다)**
>
> 내담자 6: 나를 싫어하나 보다라고 생각해요.
>
> 상담자 6: 그렇군요. 그들이 '나를 싫어하나 보다.'라고 생각할 때는 선생님이 자신에 대
> 해서 어떤 마음이 드나요? **(평가를 탐색한다)**
>
> 내담자 7: 내가 매력이 없고 재미가 없다…….
>
> 상담자 7: 아, 그렇군요. 내가 매력이 없고 재미가 없는 사람이다. 그러니까 다른 말로
> 로 표현하자면 자신을 어떤 존재라고 보는가요? **(핵심인지를 탐색한다)**
>
> 내담자 8: 나는 별로 중요하지 않고, 사귈 만한 가치가 없는 존재…….

드디어 내담자의 비합리적 신념이 밝혀졌다. 핵심인지는 핵심적인 비합
리적 신념이다. REBT에서의 핵심적인 비합리적 신념은 다른 인지치료에서
말하는 '심리도식'(schema) 또는 '인지도식'이나 '내재된 신념구조'와 같은 개념
이다.

3) 복잡한 생각과 감정을 다루기: 1차적 문제와 2차적 문제

인간의 마음은 복잡하다. 처음에 가진 생각과 감정이 또 다른 역기능적인 생각과 감정을 불러일으키고 그것이 복합적으로 작용하며 악순환을 거듭하게 된다. 가령 자기가 못났다고 생각하여 사람들을 만나기가 두려운 내담자가 있다. 이제 그는 사람을 만나기가 두려운 것보다는, 두렵고 겁이 나는 생각에 압도될까 봐 겁이 난다. 이처럼 한 생각과 감정이 또 다른 생각과 감정을 가져오기에 그것을 '복합인지' 또는 '메타인지'라고 한다. 내담자의 생각이 이처럼 복잡하게 얽혀 있을 때 어떻게 풀어 나가는 것이 좋을까?

엘리스는 상담에서 내담자가 강조하는 문제점, 곧 2차적인 문제부터 다루어 나가라고 제안한다. 그러나 내담자가 1차적 문제를 크게 부각시키면 상담 시간에 1차적 문제부터 다루는 것이 적절하다.

예를 들어 보자. 대학교 3학년인 영수는 하루에 인터넷 게임으로 새벽까지 몰두하는 습관이 있다. 그 문제를 가지고 어머니와 옥신각신 다투는 일이 많다. 영수는 어머니의 질책을 듣고 분노를 폭발하는 자신이 불효자식인 것 같아서 죄송하다. 감정통제를 잘하지 못하는 자신에 대하여 몹시 환멸을 느끼고 있다. 영수에게 있어서 어머니와 싸우게 될 때 느끼는 격렬한 분노의 폭발이 1차적인 문제다. 이어서 자신이 어머니에게 분노를 폭발한다는 사실에 대하여 몹시 못마땅하고 자괴감을 느끼는 것이 2차적인 문제로 대두되고 있다. 그것을 도식화하자면 다음과 같다.

(1) 1차적 문제

사건(A1)	신념체제(B1)	결과(C1)
나(영수)는 인터넷 게임에 빠져 있다고 어머니에게 크게 야단맞았다.	어머니는 대학생인 나에게 함부로 야단치고 간섭해서는 절대로 안 된다. 나는 그것을 참을 수 없다.	나는 어머니에게 화를 내고 소리를 지른다.

(2) 2차적 문제

사건(A2)	신념체제(B2)	결과(C2)
내(영수)가 어머니에게 화를 내고 소리를 질렀다.	나는 어머니에게 화를 내고 소리 질러서는 절대로 안 된다. 나는 불효를 하고 있다. 나는 형편없는 인간이다.	대학생인 내가 어머니에게 소리 지르고 싸우다니 너무나 죄송하고, 내 자신이 한심해서 견딜 수 없다.

4) ABCDE의 자기조력 양식으로 REBT를 익히기

상담자는 내담자가 [그림 2-3]과 같은 자기조력 양식(self-help form)을 활용하여 자기의 문제를 풀어 나가도록 안내한다. 내담자가 자기조력 양식으로 풀어 갈 때 상담자는 iB와 rB의 구별을 도와주도록 한다. 내담자는 자기의 고정관념이 옳다고 굳게 믿고 있다. '나는 성공해야 한다.' '공부를 잘해야 한다.' '사람들에게 인정과 존경을 받아야 한다.' '다른 사람들에게 의존하지 않고 자립해야 한다.' 우리는 그렇게 교육받아 왔다. 그리고 그게 옳지 않은가? 이런 당위적 사고는 적절한 수준의 것으로서 무해(無害)한 당위적 사고다. 내가 실패하고, 학교성적이 저조하고, 사람에게 무시받게 될 때 수치스럽고 화가 나고 의욕상실되는 것은 당연한 것이다. 또 발표를 제대로 하지 못할 경우에는 긴장되고 떨리고 두려운 것은 정상적인 반응 아닌가? 이런 감정은 정상적인 감정이다. 심지어 과도한 공포감, 수치심이나 적개심도 그 사람이 느끼

A(선행사건, 불운한 상황)

마치 카메라에 찍힌 장면처럼 그 상황을 객관적으로 요약하라. A는 외적 사건 또는 마음상태, 실제 사건 또는 상상되는 사건이나 과거, 현재, 미래의 사건을 말한다.

iC(부적절한 정서):

iC(자기에게 해로운 행동):

부적절한 정서는 지나친 불안, 우울증, 격노, 낮은 인내심(좌절감을 참지 못함). 지나친 수치심, 상처받음, 질투, 죄의식 등이다. 자기에게 해로운 행동은 자포자기, 회피, 은둔 등의 행동이다.

iB(비합리적 신념)

(I should, I must)

비합리적 신념:
① 당위적(강요적) 사고(반드시 ~해야 한다.)
② 재앙적 사고(끔찍하다. 큰일 났다. 망했다.)
③ 인간 비하적 사고(나는 무가치한 사람이다. 그 사람은 몹쓸 인간이다.)
④ 낮은 인내심(도저히 참을 수 없다.)

D(논박)

논박적 질문 세 가지
① 기능적 질문(효과성):
그 생각을 고수하게 되면 어떤 결과(효과)를 가져오는가?
② 경험적 질문(현실성):
실제로 그런 일이 모든 사람 중에 몇 %나 일어날까? 내가 그것을 정말로 참을 수 없는가?
③ 논리적 질문(논리성):
이 생각이 절대적으로 옳다고 지지하는 논리적 증거는 어디에 있는가?

E(효과): ① 합리적 신념(rB)

(I wish, I want)

• 나는 ~를 진실로 원하지만 내 뜻대로 되지 않아 몹시 실망스럽다.
• 내가 그걸 좋아하지 않지만, 그러나 참을 수는 있다.
• 나(또는 상대)는 실수하기 마련인 인간이다. 내가 실수(실패)했다고 해서 내가 무가치한 인간은 아니다. 나는 행복할 권리가 있다.

② 적절한 정서와 건설적인 행동

적절한 정서(건강한) 정서 :

새로운 건설적인 행동 :

• 적절한 정서:
실망, 염려(걱정), 짜증, 슬픔, 후회, 좌절감
• 건설적 행동
① 인동하지 않고 사람에게 다가간다.
② 포기하지 않고 다시 시도(노력)한다.

[그림 2-3] 자기조력 양식

는 진실한 감정이다. 그러니까 모든 감정은 타당하다.

우리는 성공하기 위해서 열심히 노력해야 한다. 그리고 그 과정에서 어느 정도의 스트레스, 긴장, 불안을 느끼는 것은 당연하다. 문제는 그 강도가 지나쳐서 정작 우리가 몰두해야 할 일에 집중하는 것이 방해를 받는다는 것에 있다. 그래서 '나는 성공하기를 바란다.' '나는 인정받고 싶다.'의 방향으로 노력하는 것은 바람직한 일이다. 그런데 '나는 무슨 일이 있어도, 기어코, 절대적으로 성공해야만 한다. 그리고 인정받아야만 한다. 그렇지 않으면 내 인생은 끝장이다. 나는 얼굴을 들고 살 수 없다.'라고 생각하며 자기에게 피해를 가져다주는 것을 REBT에서는 경고하고 있다. 이와 같이 지나치게 강한 당위적 사고와 극단적인 감정이 정신건강에 해악을 끼친다는 것이다. 상담자는 이 점을 내담자에게 가르쳐 주도록 한다.

내담자가 자기조력 양식을 활용하여 자기의 비합리적인 신념을 합리적인 신념으로 제대로 대체하였는지를 상담자는 내담자와 함께 검토해 볼 필요가 있다.

5) 핵심적인 당위적 신념을 발견하는 방법: 계단 밟기

만약에 당신이 어떤 생활 영역에서 죄책감이나 갈등을 느끼고 있다든지, 그 일을 회피하고 있기 때문에 마음이 불편하다고 하자. 그 밑바닥에는 당위적인 사고가 깔려 있다고 보는 것이 무방하다. 그런데 많은 경우에 그것을 발견하기가 용이하지 않다. 이때 그 저면에 깔려 있는 자기의 기본적인 가치관이나 신념을 찾아내기 위해서 '계단 밟기'(laddering)의 방법을 활용할 수 있다 (홍경자, 유정수 역, 2003).

계단 밟기는 '하향 화살표'라고도 하는데, 이는 '만약 내가 ~를 한다면 그것은 무엇을 의미하는가?'를 계속해서 규명해 보는 방법이다. '인지치료'의 창시자인 벡(Beck)은 이 기법의 활용을 권유하였다.

예를 들면, 독고 씨는 교회에서 평신도 사역에 참가하라는 제의를 거부하고 나서 겁이 나고 불안하게 되었다. 이때는 계단 밟기의 방식으로 그 의미를 추적해 나갈 수 있다. 교회에서 독고 씨에게 "××회의 회장직을 맡아 주세요."라고 부탁하자, 그는 겁이 덜컥 났다. 그리고 '아이고 큰일 났다. 난 못해! 사람들 앞에서 말을 하고 회의도 하는 게 무서워.'라는 생각이 스쳐 지나갔다.

　이런 '반사적 생각'을 벡은 '**자동적 사고**'라고 하였다. 계단 밟기의 과정을 거치게 되자 드디어 독고 씨는 자신이 무능력한 존재라고 생각하고 두려워하고 있다는 것을 깨닫게 되었다. 벡은 이것을 '핵심신념'이라고 한다. 그리고 일생 동안 항상 자기가 무능력한 존재라고 일관성 있게 보는 관점을 '인지도식' 또는 '심리도식'(schema)이라 한다. 적응장애의 인간은 역기능적인 인지도식

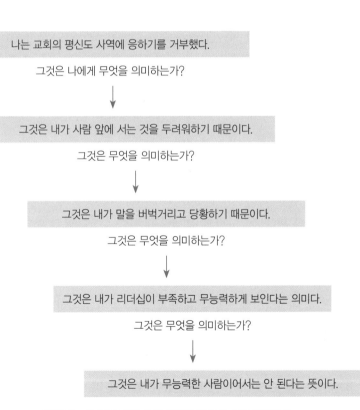

[그림 2-4] 계단 밟기를 이용하여 핵심적 신념 발견하기

을 가지고 있다.

이처럼 계단 밟기 식으로 자기의 생각을 추적해 나가다 보면, 독고 씨가 자동적으로 떠오르는 신념 밑에 핵심적인 비합리적 신념이 있음을 발견하게 된다([그림 2-4] 참조).

6) 유추하기와 관점의 전환

'유추하기'(referenting)란 어떤 부적응적 행동을 고치기 힘들어하는 내담자에게 그 행동을 유지했을 때 얻게 되는 이득과 손해에 대하여 객관적으로 분석하도록 하는 기법이다. 내담자가 비만증, 술, 담배, 약물, 섹스 중독, 폭력, 분노 폭발, 상습적인 거짓말과 도벽, 미루는 습관 등을 의지적으로 버리려고 하는데 번번이 실패하는 경우가 허다하다. 그들의 신체와 본능이 그들의 의지에 대하여 강하게 저항하기 때문이다. 이런 경우에 상담자는 오로지 그런 행동을 바꾸려고만 노력하기보다는, 내담자가 그 행동을 지속할 때 어떤 이득과 손해가 있는지를 손익계산표나 대차대조표처럼 면밀하게 적어 보도록 안내한다.

가령 알코올 중독의 문제를 유추해 보자.

- 장점: ① 긴장이 감소된다, ② 기분이 좋아진다, ③ 말이 잘 나와 이야기를 잘하게 된다, ④ 사람과 교제하기 쉽다, ⑤ 술(특히 포도주나 맥주)을 마시는 모습이 멋있다.
- 단점: ① 숙취로 고생한다, ② 위와 간에 부담을 준다, ③ 성기능도 마비된다, ④ 직장생활에 지장을 준다, ⑤ 가족들이 싫어한다. 부모님께도 심려를 끼쳐드린다, ⑥ 감정통제가 안 되어 화내고 싸우게 된다, ⑦ 교통사고의 위험이 있다, ⑧ 금전 손실이 크다, ⑨ 자손들에게 알코올 중독의 DNA를 대물림해 준다, ⑩ 간암 등의 병에 걸려 빨리 죽게 된다, ⑪ 나의 장례식에 온 친지들이 나를 '잘 살고 갔다.'고 평하지 않을 것 같다. 가족

들도 나를 원망할 것이다.

　상담자는 알코올 중독 내담자가 이상의 글을 적은 다음에는 평상시대로 술을 마시고 생활하라고 지시한다. 다만 알코올 중독의 장점과 단점을 똑똑하게 음미하면서 알코올 중독의 의미를 머릿속으로 연상하라고 지시한다. 그렇게 되면 점차로 술을 끊기가 용이해진다.

　유추하기는 자신의 문제에 대하여 어떤 편견이나 강박관념 없이, 다만 넓은 조망으로서 철학적인 태도로 그 현상을 수용하게 만드는 효과가 있다. 그래서 '관점의 전환'(reframing) 내지 '재해석하기'가 이루어질 수 있다.

　지성이(고2)의 부모는 공부에 취미가 없고 밤낮으로 친구들과 어울려 쏘다니며 노래하고 놀기를 좋아하는 아들 때문에 고민이 이만저만이 아니다. 지성이와 만성적인 힘겨루기에 휘말려 앙숙처럼 소리 지르고 싸우고 미워하지만 뾰족한 수가 없다. 이때 지성이 부모에게 유추하기의 기법을 소개할 수 있다. 그것을 관점의 전환 형식으로 다루어 보자.

- 지성이의 단점: ① 좋은 대학에 들어가지 못할 확률이 100%다, ② 그래서 좋은 직장에 들어가지 못할 것이다, ③ 출세하기는 틀렸다, ④ 엄마와 싸우다 보면, 부모를 싫어하고 어쩌면 효도하지 않을 것 같다, ⑤ 허영심과 낭비벽의 소지가 있다.
- 지성이의 장점: ① 사람들과의 관계가 좋다, ② 사업가적 소질이 보인다, ③ 리더십이 있다, ④ 부모에게 반항하고 고집이 센 것은 소신과 배짱이 있다는 것으로 해석될 수 있다. 똑똑하다, ⑤ 21세기 개성화시대에 알맞다, ⑥ 부모에게 의지하지 않고 독립적으로 자기 길을 찾아나설 것 같다.

　관점의 전환은 아들의 행동을 오로지 부정적으로만 바라보았던 기존의 관점을 바꾸어 긍정적인 시각으로 재해석하게 하는 것이다. 그렇게 되면 아들을 수용하게 되고 아들의 진로를 지성이가 원하는 방향으로 인정해 주어 관계가 호전될 수 있다. 무엇보다도 지성이 부모의 마음이 편안해질 것이다.

7) 어의학적(語義學的) 접근

엘리스는 일반적인 어의학자인 코르치브스키(Alfred Korzybski)의 이론을 채택하였다. 코르치브스키에 의하면 인간은 자기가 중얼거리는 말을 듣고 그 말이 맞다고 생각한다. 이처럼 언어와 생각은 밀접하게 연결되어 있다. 그러므로 우리는 스스로에게 무슨 말을 독백하고 있는가를 주시해야 하며, 되도록이면 정확한 말을 해야 한다는 것이다. 그래서 REBT에서는 내담자가 독백하는 말을 검토하도록 한다.

앞의 사례에서 지성이 어머니는 "내 아들이 공부를 하지 않고 만날 놀기만 하니 큰일 났다. 망조다. 저런 꼴을 보고 나는 도저히 참을 수가 없다."라고 중얼거린다. 지성이 어머니가 "큰일 났다. 망조다."라고 말하니까 지성이 때문에 "큰일 났고, 망조"인 것으로 믿어지는 것이다. 그리고 "나는 도저히 참을 수가 없다."(I can't stand)라고 말하니까 도저히 참을 수 없을 만큼 화가 치밀어 오르는 것이다. 사실을 말하자면, 지성이 어머니는 그런 꼴을 보고 "참기가 싫다." 또는 "참지 않겠다."(I won't stand)라는 말이 더 정확하다(홍경자 역, 1995). 그러니까 "나는 망했다."라든지 "저 사람은 천하에 몹쓸 놈이다."라는 말은 **과잉 일반화**된 말이고 **흑백논리**가 내포되어 있다. 그래서 정확한 표현이 아니며 비합리적인 신념을 담고 있다.

이제부터 지성이 어머니는 정확한 의미의 말을 독백할 필요가 있다. 지성이가 밖으로만 돌아다니니까 "걱정이 된다." 그런 꼴을 보고 있자니 "참아 내기가 싫다. 그래도 참을 수는 있다."라는 표현으로 바꾸어야 한다. 그렇게 되면 지성이 어머니의 과장된 불안과 적개심이 줄어들게 된다.

수용전념치료(ACT)에서는 '나는 망했다.'는 사고는 '**인지적 융합**'이라고 설명한다. 그것은 '나=망한 사람'이라는 공식으로 받아들이는 오류를 낳는다. 지성이 어머니가 마음의 평안을 얻으려면 '내 마음속에는 망했다는 생각이 들어 있구나.'라는 식으로 '탈융합'하는 시간이 필요하다.

지성이 어머니가 괴로운 생각에 골똘하게 빠져 있으니까 괴로울 수밖에 없다. 그런데 지성이 어머니가 자신의 무거운 마음(생각과 감정)을 자기 속에 들어 있는 무거운 물건처럼 간주하고 자신과 분리해서 바라보게 되면 마음이 자유로워진다. 그 방법은 다음과 같다([그림 2-5] 참조).

① 자기의 생각과 감정을 하나의 물건처럼 객관화시켜 바라보라

"나는 화가 난단 말이야."라고 말하면, 내가 곧 화가 난 존재가 된다. 이것을 '융합'이라고 한다. 그런데 "나에게 화가 나는 생각이 엄습해 오는 것 같아."라고 독백한다면 그 생각은 다만 하나의 생각으로서, 마치 별개의 물건처럼 바라볼 수 있게 된다. 화난 감정을 나로부터 분리시켜 놓고 바라보는 것이다. 이것을 '탈융합'이라고 한다.

② 자기의 생각과 감정을 초연하게 거리를 두고 바라보라

마음속에서 일어나는 생각과 감정에서 자유로워지려면 자기에게 떠오르는 생각을 마치 흘러왔다가 흘러가는 구름처럼 바라보는 것을 연습할 필요가 있다. 당신 마음은 창공이고 당신 생각과 감정은 구름이라고 생각하자. 그리고 그 생각이 구름처럼 흘러가게 하라.

③ 자신을 제3자의 위치에서 담담하게 관찰하라

가령 당신은 지금 전화를 하고 있다고 하자. 그런데 등 뒤에서 또는 머리 위 공중에서 그 장면을 바라보고 있는 또 하나의 당신이 존재한다고 생각하라. 그리고 그가 전화하고 있는 자신을 바라보고 있다. 이것이 관찰자로서의 자기다.

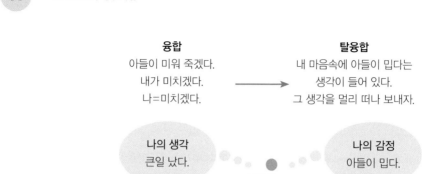

융합
아들이 미워 죽겠다.
내가 미치겠다.
나=미치겠다.

탈융합
내 마음속에 아들이 밉다는
생각이 들어 있다.
그 생각을 멀리 떠나 보내자.

나의 생각
큰일 났다.

나의 감정
아들이 밉다.

탈융합

[그림 2-5] 지성이 어머니의 탈융합 과정

출처: 홍경자(2016), p. 220.

또 다른 예를 들어 보자. 교사인 전 씨는 정당한 이유도 없이 M교장으로부터 혹심한 비난과 질책을 받았다고 하자. 그래서 그는 "M교장은 인간성이라고는 찾아볼 수 없는 나쁜 사람이야."라고 중얼거렸다.

M교장 = 인간성이 없는 사람

M교장 = 나쁜 사람

이것은 개인의 어느 한 가지 특성만 가지고 그를 총체적으로 평가하는 것이므로 비과학적이고 과잉 일반화한 것이다(정태연, 이민영 역, 2016). 일반적인 어의학자인 코르치브스키에 의하면 이것은 〈E=e'〉의 공식이므로 잘못된 것이라고 한다(홍경자 역, 1995).

M교장은 '××한 취미생활과 ~~한 친구관계가 있고, ##한 면에서 잘 나가고 있고, 또 @@한 면에서는 콤플렉스와 고민을 안고 사는 사람'이다. 전 선생은 M교장의 그런 면은 전혀 고려하지 않고 있다. 그리고 M교장의 한쪽 특성이 M교장의 전체 모습이라고 간주한다. 그러므로 〈E=e'〉의 개념은 수용전념치료 이론의 '인지적 융합'과 유사하다.

"M교장이 이번에 나에게 한 처사는 부당하다. 그래서 인간성이 없어 보이고 몹시 나쁜 사람처럼 보인다. 그건 섭섭한 일이다. 그러나 M교장에게는 또 다른 이면의 모습이 있을 것이다." 이처럼 전 선생이 M교장에 대한 관점을 포괄적이고 객관적인 입장에서 지각하고 말하게 되면 M교장에 대한 분노 감정이 조금 누그러질 수 있고 관계 개선의 길이 보이게 된다.

코르치브스키의 어의학적인 개념은 현대의 뇌이론 중에서 '거울신경'(mirror neurons)의 기능과 일치한다. 두뇌 속에 들어 있는 거울신경은 우리가 보는 모든 것을 카메라처럼 촬영하고 그것을 이미지로 저장할 뿐만 아니라, 또 말(언어)에도 동일한 기능을 한다. [그림 2-6]처럼 당신이 '레몬'이라고 발성하는 순간 당신의 머릿속에 노란 레몬의 모습이 그려지고, '시다'는 생각과

[그림 2-6] 두뇌의 거울신경과 인간의 생각(마음) 에너지

함께 입에 침이 고이게 된다. 뇌세포의 98%는 말을 알아듣고 새겨듣는다고 한다. 그래서 말에는 어떤 생각과 행동을 끌어들이는 힘이 있다. 우리는 우리가 들은 말의 이미지를 머릿속에 바라보며 그 모습대로 살아간다.

'말이 씨가 된다.'

이를 말의 세 가지 기능인 각인력, 견인력, 성취력이라고 한다(홍경자, 2016).

8) 사고(思考) 일지 기록하기

자기가 가지고 있는 왜곡된 사고방식을 탈피하기 위해서는 자신이 독백하고 있는 말의 내용을 끊임없이 탐색해야 한다. 가령 자신의 신세를 한탄하고 우울증에 빠져 있다면, 우울증을 유발하는 자기의 사고 내용이 무엇인가를 집요하게 분석해야 한다. 사고 일지 기록하기는 당신이 경험하는 생활상의 사건(A)과 관련된 감정(C)과 생각(B)을 매일매일 적어 보는 것이다.

표 2-2 사고 일지의 양식

날짜	상황(A)	감정(C)	사고(iB)	합리적 사고로 바꾸기(rB)	결과 (E: rB와 rC)
	• 실제사건 • 그때의 사고 내용이나 회상	1. 구체적인 감정(iC) 2. 부정적인 감정의 정도(iC의 %)	1. 비합리적인 자동적 사고의 내용(iB) 2. 자동적 사고의 확신 정도(iB의 %)	1. 비합리적인 자동적 사고를 합리적인 사고로 바꾸기 2. 합리적 사고의 확신 정도(rB의 %)	1. 자동적 사고에 대한 확신도를 재평정하기(iB의 % 재평가) 2. 그 이후의 감정 상태를 재평정하기(iC의 % 재평가) • 변화된 생각과 감정을 적어 보기

사고 일지 또는 '일일 점검표'는 벡(Beak)이 강조한 기법이다. 사고 일지를 적는 것이 일단 습관화되면, 차후에는 어떤 감정이 일어나자마자 자신이 무슨 생각을 하고 있는지를 쉽게 분별할 수 있게 된다. 그래서 감정통제가 용이해진다. 사고 일지의 양식과 예는 〈표 2-2, 2-3〉과 같다.

표 2-3 **사고 일지의 예시**

날짜	상황(A)	감정(C)	사고(iB)	합리적 사고로 바꾸기(rB)	결과 (E: rB와 rC)
	• 내 기분을 상하게 한 실제사건 • 내 기분을 나쁘게 만든 사고의 흐름이나 백일몽, 회상	1. 구체적인 감정 (분노, 불안 등) 2. 감정의 정도를 0~100%로 평정한다.(iC)	1. 자동적 사고와 그에 따른 비합리적 신념 2. 자동적 사고의 확신 정도 (0~100%로 평정)	1. 자동적 사고에 따라 비합리적인 사고를 합리적인 사고로 바꾸기 2. 합리적 사고의 확신 정도(0~100%로 평정)	1. 자동적 사고에 대한 확신도를 재평정한다.(iB의 % 재평가) 2. 그 이후의 감정 상태를 재평정한다.(iC의 % 재평가) • 변화된 생각과 감정을 적어 보기
	1. 팀장은 무뚝뚝했고, 내가 브리핑 기록지를 놓고 갈 때 "난 서류 작업이 지긋지긋하단 말야."라고 말했다.	1. 팀장이 나를 배척하는 것 같아 불안하고 겁이 난다. 2. (70% 느낌)	1. 자동적 사고: 팀장이 나를 좋아하지 않는다. 열심히 일한 나를 제대로 이해해 주는 사람은 아무도 없다. 그에 따른 비합리적 신념: 나는 팀장에게서 인정받아야 한다. 그가 나를 싫어하면 망조다. 2. (80% 확신)	1. 팀장이 서류작업을 싫어하는 것이지, 나를 싫어하는 것은 아니다. 팀장이 설령 나를 싫어하여 무뚝뚝하게 대한다고 해서 내 인생이 망하는 것은 아니다. 기왕이면 이번에 내가 팀장에게 인정받았으면 좋겠지만 반드시 매번 인정받아야 한다는 법은 없다. 다음 번에 그에게서 좋은 반응을 얻어 내도록 내가 더 연구하자. 2. (90% 확신)	1. iB: 80%→30%로 재평가 2. iC: 70%→20%로 재평가 • 팀장이 나를 배척하는 것 같은 생각과 불안한 감정→사고 일지를 적어 봄으로써 그런 생각과 감정이 많이 줄어들었다. 지금은 약간 찝찝하지만 그런대로 마음이 편안하다.

사고 일지를 기록할 때 엘리스가 제시한 네 가지 비합리적 신념인 ① 당위적 사고, ② 재앙적 사고, ③ 인간 비하적 사고, ④ 낮은 인내심의 내용을 먼저 찾아보도록 한다. 그리고 이상의 네 가지 신념을 찾아내기가 용이하지 않을 경우에는 벡(Beck)이 말하는 비이성적인 핵심신념, 곧 ① 흑백논리(이분법적 사고), ② 과장적인 사고(지나친 일반화), ③ 나와 관련짓기, ④ 지레 짐작하기(섣불리 해석하기), ⑤ 당위적 사고를 찾아보는 것도 좋다.

예를 들어 보자.

① 흑백논리(이분법적 사고)

내가 완벽하지 못하다 → 그러므로 나는 쓸모가 없는 인간이다.

② 과장적인 사고(지나친 일반화)

내 친구 영주와 지영이가 나를 싫어한다 → 모든 사람들이 나를 싫어한다.

③ 나와 관련 짓기

내가 교실에 들어가자 서너 명의 친구들이 깔깔 웃었다 → 틀림없이 그 애들이 나의 흉을 보고 있었을 것이다.

④ 지레 짐작하기(섣불리 해석하기)

내가 팀장에게 인사를 했는데 그가 무뚝뚝하게 대했다 → 팀장이 나를 좋아하지 않고, 화를 내고 있다.

또 다른 비이성적인 생각의 예를 들어 보자.

⑤ 감정적으로 생각하기(자신의 감정 상태에 따라 자기의 생각이 좌우된다)

예를 들면, 오늘 아침에 피곤하고 짜증이 나니까 가족(아이들이나 배우자)이

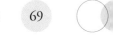

전부 밉고 마음에 들지 않는다고 생각한다.

  ⑥ 여과하기와 단정적으로 명명하기(labeling)

  자기의 부정적인 특성에만 관심을 기울이고 자신의 긍정적인 특성은 무시한다. 그리고 자신에 대하여 정확하게 기술하기보다는 경멸적인 단어로 꼬리표를 붙인다. 가령 민영이는 시험지 답안을 쓸 때 실수하여 정답 번호를 한 줄씩 내려 써서 시험 점수가 형편없이 나왔다고 하자. 이런 낭패스러운 일은 이번이 처음이다. 그런데 민영이는 계속해서 이렇게 자책한다. '아유 맹추야, 너는 만날 덤벙거리니 싹수가 노랗다. 이 멍청아!' 이러한 자기비하적인 꼬리표(label)를 떼기 위해서는 '내면의 비난자'나 '고발자'가 참소하는 것에 대해서 강력하게 맞서 싸울 필요가 있다.

  '단정적으로 명명하기'는 흑백논리(이분법적인 사고)와 유사한 개념이다. '넌 왜 그렇게 경솔하니? 이 모지리야.'라고 내면의 목소리가 당신을 비난할 때는 자기의 부정적인 특성과 반대되는 특성, 즉 장점도 찾아내야 한다. 자기가 과거에 바람직한 행동, 즉 신중하고 준비성 있게 행동했던 사례를 적어 보고 그에 대해 인정해 준 분들의 확증을 다시 한번 마음에 새기도록 한다.

  ⑦ 통제에 대한 맹신

  마치 당신이 이 세상을 전부 떠맡고 있다고 생각하는 경향의 예를 들어 보자. 당신은 친정어머니의 문제까지 일일이 당신이 책임을 져야 하고, 자녀의 행동을 일일이 감독한다. 이것은 과잉통제(over-control)의 신념에서 비롯된다. 이와 반대로 모든 것이 당신의 통제 능력 밖에 있다고 간주하는 경우도 있다. 자기는 영원한 희생자일 뿐이고, 어떠한 힘도 없다고 느끼며 무력감과 절망감을 느낀다. 이것은 과소통제(under-control)의 신념에서 비롯된다.

  '통제'에 대한 문제는 자기와 상대방 사이의 '경계선' 문제라고 볼 수 있다. 가령 자녀가 학교에서 또래와 싸웠다고 하자. 별것도 아닌 문제를 가지고 아이들은 티격태격할 수 있고, 그러다가 또 친해지는 것이다. 아동·청소년은 이처럼 서로 부대끼면서 갈등을 풀고 사이좋게 지내는 가운데 '관계의 기술'을 터득하게 된다. 그런데 어떤 자모는 자기 아이가 급우와 놀다가 다쳤다고 흥분하여 학교에 항의하고 급우 어머니에게 전화로 따지면서 소란을 피운다고 하자. 아이가 크게 상처가 났다든지 급우가 고의적으로 자기의 자녀를 상해한 경우가 아니라면, 아이들의 문제는 자기네들끼리 해결하도록 부모가 곁에서 지켜보면서 지도하는 것이 좋다.

저자는 20여 년간 부모코칭 '적극적인 부모역할(Active Parenting: AP)과 하모니 리더십'의 프로그램을 보급하고 있다. 앞과 같은 자녀지도의 문제를 다룰 때 AP에서는 그 문제를 해결해야 하는 주체 내지 책임소재를 먼저 다룬다. 이것을 '문제 소유 가리기'라고 한다. 친구와의 갈등 문제를 해결해야 할 주체자는 자녀다. 자녀의 삶에 부모가 끼어들어 매사를 좌지우지하는 '과잉통제'는 아이를 무력하고 의존적으로 만든다.

한편, 자기는 문제해결 능력이 없다고 생각하고 미리부터 단념해 버리고 주변 사람들의 뜻에 따르는 사람들이 있다. 이들은 타인이 자기 세계의 경계선을 침범하도록 허용한다. 이처럼 '과소통제'에 익숙한 사람들, 즉 소심하고 비주장적인 사람들에게는 소신 있는(주장적인) 자기표현의 기술을 코칭해 줄 필요가 있다. 그리하여 자기의 주체성을 찾고 자기에게 주어진 인간적인 권리를 지킬 수 있도록 도와준다(홍경자, 2016; 홍경자, 노안영, 차영희, 최태산 역, 2007).

9) 강력하게 자신의 주체성을 확립하는 독백의 기술: 내면의 비난자를 무찌르기

비합리적 신념 내지 인지적 왜곡 현상을 타파하려면 어떻게 하는 것이 좋은가? 그것은 자신이 스스로에게 무슨 말을 중얼거리는가를 관찰하는 것이다. 당신이 스스로를 지나치게 비난한다면 그것은 과도하게 발달한 초자아의 질타일 것이다. 과도한 비난은 해롭기 때문에 당신은 당신을 그렇게 질타하는 '내면의 비난자'나 '고질적인 비평가'에게 용감하게 맞서서 싸우는 자세로 임할 필요가 있다.

그런데 당신의 내면에는 당신을 수용하고 격려하며 사랑해 주는 친구 같은 또 다른 존재가 있을 것이다. 그것은 당신의 내면에 있는 사랑의 에너지일 것이다. 그런 존재는 훌륭한 교사나 '건강한 코치'이거나 어떤 도인(道人)이라고 상상해도 된다. 그는 당신이 자기 삶의 주인공으로서 주도적으로 건강하게 성장하도록 이끌어 주는 따뜻하고 지혜로운 멘토다. 그런 온정적인 스승이 가혹하게 자책하는 당신을 보고 무슨 말을 할까를 상상해 본 뒤, 이성적이고 객관적으로 논박의 문장을 적어 보도록 하는 것이다.

민영이의 마음속에 있는 '건강한 코치'가 다음과 같은 말을 한다고 상상할 수 있다.

"민영아, 너는 맹추도 아니고 멍청이도 아니야. 평소에 너는 답안지를 잘 썼지 않니? 이번에 네가 실수를 했구나. 시험에 한 번 실패했다고 네가 만날 실패자가 되는 건 아니야. 너는 이번 실수를 통해서 오히려 깨달은 것이 많겠지?"

그러고 나서 민영이는 이성적인 말로 사고 일지의 글을 적어 나갈 수 있다.

"그래, 나는 바보도 덜렁이도 아니야. 그날은 나의 몸 상태가 좋지 않았어. 나는 다음에 시험볼 때는 침착하게 답안지를 여러 번 확인할 거야. 나는 준비성이 있어. 이런 작은 실패 때문에 내 머리가 하얗게 되어 혼비백산할 필요는 없어. 이번에 몹시 낙담되지만, 앞으로는 잘할 수 있어."

논박할 때는 다음과 같은 사항을 고려해야 한다(홍경자, 유정수 역, 2003)

① 크고 강렬한 소리로 논박하라

당신의 고질적인 비난자는 당신 내면에서 수년 동안 당신을 고발해 왔다. 그러므로 당신은 그에게 맞설 만큼 의식적으로 커다란 목소리로 외치면서 논박하라.

"아니야, 입 닥쳐! '멍청이'라는 말은 무례하고 왜곡된 거야!"

"내 자신을 비난하는 것은 이제 그만! 뚝! 나는 성실해."

② 당신이 '단정적으로 명명하기'의 습관에 빠져 있다면 부정적인 꼬리표를 깡그리 제거해야 한다. 사실을 과장하거나 축소하지 않고 정확하게 진술하는 것이 좋다

"이 멍청아, 시험을 망치다니 큰일 났다."를 "나는 이번 수학시험에 단지 50점을 맞은 것뿐이다. 그 전에는 더 좋은 점수를 맞았다. 그리고 국어, 사회, 과학 과목에서도 더 좋은 점수를 받았다."로 기술하라.

③ 구체적으로 논박하라

민영이는 "내 친구 영주와 지영이가 나를 싫어하니까 '모든 사람'이 나를 싫어 한다."라는 생각을 하고 있다. 이때 "반 친구들 모두가 너를 싫어하니? 너의 반 친구들에게 네가 전화를 하면 그 애들 중에 너를 반기면서 응답할 만한 친구는 단 한 사람도 없니?" "또 너의 과외학원이나 교회나 친척 중에서 너를 좋아하는 사람은 단 한 명도 없니?"라고 반박하라. 구체적인 사실을 증거 삼아 논박해야 한다.

④ 부정적인 면과 긍정적인 면을 동시에 살펴보도록 하라

가령 H는 애인이 그를 버리고 떠나간 다음에 절망하여 극도의 슬픔에 잠겨 있다. 그는 앞으로 아무도 자기를 좋아하지 않을 거라고 믿고 있다. 이때 그가 다음과 같은 방식으로 기술할 것을 코치할 수 있다.

"이번에 나의 애인 P가 나를 버리고 간 것은 사실이다. 그러니까 내가 P에게는 매력이 없는 사람이다. 그러나 그 이전에 내가 사귄 N과의 관계에서는 오히려 내 쪽에서 그를 배척하였다. N에게 나는 매력 있는 사람이었다.

앞으로 내가 죽을 때까지 호감 가는 사람을 만나서 다시는 사랑의 관계를 맺을 기회가 단 한 번도 없을 것이라는 생각은 틀린 생각이다. 시간이 지난 다음에 나는 언젠가 사랑을 나눌 사람을 만날 수 있을 것이다. 설령 내 마음에 끌리는 이성을 발견하지 못한다 하더라도 적어도 대화가 통하는 호감 가는 이성친구는 만날 수 있을 것이다."

10) 지그재그 대화 형식의 논박 기법

사람의 마음속에 들어 있는 관념은 태어날 때부터, 그리고 성장과정 중에 장기간에 걸쳐 각인된 것들이다. 그러므로 단 몇 회기의 REBT 상담과 치료를 통하여 내담자의 고정관념이 쉽사리 바뀌는 것은 아니다. 내담자가 많은 시간 동안 무수한 논박을 거쳐 합리적인 관념으로 바꾸는 법을 새로이 익혔다고 하더라도 문득문득 과거를 자책하거나 원망하는 생각이 떠올라 다시금 괴로움을 겪게 된다.

이런 경우에는 지그재그(Zigzag) 대화 형식의 논박 기법을 사용할 수 있다. 그것은 합리적인 신념과 비합리적인 공격, 그리고 다시 합리적인 방어의 말을 교대로 적어 가면서 철두철미하게 비논리적인 관념을 공략하는 것이다 ([그림 2-7, 2-8] 참조).

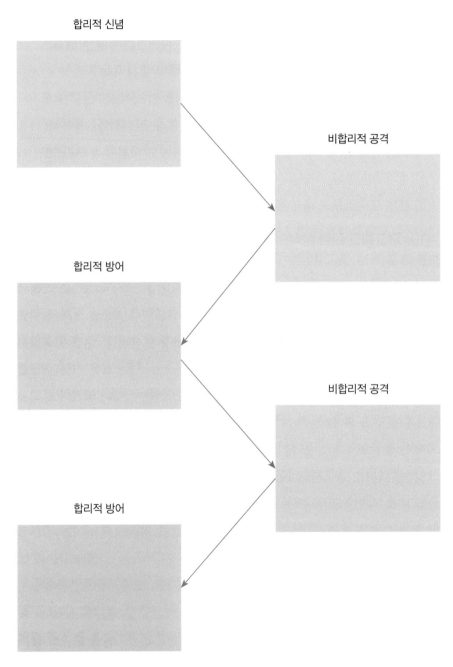

합리적 신념

비합리적 공격

합리적 방어

비합리적 공격

합리적 방어

[그림 2-7] 지그재그 대화 형식의 그림표

출처: 박경애(1997), p. 428.

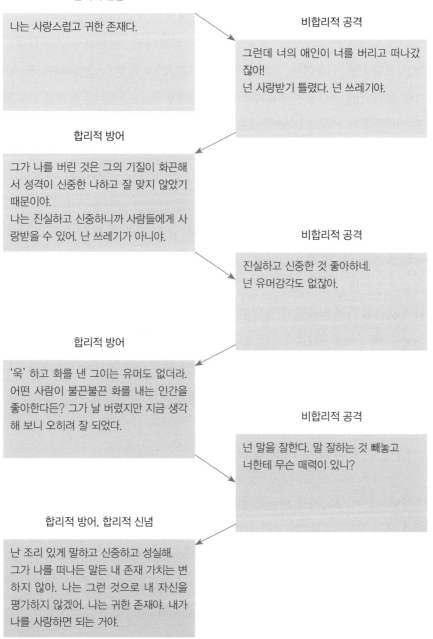

합리적 신념

나는 사랑스럽고 귀한 존재다.

비합리적 공격

그런데 너의 애인이 너를 버리고 떠나갔잖아!
넌 사랑받기 틀렸다. 넌 쓰레기야.

합리적 방어

그가 나를 버린 것은 그의 기질이 화끈해서 성격이 신중한 나하고 잘 맞지 않았기 때문이야.
나는 진실하고 신중하니까 사람들에게 사랑받을 수 있어. 난 쓰레기가 아니야.

비합리적 공격

진실하고 신중한 것 좋아하네.
넌 유머감각도 없잖아.

합리적 방어

'욱' 하고 화를 낸 그이는 유머도 없더라. 어떤 사람이 불끈불끈 화를 내는 인간을 좋아한다든? 그가 날 버렸지만 지금 생각해 보니 오히려 잘 되었다.

비합리적 공격

넌 말을 잘한다. 말 잘하는 것 빼놓고 너한테 무슨 매력이 있니?

합리적 방어, 합리적 신념

난 조리 있게 말하고 신중하고 성실해. 그가 나를 떠나든 말든 내 존재 가치는 변하지 않아. 나는 그런 것으로 내 자신을 평가하지 않겠어. 나는 귀한 존재야. 내가 나를 사랑하면 되는 거야.

[그림 2-8] 지그재그 대화 형식으로 논박하기

11) 독서치료 및 녹음테이프 들어 보기

자기의 생각을 검토하고 심도 깊은 자기성찰이 이루어지도록 REBT에서는 독서하기를 권장한다. 엘리스는 그의 내담자들에게 『A New Guide for Rational Living』을 필독서로 추천하였다. 해당 책은 저자가 『정신건강적 사고』(1987)라는 제목으로 번역하여 소개한 바 있다. 현재 우리나라의 독자들에게도 REBT의 필독서가 요구되기에, 저자는 엘리스의 위의 책 내용을 일부 편집하여 『REBT와 인지이론으로 마음 다스리기: 속이 상하세요? 답이 있습니다』(2020년 출간 예정) 책에서 소개하고 있다.

엘리스는 1965년부터 수십년에 걸쳐서 '금요일 밤 워크숍'(Friday Night workshop)을 열어 공개 상담을 진행하였다. 그리고 그 시간에 공개 상담한 녹음테이프를 해당 내담자에게 주었다. 엘리스는 상담 시간에 내담자와 상담한 녹음테이프를 내담자에게 주고, 집에 가서 그것을 다시 들어 보고 또 녹취록을 적어 보게 하는 숙제를 부과하였다. 저자의 경험에 의하면, 내담자가 상담 회기의 녹음테이프를 다시 듣고 적어 봄으로써 REBT 사상이 재학습되는 효과가 매우 컸다. 비디오 다시 틀어 보기도 마찬가지다.

12) 합리적인 자기진술문을 작성하기

상담시간에 내담자가 왜곡된 인지를 타당하고 현실성이 있는 것으로 바꾸었다 할지라도, 또다시 과거의 습관으로 돌아가서 자기파멸적인 생각과 감정으로 살기 쉽다. 그러므로 상담자나 치료자는 내담자가 새로이 익힌 합리적 사고의 내용을 자기진술문 내지 자기선언문의 형식으로 적어 보라고 코칭하는 것이 좋다. 합리적인 자기진술문을 써 내려가다 보면 대개가 긍정적인 자기암시의 내용으로 적게 된다는 것을 발견할 것이다.

자기진술문을 적을 때 유념할 점은 첫째, 이 진술문이 자신의 삶을 좋은 방향으로 이끄는가를 살펴보아야 한다.

둘째, 긍정적인 자기암시가 혹시 비현실적이거나 극단적인 낙천주의의 성격을 띠고 있지 않은지를 살펴보아야 한다(방선욱, 2018).

R씨는 직장의 여성 중역이다. 과중한 업무에 시달리고 있는 R씨의 사정은 고려하지 않고 시부모님은 주말마다 시댁에 아이들을 데리고 와서 함께 식사하자고 강권한다. 효심이 지극한 남편은 그러한 부모의 요구를 거절하지 못한다. R씨는 만성피곤증과 짜증으로 남편과 갈등이 심하다. 그리고 한편으로는 죄책감도 느낀다. 이 문제를 REBT로 상담한 후에 R씨는 한결 가벼워진 마음이 드는데, 아직도 시부모님이 전화를 하면 가슴이 두근거리고 두통이 온다. 그리고 유약한 남편을 보면 화가 난다. R씨는 자기 마음을 다음과 같이 정리하였다.

> '내가 피곤하여 주말에 시댁에 가지 않는다고 해서 내가 나쁜 며느리는 아니다. 나에게는 시부모에게 잘해드리고 싶은 마음이 있다. 그러나 정신노동으로 과부하된 내가 시댁에 가서 함께 식사하는 일은 나의 심신을 쓰러지게 하는 것이다. 그렇게 되면 나의 건강, 커리어(career), 가정이 온통 뒤틀리게 된다. 그러니까 나는 시부모의 요구를 거절하는 것이 정당하다. 나는 휴식할 권리와 내 방식대로 생활할 권리가 있다.'

상담자는 이상과 같은 자기진술문을 스마트폰이나 수첩에 적어 가지고 다니면서 수시로 소리 내어 읽어 볼 것을 권유하는 것이 좋다.

〈R씨의 자기진술문〉
'내가 건강하고 행복해야 가정과 직장에서 성공할 수 있다. 내가 기분이 좋고 건강해야 시부모와 남편, 자녀들을 기분 좋게 대할 수 있다. 그러므로 시부모가 매번 요구하더라도 내쪽에서 여유가 생길 때 응하기로 한다. 나는 독립된 성인이고 사회지도자다. 나에게는 부당한 시부모의 요구를 거절할 권리가 있다. 이것이 나의 인간적인 권리요, 나의 존엄성을 지키는 길이다.'

내담자가 어느 한 가지의 심리적인 고민에 대하여 ABCDE 모형의 자기조력 양식으로써 풀어 보고, 또 지그재그 방식으로 논박을 해 보고, 합리적인 자기진술문을 써 본다면 그 문제는 척결될 수 있을 것이다. 동일한 문제를 가지고 3회에 길처 완전학습을 했기 때문이다.

2. 정서적 기법

인지치료(CT)나 수용전념치료(ACT) 등과 같은 인지행동치료(CBT)와는 달리, 합리적 정서행동치료(REBT)에서는 정서적 기법을 강조한다. 합리적–정서적 심상법이나 유머와 은유 등과 같은 정서적 기법을 적극적으로 소개한 것은 엘리스의 업적이다.

내담자의 사고보다는 내담자의 감정에 초점을 맞추어 다루어 나가는 정서적 기법을 살펴보도록 하자.

1) 합리적–정서적 심상법(Rational Emotive Imagery: REI)

내담자에게 인지적인 논박을 실시한 다음 심상적 기능에 초점을 두고 내담자의 정서적 변화를 시도하는 것으로는 '합리적–정서적 심상법'(REI)이 있다.

먼저, 내담자로 하여금 눈을 감고 호흡명상을 하게 한다. 그리고 나서 내담자가 당면하고 있는 어떤 문제상황(A)과 그때의 심정(C)을 상상해 보라고 지시한다. 주로 부정적인 감정을 경험할 때 스스로에게 무슨 말을 독백하는지, 즉 자기의 언어 내용에 정신을 집중한 다음에 그가 느끼는 부적절한 정서(과도한 불안, 격노, 수치심 등) 상태에 잠시 동안 머물러 보라고 지시한다. 이어서 그런 부정적인 부적절한 정서를 적절한 정서(걱정, 실망감 등)로 바꾸어 보라고 지시한다. 이것이 **부정적인 합리적-정서적 심상법**(Negative Rational Emotive Imagery: NREI)이다. 내담자가 이 과정을 제대로 수행했는지 확인한 다음에 눈을 뜨게 한다.

또 상담자는 내담자에게 문제상황에 처한 자신의 모습을 상상해 보도록 지시한다. 그런 뒤 자신의 행동과 감정을 이제는 긍정적으로 경험하는 모습을 그려 보라고 말한다. 예를 들면, 발표 불안이 심한 내담자에게 단상에서 의젓하게 그리고 조리있게 말하는 자신의 모습을 상상해 보게 한다. 이것이 **긍정적인 합리적-정서적 심상법**(Positive Rational Emotive Imagery: PREI)이다.

내담자가 그렇게 상상했다고 대답하면 "그렇게 하기 위해 당신은 스스로에게 어떤 이야기를 독백했습니까?"라고 질문한다.

REI를 내담자에게 실시할 때는 먼저 **호흡명상**을 하게 함으로써 신체를 이완시키고 머릿속의 소란스러운 생각들을 잠재우도록 한다. 내담자들은 주로 부정적인 생각을 반추하고 습관적으로 부정적인 감정에 젖어 있기 마련이다. 그러므로 상담자는 내담자에게 먼저 부정적인 REI를 해 보라고 권유하는 것이 자연스럽다. 그리고 이것에 익숙하면 그 뒤에 긍정적인 REI를 하라고 지시할 수 있다.

REI의 단계는 다음과 같다.

- **준비 단계**: "눈을 감고, 숨을 길게 들이쉬었다가 한껏 내쉬십시오."
- **1단계**: "최근의 부정적인 상황을 상상하십시오."
  −나의 애인이 나를 버리고 다른 사람에게 가 버렸습니다.−
- **2단계**: "그때 당신의 감정이 어땠습니까?"
  −정신이 돌고 미쳐 버릴 지경이었습니다. 절망적이었지요.−
- **3단계**: "그런 파괴적인 감정을 이제는 적절하고 건강한 부정적인 감정으

로 바꾸어 보십시오."

−굉장히 속상하고 마음이 아파요. 낙심되었다고 할까요?−

- 4단계: "당신이 그렇게 적절하고 건강한 부정적 정서로 바꾸기 위해서 어떤 노력을 했습니까?"

−나의 애인이 나를 버리고 다른 사람에게 간 것은 상상하기 어려운 일 이기는 하지만, 있을 수도 있는 일이라고 생각했습니다.−

- 5단계: "계속해서 그런 생각을 유지하기 위해 당신은 어떤 노력을 하겠 습니까?"

−'그것은 속상한 일이지만, 그런 일은 있을 수도 있다.'라는 말을 하루에 10번씩 마음속으로 되뇌겠습니다.−

- 6단계: "좋습니다. 당신이 평소에 하기 좋아하는 것과 하기 싫어하는 것 은 무엇입니까?"

−나는 음악 감상을 좋아해요. 그리고 싫어하는 것은 설거지하기입니다.−

- 7단계: "당신이 만약 숙제를 다 하면 음악을 하루에 30분 이상씩 듣고, 숙 제를 다하지 못하면 설거지를 하루에 2~3번씩 하십시오."

REI의 4단계에서 "당신이 그렇게 변화되기 위해서 어떤 노력을 했습니까?" 와 같은 질문은 '해결중심상담'의 기법이다. 그리고 6~7단계에서는 행동주 의적 기법인 보상과 벌의 사용을 권유한다.

2) 유머와 은유의 사용

엘리스는 신경증 환자는 인생살이에 대하여 너무 심각하게 생각하고 과민 반응을 하기 때문에 실제보다 더 큰 고통을 겪는 사람들이라고 하였다. 그러 한 내담자의 경직된 사고를 유연하고 폭넓은 관점으로 바꾸어 주기 위한 목 적으로 상담자가 유머와 은유를 사용하라고 그는 권유하였다.

(1) 유머의 사용

엘리스는 여러 가지의 노래를 우스꽝스럽게 개사하여 불렀고 그 노래를 녹음테이프로 제작하였다. 또 미국심리학회(APA)에 나가서 개사곡을 불러 청중이 폭소를 터뜨리기도 하였다. 여기에 그 예시를 제시해 본다.

① 개사곡

우리나라에도 잘 알려진 '내 사랑 클레멘타인'(Oh my darling, Clementine)을 살펴보자. 이 노래는 우리나라에서 다음과 같이 불려 왔다.

넓고 넓은 바닷가에 고기잡이 배 한 채
고기 잡던 아버지와 앞 못 보는 딸이라
내 사랑아 내 사랑아 나의 사랑 클레멘타인!
늙은 애비 혼자 두고 영영 어디 갔느냐?

〈'내 사랑 클레멘타인'의 원어 버전〉

In a cavern, in a canyon, Excavating for a mine
Lived a miner 40 miners, and his daughter, Clementine
Oh my darling, oh my darling, Oh my darling, Clementine
You were lost and gone forever, Dreadful sorrow, Clementine

(번역: 협곡의 동굴에서 금광을 캤었네.
거기에 광부와 딸 클레멘타인이 살았네.
오 내 사랑, 오 내 사랑, 오 내 사랑, 클레멘타인
네가 영원히 내 곁을 떠나 너무 애통해, 클레멘타인)

〈엘리스가 개사한 '내 사랑 클레멘타인'〉

Love me, love me, or I will die without you.

Make your love a guarantee, so I can never doubt you.

Love me, Love me totally, and I shall get by, dear.

If I must rely on me, I'll hate you till I die, dear.

Love me, love me all the time dear only and only.

Life turns into vicious line lest you love me solely.

Love me with great tenderness, and no with buts, dear.

If you love me somewhat less, I'll hate you, Goddamn. guts, dear.

(번역: 나만을, 나만을 사랑해 주세요. 그렇지 않으면 죽어 버릴 거예요.

당신 사랑 보증해 줘요. 그래야만 믿겠어요.

자나 깨나 나만을 사랑해 주세요.

의존심을 버리라 하면 죽을 때까지 미워할래.

자나 깨나 오직 나만을 오직 나뿐이라고 말해 줘.

인생은 무서워. 당신 사랑 어디 갔나?

무조건 따뜻하게 무조건 따뜻하게~

당신 사랑이 식게 된다면, 욕해 줄 거야, 나쁜 새끼!)

우리 민족이 힘겨운 고기잡이나 농사일을 할 때 '어부가'나 '농부가'를 불렀고 한(恨)을 판소리로 풀어낸 것은 이러한 유머와 은유로써 위로를 얻은 방법이라고 본다. 저자 역시 REBT 인지집단상담 시간에는 '진도아리랑'을 개사하여 함께 부르기도 한다.

〈진도아리랑〉

후렴: 아리아리랑 스리스리랑 아라리가 났네 / 아리랑 응응응 아리리가 났네

- 문경새재는 웬 고갠가, 구부야 구부가 눈물이 난다. (후렴)
  (또는) 청천 하늘엔 별들도 많고, 이내 가슴엔 꿈~도 많다.
- 십오야 밝은 달은 구름속에 놀고요, 님하고 나하고는 이불 속에서 논다.

〈상담아리랑의 예〉

- 수많은 생각은 일장춘몽, 하나씩 하나씩 정리해 보자. (후렴)
- 웃고 보세 웃어나 보세, 밉상도 곱게 보니까 이쁘게 보이네. (후렴)

내담자가 자신의 화나고 슬픈 상황을 다음의 예시처럼 비교적 명랑한 노래에 대입하여 적고 개사하게 하고 그 노래를 불러 보게 하면 대부분의 내담자들은 폭소를 터트린다.

예: '기쁘다 구주 오셨네'
　　'진달래 먹고 물장구 치고'
　　'솔솔솔 오솔길에' 등

② 엘리스의 신조어 – 개똥철학, 개엿철학, 안절부절 콩닥도사

"호랑이는 죽어서 가죽을 남기고, 사람은 죽어서 이름을 남겨야 한다는 속담이 있지 않습니까? 나는 무슨 일이 있어도 사람들에게서 존경을 받아야 해

요. 그런데 나만 낙오자예요 억울하고 화가 나서 잠을 잘 수가 없습니다.”

이렇게 말하면서 자기 직장의 많은 동료는 승진했는데 자기만 한직(閑職)으로 좌천되었다고 분개하는 내담자가 있다고 하자. 이럴 때 엘리스는 다소 야비하며 신랄한 유머를 곧잘 사용하였다. ‘기어코 ～해야 한다’라고 하면서 자기와 세상에 대하여 강요하는 생각, 즉 당위적인 생각 때문에 내담자는 역경이나 실패를 끔찍스러운 사건으로 간주한다. 그리고 자신은 실패자나 무가치한 존재로 보고 있다. 그는 그런 당위적(should)인 생각을 ‘shouldism’이라고 말하였다.

그러한 백해무익(百害無益) 신념을 엘리스는 ‘똥같은 또는 개똥같은’ 생각(shithood) 내지 ‘개똥철학’이라고 하였다. ‘남들은 다 승진하는데 나만 꼴지로 살고 있네. 제기랄, 내 인생은 너무 힘들고(tough) 막막하군, 개엿같아! 그렇게 되라면 되라지, 뭐!’ 그는 이런 방향으로 생각을 돌려 보라고 내담자에게 권유하면서 그것을 ‘개엿철학’(toughshit)이라고 말하였다. 또 ‘자기는 반드시 ～한 일을 기어코 해야 한다’는 신념에 사로잡혀 강박적 사고를 버리지 못하는 내담자에게 ‘musterbation’이라는 말로 비꼬기도 하였다. 그것은 마치 강박적으로 자위 행위(masterbation)를 하지 않으면 안 되는 증상처럼 보이기 때문에, 그는 must와 masterbation을 합성하여 musturbation이라는 용어를 창안하였다. 이 말은 ‘안절부절 콩닥도사’ 또는 ‘강박도사’라고 번역해도 될 것 같다.

엘리스는 내담자의 그릇된 관념을 교정하기 위한 목적으로 내담자에게 강렬한 인상을 심어 주기 위해서 가끔씩 이와 같이 신랄한 용어를 사용하였다. 다시 한번 강조하지만, 그는 내담자를 온정적으로 수용한다. 다만 내담자의 비합리적인 생각은 강력하게 배격하였다. 그의 신랄한 유머로 미루어 볼 때 엘리스는 다소 과격하게 보인다. 그러나 실제로 그를 만나 본 사람들은 엘리스가 솔직, 담백하고 직선적이지만, 온유하며 유머가 많다고 하였다. 저자가 그를 만나고 슈버비전반에서 연수한 경험에 의하면, 그는 인자한 할아버지처럼 다정한 사람이었다.

(2) 은유의 사용

속담이나 저명인사의 격언 또는 글 속에는 인생을 폭넓게 조망할 수 있는 지혜가 들어 있다. REBT 상담자는 가끔씩 속담, 격언, 시 또는 명언을 활용하는 것이 좋다.

예를 들어, 자기가 시댁, 친정, 직장, 교우관계의 모든 일을 통솔해야만 직성이 풀리는 내담자가 있다고 하자. 그는 과로로 만성 피곤증에 시달리지만 자기가 모든 상황을 통제하지 않으면 몹시 불안하다. 이때 상담자는 그에게 어울리는 속담을 찾아보라고 지시한다. 그리고 자신의 인생관 내지 사명의식과 비슷한 역사적 인물을 찾아볼 수 있는지를 질문한다.

그리고 이렇게 말할 수 있다.

> 당신은 '걱정도 팔자'네요.
>
> 당신은 '성녀 테레사' 아니면 '잔 다르크'로 태어났나요?

가끔씩 다음과 같은 은유를 사용해 보자.

> "자라보고 놀란 가슴 솥뚜껑 보고 놀란다."
>
> "하늘이 무너져도 솟아날 구멍이 있다."
>
> "똑같은 강물에 다시는 세수할 수 없다."
>
> "내가 옳다면 화를 낼 필요가 없다.
>
> 내가 그르다면 화를 낼 자격이 없다." -간디-
>
> "조상 치레 자랑 말고 비위 치레하라."

〈정약용의 '목민심서'에서...〉

밉게 보면 잡초 아닌 풀이 없고

곱게 보면 꽃 아닌 사람이 없으니

그대는 꽃으로 볼 일이로다

나이 들어 눈이 침침한 것은

필요 없는 작은 것은 보지 말고, 필요한 큰 것만 보라는 것이고

나이 들어 귀가 안 들리는 것은

필요 없는 작은 것은 듣지 말고, 필요한 큰 말만 들으라는 것이다.

(3) 기분전환법 제의하기

우리는 생각하는 대로 몸과 마음이 영향을 받는다. 그리고 우리가 행동하는 대로 몸과 마음이 영향을 받는다. 따라서 스트레스가 심하고 울적할 때 기분전환을 가져오는 행동이나 신체활동을 하게 되면 긴장과 우울감에서 상당히 벗어날 수 있다. 심한 스트레스 상황에서 힘들게 지낼 때일수록 매일 정규적으로 명상하고, 노래를 부르고, 코미디 프로를 시청하거나 춤을 배우고, 새로운 운동을 시작하고, 등산 또는 걷기나 달리기 등을 해 보라고 내담자에게 권유하는 것이 좋다. 특히 기분이 울적할 때는 유머를 생각해 내는 것이 유익하다.

3. 행동적 기법

행동적 기법은 여러 가지 행동주의적인 방법을 사용하여 내담자의 인지가 실제 행동을 통하여 변화되는 것을 경험하게 하는 것이다. 대표적인 예를 들면 다음과 같다.

1) 역할 연기와 역할 바꾸기

이것은 두 가지의 형태로 이루어질 수 있다.

첫째, 상담 시간에 치료자는 내담자가 합리적인 신념에 근거하여 새로운 행동을 역할 연기 해 보라고 코치한다. 예를 들어, 자기의 생각과 감정을 소신껏 표현하기(주장적인 대화)를 역할놀이 해 보라고 지시할 수 있다.

둘째, 역할 바꾸기를 시도한다. 상담 시간에 상담자는 내담자가 되어 비합리적인 생각을 고집스럽게 우기는 역할을 한다. 그러면 내담자는 상담자의 역할을 담당하여 그의 관념을 반박하면서 합리적이고 온당한 생각으로 바꾸도록 지도하게 한다. 이런 과정을 통하여 내담자는 REBT의 이론을 심화한다.

2) 여론 조사 기법

내담자가 가지고 있는 특정한 비합리적 관념에 대해서 다른 사람들은 어떤 의견을 표명하는지 인터뷰 형식으로 여론을 조사해 오게 한다.

가령, 내담자는 자기의 애인이 친구와 연애를 하게 되자 말할 수 없는 배신감과 수치심으로 인생을 포기하고 싶다고 한다. 다른 사람들 역시 이런 사건을 경험한다면 자살 충동으로 죽고 싶어 하는가를 알아보고, 그 결과를 상담 시간에 보고하게 하는 것이다.

3) 수치심 공격하기 활동

만약에 우리가 타인에게서 반드시 인정받아야 한다는 생각에 얽매여 살 필요가 없으며, 어처구니없이 어리석은 행동을 했을 경우에도 자신을 받아들일 수 있다는 것을 체험하게 된다면 얼마나 자유로운 영혼으로 살게 될 것인가? 엘리스는 이런 의도를 가지고 내담자들에게 평소에는 한 번도 시도해 보지

1990년 여름, 엘리스와 저자   1990년 6. 11~6. 22 REBT 국제학술대회에서.
좌로부터 러시아의 Nadja Tarabrina 박사, 한국의 저자, 쿠웨이
트의 Muhamamad Ali 박사, 캐나다의 Barry Morris 박사, 미국의
Jonathan Brenton 박사와 이탈리아의 DiMattia 박사

못했던 우스꽝스러운 행동을 공공 장소에서 행하여 보기를 권유했다.

저자가 1990년 여름에 엘리스로부터 국제 REBT 학회에 초대받았을 때의
일이다. 엘리스는 참가자들에게 수치심 공격하기의 활동을 과제로 부과하였
다. 가령 지하철 안에서 노래를 부른다든지, 지하철 정거장(역)의 이름을 큰
소리로 외친다든지, 또는 자신의 티셔츠 위에 "나는 세계 대통령이다."의 명
찰을 달고 고깔모자를 쓰고 길거리에서 춤을 춘다든지를 시도해 보라는 것이
다. 다만 그런 행동이 자신과 타인에게 피해를 주어서는 안 된다.

국제 REBT 학회 때 수치심 공격하기의 행동적 과제를 수행한 참가자들의
보고에 의하면 그런 경험이 저자를 위시하여 모든 이에게 가슴이 확 뚫리는
듯하게 통쾌하고 신선한 재미와 자유함을 안겨 주었다.

4) 위험 무릅쓰기 활동과 행동 실천의 촉구

위험 무릅쓰기란 내담자가 간절하게 해 보고 싶었지만 지금까지 시도해 보
지 못한 어떤 행동을 용기를 가지고 도전적으로 시도해 보는 것이다.

엘리스는 어려서부터 수줍음이 많았다. 청소년 시절에 사회공포증이 심하여 대중 앞에서 발표를 하지 못했고 이성과 데이트를 해 본 적도 없었다. 그는 이 문제를 해결하기 위하여 19세 때 3개월간 공개연설을 강행하여 사회공포증을 극복하였다. 그리고 한 달 동안 브롱스(Bronx) 식물원에 가서 식물원에 구경온 100명의 여성에게 데이트를 신청하였다. 결과는? 99명에게 거절당하였고 데이트 신청을 수락한 한 명의 여성도 약속한 날짜에 나타나지 않았다. 이렇게 엘리스는 100% 실패를 맛보았다. 그런데 신기한 것은 이성에게 말을 거는 일이 그 다음부터는 전혀 두렵지 않게 되었다는 것이다. 이 활동의 목적은 위험을 무릅쓰고 어떤 일을 과감하게 밀고 나가면, 머릿속에서 끔찍스럽게 여겨졌던 것들이 별것 아니라는 것을 실제로 체험하게 하는 것이다.

엘리스는 내담자에게 중요한 행동을 곧바로 실행하라고 하였다. 위험 무릅쓰기 활동과 유사하게, 가령 걱정만 하고 앉아 있는 내담자에게는 당장 해야 할 일에 곧바로 착수하라고 권고하였다. 그리고 사랑받고 싶은 과도한 욕구로 인하여 불평이 많은 내담자에게는 자기쪽에서 오히려 사랑해 주는 행동을 곧바로 실천해 보라고 권유하였다.

5) 속 시원한 대화(주장훈련), 스피치 기법, 대인관계 기술훈련 등을 코칭하기

과도하게 남의 눈치를 보며 자신의 의사를 표현하지 못하는 내담자에게는 속 시원한 자기 주장의 기술을 가르쳐 준다. 그리고 발표 불안이나 사회공포증 환자에게는 스피치(speech) 기술을 코칭해 준다. 또 직장이나 가정에서 사람들과의 관계를 회피하거나 갈등을 야기하는 사람에게는 친밀감 형성의 기술을 코칭해 준다. 이처럼 상담자는 내담자에게 적응적인 행동의 요령을 가르쳐 줄 수 있다.

6) 실행적 탈감법과 강화 및 벌의 기법 제의하기

발표 불안(사회공포증)이나 고소공포증 등으로 괴로워하는 내담자에게는 실행적 탈감법을 과제로 내준다. 엘리베이터 공포증의 내담자를 치료할 때 한달에 8~10회 엘리베이터를 타게 하고 점차로 횟수를 늘려 가서 4개월간 도합 100번을 타도록 하는 것은 **단계적 둔화** 또는 **점진적인 탈감법**(desensitization)이다. 그런데 그 내담자에게 엘리베이터를 1주일에 100번 타라고 지시하는 것은 **홍수**(flooding) 기법이다. 엘리스는 홍수기법을 권장했다.

엘리스는 내담자들이 과제를 실행하도록 도와주기 위해서 강화(强化)와 벌(罰)을 사용하라고 권고하였다. 내담자들이 숙제를 다 마친 후에는 그들이 좋아하는 활동을 스스로에게 허락하고, 숙제를 다 마치지 못한 경우에는 자신에게 싫어하는 일을 하도록 지시하는 것이다.

REBT와 인지이론의 실제
생각 바꾸기 훈련 사례

●

03

REBT 이론과
여러 CBT 이론의
비교

인지행동적 치료의 영역에는 엘리스의 REBT와 벡의 인지치료 (CT) 이론을 시작으로 하여, 요즈음에 와서는 수용전념치료 (ACT), 마음챙김(MBSD), 심리도식치료(Schema Therapy), 변증법적 행동치료 (Dialectic Behavior Therapy: DBT), 구성주의, 자비치료, 동사섭 등과 같은 많은 새로운 이론이 소개되고 있다.

이 장에서는 현대인들에게 보편적으로 알려져 있는 CT, ACT, MBSD, 심리 도식치료에 대해서만 간략하게 소개하기로 한다. 그리고 마지막으로 CBT와 는 정반대의 축인 정서체험적인 치료와 REBT는 어떻게 상호 보완될 수 있는 가를 살펴보기로 한다.

1. 인지치료(CT)와 REBT

벡(Aaron Beck)은 인지치료(Cognitive Therapy: CT)의 창시자로서, 엘리스와 거의 동시대에 정신과 환자들을 대상으로 하여 인지치료적인 접근을 실시하 였고, 특히 우울증 환자들에게 적용한 임상적 실험 결과를 근거로 해서 우울 증 치료에 관한 독보적인 공헌을 하였다(원효택 외 역, 1996).

엘리스와 벡은 인지치료에 관한 상호 간의 의견을 교환하고 교류하면서 학 문적으로 진실한 관계를 유지하였다.

벡(좌)과 엘리스(우)

1) 인지 삼제(認知三題: Cognitive Triad)

벡에 의하면 우울증 환자는 자기 자신과 세계에 대하여 인식할 때 잘못된 정보처리를 함으로써 왜곡된 신념을 가지고 있다고 한다. 그리하여 그들은 첫째, 자신은 결점이 많고 보잘것없는 존재라고 생각한다. 둘째, 세상은 자기의 삶의 목표를 달성하는 데에 너무 많은 장애물로 가득 차 있고 자기에게 과도한 요구를 하기 때문에 이겨 낼 수가 없다고 생각한다. 셋째, 미래에도 현재의 어려움이 계속될 것이므로 자기는 불행할 수밖에 없다고 생각한다. 그리고 그들은 그와 같은 부정적인 믿음(신념)이 틀림없이 옳다고 생각하고 있기 때문에 그 신념이 지속된다. 이와 같이 편향된 해석과 부정적인 예측을 하는 환자의 인지적 오류를 벡은 인지 삼제라고 하였다.

엘리스는 부적응적인 인간이 첫째, 자신은 무가치한 인간이며 둘째, 사람들은 형편없이 나쁘며 셋째, 세상은 불공평하다는 신념을 가지고 있다고 하였다. 벡의 인지 삼제와 거의 비슷한 개념이다.

2) 인지적 재구성의 절차

그렇다면 이러한 내담자들을 어떻게 치료해야 하는가? 내담자의 왜곡된 신념을 발견하고 교정하며, 타당성이 있고 유연한 신념으로 대체하는 절차, 즉 인지적 재구성의 절차를 벡의 인지치료에서는 다음과 같이 설명하고 있다 (조용래, 2019).

(1) 1단계: 자동적 사고를 찾아내기

벡은 내담자가 정서적으로 혼란되어 있을 때 내담자의 의식의 표중에 있는 **자동적 사고**를 먼저 찾아낸다. 그 방법은 다음과 같다.

- 질문하기: "지금처럼(예: 불안, 공포) 느껴지기 직전에 어떤 생각이 떠올 랐는가? 그리고 그것이 사실이라면 나 자신이나 나의 미래가 어떻다는 의미인가? 그리고 남들이 나에게 어떻다고 말해 줄 것 같은가?"
- 계단 밟기
- 사고 일지(역기능적 사고의 일일 점검표)
- 심상(imagery)의 활용

내담자의 자동적 사고의 내용을 추적하다 보면 끝내는 그의 핵심신념이 발견된다. 내담자의 핵심신념은 어린 시절부터 부모와 환경을 통해 일관성 있게 주입된 가치관으로서, '나는 쓸모없는 사람이고, 무능한 존재다.'라고 생각하는 인식이다. 이것을 인지도식(schema)이라고 한다. 엘리스는 상담을 시작하자마자 신속하게 내담자의 자동적 사고에서 비합리적인 인지도식을 찾아내고 이어서 그의 인지도식에 대하여 논박하는 단계로 들어간다.

(2) 2단계: 인지적 오류를 확인하기

벡은 내담자가 주로 다음과 같은 다섯 가지의 왜곡된 신념을 가지고 있는 것으로 간주한다.

- 재앙적 사고(확대 해석)
- 자기와 관련짓기
- 지레 짐작하기
- 흑백논리(이분법적 사고)
- 당위적 사고(강박적 의무감)

엘리스는 당위적 사고가 근간이 되어 다른 비합리적 신념인 재앙적 사고, 인간 비하적 사고, 낮은 인내심을 창출한다고 보았으나, 벡은 당위적 사고가 여러 가지 인지적 오류 중의 하나로서 재앙적 사고, 흑백논리, 지레 짐작하기, 자기와 관련짓기와 동일한 위치에 있다고 간주하였다.

(3) 3단계: 부정적인 자동적 사고를 타당하고 유연한 사고로 대체하기

벡의 인지치료(CT)에서는 내담자의 생각을 바로잡기 위해서 앞의 인지적 오류별로 치료자가 질문을 하고 내담자가 그에 대하여 적어 보도록 안내한다.

〈예: 지레 짐작하기〉
- 그렇게 생각할 만한 객관적이고 실제적인 근거가 있는가?
- 그런 일이 일어날 것이라는 점을 나는 100% 확신하는가?
- 내가 불안한 감정을 느낀다는 것은 내가 바보같이 보인다는 뜻과 동일한가?
- 그것이 정말로 그렇게 중요한가?
- 상대방의 의견이 다른 모든 사람의 의견을 반영하는가?

• 그 상황을 다르게 해석할 수 있다면 어떤 설명이 가능한가? (대안적 해석)

그리고 인지치료의 개입이 있기 이전과 이후에 내담자가 느끼는 감정(끔찍하다, 불안, 공포증)의 정도를 %로 비교하게 한다.

표 3-1 인지적 재구성의 예

상황/촉발요인	자동적 사고	감정(정서)	생각의 덫 (인지적 오류) 찾아내기	대안적 해석을 만들어 보기
처음 사람을 만나면 나는 얼굴이 붉어질 것 같다.	그 사람이 나를 거부할 것이다. 그건 끔찍하다.	불안, 공포 (주관적 불안 지수 80%)	재앙적 사고 (확대 해석)	처음 만나는 사람이 나를 거부한다고 해서 그것이 끔찍한 일은 아니다. 사실은 처음에는 서로 서먹서먹할 뿐이고 차후에는 자연스러워질 것이다. (주관적 불안지수 30%)

REBT와 인지치료는 역기능적인 사고의 과정에 대한 설명과 그런 사고의 해체 방법 및 치료과정에서 많은 부분이 유사하다. 이 둘의 차이점은 REBT가 독서치료, 시청각 자료, 자기진술문 써 보기와 같은 심리교육을 중시하며, 수치심 공격하기 활동이나 합리적-정서적 심상법(REI)과 같은 여러 가지 '정서적인 방법'을 적극적으로 사용한다는 점이다.

2. 수용전념치료(ACT)와 REBT

수용전념치료(Acceptance Commitment Therapy: ACT)는 인지행동치료(CBT)에서 제3의 동향으로서 헤이스(Steven Hayes)에 의해 창안되었다. 의학적인 모델에서 볼 때 '정상'이란 '건강'을 의미하며 치료는 건강 회복에 목표를 두고 있다. 그러나 헤이스는 그런 이론에 반대하였다. 신체적 건강을 '정상'이라고 간주한다면 질병은 '비정상'에 해당된다. 이런 관점을 심리적인 측면에 적용한다면 '행복'이 정상적인 상태이고 행복하지 않은 것은 비정상적이라고 간주해야 할 것이다.

그런데 모든 인간에게 있어서 심리적인 고통은 보편적인 현상이므로, 오히려 '고통'이 정상적이라고 보아야 한다는 것이다. 고통은 우리 삶에 동행하는 손님과 같다. ACT에서는 고통은 인생의 기본적 특성이므로 무조건적으로 자기와 타인과 세상 현상을 수용하고 용서하라고 한다. 그리고 인간의 실존적 불안을 외면하지 말고 '존재할 용기'를 가지라고 한다. ACT에서는 인간의 사유 능력으로 인하여 오히려 우리 자신을 마음의 노예로 전락시키기 때문에 일체의 생각을 내려놓고 현재의 신체 감각, 생각, 정서, 행동에 주의를 집중하는 명상의 생활화를 강조하였다(문현미, 민병배 역, 2010).

ACT의 기본개념은 다음과 같다.

1) 인간의 마음은 관계구성 틀로 자기와 세상을 개념화한다

인간은 언어(상징)를 사용하여 어떤 사건에 대해 연상하고, 추론하며, 비교하고 평가(판단)한다. 인간이 이처럼 사물 간의 연관성을 찾아 개념화하고, 언어적인 방법으로 문제를 해결하려 하는 것을 관계구성의 틀(Relational Frame)을 가지고 있다고 말한다. 그래서 ACT는 관계구성 틀의 이론(Relational Frame Theory: RFT)이라고도 한다.

가령 정 선생은 '석양 노을'이라는 말을 듣고 슬퍼진다. 지금은 고인이 된 친구 탁××와 함께 석양 노을을 바라보고 거닐었던 장면이 떠오르기 때문이다. 이처럼 언어는 A와 B 사이에 상호관련성을 찾아 연결시키고 유목화(類目化)한다.

관계구성 틀의 이론은 REBT 이론에서의 ABC 모형과 유사하다.

2) 인간의 언어 기능은 사고의 억제와 경험의 회피를 창출하는데, 이런 것들로 인하여 괴로움이 증폭된다

송 여사는 장애아를 기르며, 폭언을 일삼는 남편과 함께 살고 있다. 송 여사는 끝없는 부부싸움으로 우울증을 앓고 있다. 그녀는 어쩔 수 없이 남편과 같이 살아야 하니까 더 이상 "남편과 싸우지 말자."라고 수백 번 다짐한다. 그럼에도 불구하고 남편을 보자마자 흥분해서 더 싸우게 된다.

이상하게도 "남편과 싸우지 말자."라는 생각, 즉 '사고의 억제'와 싸움을 하지 않으려고 하는 '경험의 회피' 전략이 오히려 역효과를 가져온다. 이것은 "××하지 말자"는 말 속에 이미 ××가 포함되어 있기 때문이다. 그래서 ××에 대한 강박적인 사고를 유발시키기 때문이다. 이것은 대뇌의 거울신경의 각인 효과로서 풀이될 수 있다.

3) 평가(판단) 기능과 자기개념화로 인하여 심리적인 괴로움이 증폭된다

송 여사가 남편을 '진짜 나쁜 사람'이라고 평가하고 자기는 '복 없는 여자'라고 생각하기 때문에, 장애아를 기르는 고통에 더하여 한층 더 괴로운 심정으로 살아가는 것이다.

ACT에서 평가 기능과 자기개념화하는 오류 때문에 심리적인 고통이 유발된다는 것은 REBT와 일치한다.

4) 심리적인 고통에서 벗어나려면 인지적 융합과 그 오류를 발견하여 거기에서 빠져나오는 작업을 수행해야 한다. 이것을 탈융합이라 한다

인간은 생각과 감정 속에 빠져 반추(反芻, rumination)하는 경향이 있고, 그 생각과 감정이 곧 자기라고 생각한다. 이것을 **인지적 융합**(cognitive fusion)이 라고 한다. '나는 불안해.'라고 생각하면 나와 불안한 감정이 하나로 되어 있 는 느낌을 가지게 된다. 이것이 '융합'이다.

인지적 융합에서 벗어나려면 자기가 느끼는 어떤 감정이나 어떤 생각 이 곧 자신과 동일한 것이 아니라는 사실을 깨달아야 한다. 이것이 **탈융합** (defusion)이다. 인지적 융합은 생각의 렌즈를 통해서 사물을 보는 것이며 (observe through the thought), 탈융합은 생각 자체를 보는 것이다(observe the thought).

ACT에서는 탈융합의 기술을 가르친다. 그리하여 자기의 감정을 하나의 객관적인 사건으로서 (마치 자기와는 별개의 물체인 것처럼) 바라보는 연습을 하도록 한다. '나에게는 불안한 마음이 있어.'라고 독백하게 되면 그 마음을 다만 하나의 생각으로서, 또는 마치 하나의 물체인 것처럼 바라볼 수 있게 된 다. 그러한 탈융합적 언어구사는 언어의 (해로운) 힘을 약화시킨다. 이것은 REBT에서 정확한 언어표현을 강조한 어의학적인 방법과 동일하다.

5) 모든 생각을 중단하고, 심리적 고통과의 싸움 자체를 내려놓을 때 심 리적으로 자유로울 수 있다

'고통을 내려놓는다.'는 것은 무리하게 애쓰는 행위, 즉 인위적인 노력을 그만둔다는 의미로, 동양의 무위(無爲)와 같은 것이다. 그러니까 우리는 고통 을 수용하고, 기꺼이 고통 속으로 뛰어드는 도전을 하는 것이다. 이것은 고 통에 대한 새로운 반응 양식이다. **수용하기**(acceptance)와 **기꺼이 경험하기**

(willingness)는 '통제'와 반대되는 개념이다. 수용한다는 것은 그 순간에 방어함이 없이 경험을 온전히 받아들인다는 의미로서, 기꺼이 경험하기와 동의어라고 보면 된다. 공황장애 환자를 대상으로 한 연구 결과에 의하면, 공포를 기꺼이 수용한 사람보다 공포를 회피한 사람이 더 많은 두려움을 경험한 것으로 나타났다.

6) 관찰하는 자기가 되어 마음챙김하도록 하라

우리는 개념화된 자기에 집착하는 습관을 버리고 또 인지적인 융합에서 해방되려면, 자신의 경험을 현재 순간에 유동적이고 지속적으로 알아차려야 한다. 즉, 지속적인 자각(ongoingself-awareness)이 요구된다. 그것은 자신에 대하여 평가(판단)하지 않고, 다만 '나는 지금 이것을 느끼고 (생각하고, 기억하고) 있다.' 또는 '나는 지금 저것을 보고 있다.'라고, 있는 그대로 진술하는 것이다. 자기가 가지고 있는 생각을 굳이 변화시키려 하지 않은 채, 오직 그 생각을 알아차리게 되면, 지금 현재의 경험에 접촉하게 된다.

관찰하는 자기(observing self)란 고통 속에 빠져 (고통과 하나 되어) 있는 자기를 마치 제3자의 위치에서 바라보듯이 객관적인 관찰자로서 바라보는 것이다. 이때 당신의 마음은 창공이 되고, 당신의 생각과 감정은 구름이 된다. 그리고 당신은 초연하게 거리를 두고 당신의 생각과 감정을 바라보는 위치에 서 있다. 이것이 탈융합을 위한 거리두기이다.

'관찰하는 자기'는 말이 없는(언어를 떠난) 조용한 영혼으로서, 물질(사물)이 아닌 존재, 곧 무아(無我)로서 존재한다. 그리고 그것은 당신이 가는 곳이면 어디든지 따라다니기에 경험적으로 시간과 공간을 뛰어넘는 감각이다. 이런 현존(現存)을 초월적인 자기(transcendental self), 영적 자기(spiritual self), 무아로서의 자기(nonbeing self) 또는 맥락으로서의 자기(contextual self)라 한다.

자기를 관찰하는 존재가 되기 위해서는 마음챙김을 해야 한다. 마음챙김

(mindfulness)이란 어떤 사건을 경험할 때 융합되지 않고, 집착하지 않고, 판단하지 않고, 있는 그대로의 경험을 알아차리는(aware) 것이다. 이 마음챙김과 관련하여 종교적 관점에서 ACT를 구체적으로 살펴보도록 하자.

① 불교적 관점과 ACT

마음챙김은 불교의 '참선'(參禪)과 같은 의미다. 무념무상(無念無想)의 상태에서 사신의 신체 감각과 생각과 감정을 있는 그대로 바라보게 하는 ACT는 불교적 수행인 '관'(觀)의 개념이다. 한국의 유교 문화가 성취 지향적이고, 외적인 자기, 즉 페르소나(persona)를 중시하는 경직된 사고 모델이기 때문에 한국인들은 스트레스와 긴장감을 많이 느끼게 되어 있다고 본다. 그런데 다행스럽게도 우리 문화에 침투해 있는 불교적인 관조의 태도가 ACT를 통하여 심리치료와 상담에서 효력을 발휘한다고 사료된다.

어떤 현상이나 자기 자신에 대해서 일체의 판단 작용을 중단하고 허심탄회하게 그저 '바라보라.' 그리하면 과거에 대한 회한도, 미래에 대한 염려도 잊은 채 오직 현재의 실존을 담담한 마음으로 즐길 수 있다. ACT는 그동안 '바라봄'에 대한 한국인의 정신문화를 재평가해 보게 하는 계기를 제공해 준다고 생각한다.

'먹어 보아라' '맛보아라' '냄새 맡아 보아라' '만나 보아라' '이야기해 보아라' '생각해 보아라'. 영어로는 단지 eat, taste, smell, meet, talk and think라고 표현되는 행위다. 우리에게는 그 행위를 하면서 그 순간에 행위 자체를 보고 그 행위와 하나가 되라고 하는 철학이 있다.

'세상은 고해(苦海)다. 인간의 본질은 무아(無我)인 것을 알지 못하고(無明), 집착과 탐진치(貪瞋癡)에 사로잡혀 있기에 번뇌 망상으로 더욱 괴로운 것이다. 이것을 바라보라(觀). 깨어 있으라. 선(禪)에 정진하여 평정심을 유지하라. 그리고 만물(萬物)에게 자비심을 가지라.'

ACT에서는 발을 습관적으로 떠는 사람에게 자기가 발을 떠는 것에 대하여 그저 바라만 보라고 지시한다. 그러면 그 사람의 발 떠는 증상이 저절로 사라진다.

② 기독교적 관점과 ACT

ACT의 사상은 기독교의 사상과도 일치한다.

> 모든 지킬 만한 것 중에 더욱 네 마음을 지키라. 생명의 근원이 이에서 남이라.(잠언 4:23)
>
> 내가 이르노니 너희는 성령을 따라 행하라. 그리하면 육체의 욕심을 이루지 아니하리라.(갈라디아서 5:16)

이런 말씀은 우리가 생각에 따라 이리저리 흔들리지 말고 '본질적인 자기'가 되라는 의미다.

> 이 세상이나 세상에 있는 것들을 사랑하지 말라, 누구든지 세상을 사랑하면 아버지의 사랑이 그 속에 있지 아니하니, 이는 세상에 있는 모든 것이 육신의 정욕과 안목의 정욕과 이 생의 자랑이니, 다 아버지께서 좇아 온 것이 아니요, 세상으로 좇아 온 것이라. 이 세상도 그 정욕도 지나가되, 오직 하나님의 뜻을 행하는 이는 영원히 거하느니라.(요한1서 2:15-17)

이 말씀은 기쁨 자체요, 영적 존재인 자기의 본질을 망각하고 세상적인 인정과 성공에 집착함으로써 좌절감과 불행감을 느끼는 것이 옳지 않다는 것을 말해 주고 있다.

> 너희 중에 누가 염려함으로 그 키를 한 자나 더할 수 있느냐?
>
> 그러므로 내일 일을 위하여 염려하지 마라. 내일 일은 내일 염려할 것이요, 한 날

괴로움은 그 날에 족하니라. 그런 즉 너희는 먼저 그의 나라와 그의 의를 구하라. 그
리하면 이 모든 것을 너희에게 더하시리라.(마태복음 6:27-34)

이 말씀은 오직 현재(here and now)의 삶에 전념하라는 ACT의 사상과 일치
한다.

7) 당신이 가장 중요하게 여기는 삶의 가치를 선택하고 거기에 전념하라

사람들은 생각의 노예가 되어 마음의 에너지를 낭비하며, 정작 자기가 소
중하게 여기는 삶의 좌표나 가치를 향하여 전심(全心)으로 살지 못하는 경우
가 허다하다. 그러므로 이제부터 당신은 온갖 사념(思念)에서 빠져나와 당신
의 최우선적인 삶의 방향으로 전념할 필요가 있다. 비록 당신이 슬픈 감정
을 느끼고 자신은 무능력한 존재라고 생각하고 있더라도, 당신은 여전히 그
런 마음을 그대로 지닌 채 어떤 다른 것을 할 수 있다. 당신이 공황장애나 우
울증을 앓고 있다고 하자. 그렇더라도 그런 상태에서 당신은 이 순간에 전념
(commitment)함으로써 생생하고 활력이 넘치는 삶을 살 수 있다.

결론적으로 ACT는 심리적 고통을 없애기 위한 적극적인 해결 방법이나 통
제 전략을 권장하지 않는다. 그 대신에 그 상황에서 경험하는 고통과 친밀하
게 지내라고 한다. 그러다 보면 역설적으로 고통이 느껴지지 않게 된다는 것
이다. ACT에서 지금 당장 자기가 중요시하는 일에 전념하라는 사상은 REBT
에서 내담자에게 불안해하는 대신에 현재의 삶에 몰두하라고 하며, 실행적
탈감법의 과제를 부과하는 것과 유사한 개념이다.

REBT와의 차이점은 ACT가 '사고의 중지'와 현재 순간의 몰입을 적극적으로
실천하도록 내담자에게 마음챙김의 수행을 강조한다는 점이다.

3. 마음챙김에 근거한 스트레스 감소 훈련(MBSR)

마음챙김(Mindfulness) 명상은 카밧-진(Jon Kabat-Zinn)이 불교의 지관(止觀) 명상기법을 스트레스 대처법으로 적용함으로써 알려졌다. **마음챙김에 근거한 스트레스 감소 훈련**(Mindfulness Based Stress Reduction: MBSR)은 오늘날 ACT의 중추적인 치료기법으로 되어 있다(이우경, 조선미, 황태역 역, 2002).

카밧-진에 의하면 우울증이나 불안장애 환자는 강한 비합리적 신념을 가지고 있다. 그들은 불안 유발 상황에 접하면 자동적으로 부정적인 사고와 슬픈 감정 속으로 빠져든다. 이것을 '**자동적 조종**'(automatic pilot) 상태라 한다. 그 결과 습관적으로 과거의 후회 또는 미래의 걱정 속에 살기 때문에 현재의 삶을 제대로 영위하지 못한다. 따라서 here and now의 실존을 충분히 경험하려면 우울과 관련된 자동적 사고와 반추하는 습관에서 벗어나야 한다. 그것은 대뇌의 우울 관련 사고 프로그램을 지우는 일인데, 마음챙김 명상을 실천함으로써 가능하다. 마음챙김은 자기 안에서 일어나는 일체의 상념을 내려놓는 것이다. 호흡 명상, 건포도 명상, 정좌 명상, 걷기 명상, 설거지 명상 등의 방법을 수련하여 현재에 머무는 연습을 하는 것이다. 그렇게 되면 자신의 사고, 감정, 신체 감각을 알아차리면서 자기를 제3자의 입장에서 바라보게 된다. 그리하여 어떤 생각과 감정에 휩쓸리지 않고 다만 담담하고 평안한 마음 상태에 놓이게 된다. 마음챙김이 제2의 습관이 되도록 하려면 정규적으로 명상수련과 '느리게 살기'를 연습하는 것이 요구된다.

4. 심리도식치료이론과 REBT

심리도식치료(Schema Therapy)는 전통적인 심리치료이론의 한계점을 넘어서 구조적이고 체계적인 치료 방법을 사용한 통합적 이론이다. 1990년대에 영(Young) 등에 의하여 소개된 이 이론은 인지행동적 치료와 애착이론, 게슈탈트(Gestalt), 대상관계이론, 구성주의 및 정신분석 치료의 요소를 조합한 포괄적인 개념의 모델을 제시한다(권석만 외 역, 2005).

1) 심리도식의 정의

자기와 세상을 바라보는 틀이 심리도식이다. 그런데 개인은 자기가 가지고 있는 틀이 비록 부정확하고 왜곡된 것이라 하더라도, 그것을 지속적으로 유지하려는 경향이 있다. 심리도식은 긍정적 · 부정적, 적응적 · 부적응적일 수 있다. 초기 부적응 도식은 유기, 학대, 무시, 거절 등과 관련된 아동기의 기억, 정서, 신체 감각 및 인지의 집합이다. 다시 말해서, 그것은 자기패배적인 감정과 사고의 패턴으로서 생애 초기에 시작되어 일생 동안 반복된다. 인간은 자기가 가지고 있는 심리도식에 의하여 야기되는 불편한 감정(예: 유기 및 거부에 대한 불안)에서 벗어나기 위해 주로 세 가지 대처 방식 중 한두 가지를 채택한다. 그리고 그 대처방식에 따라 여러 가지의 대처 반응을 보인다.

인간은 기본적으로 아동기에 총족되지 못한 핵심적 정서욕구로 인하여 부적응적인 심리도식이 발생한다. 인간에게는 다음과 같은 다섯 가지의 주요 정서적 욕구가 있다.

- 중요한 사람과의 안정애착(안전감, 애정, 돌봄, 수용)
- 자율성, 유능감, 정체감
- 타당한 욕구와 감정을 표현하는 자유
- 자발성과 유희
- 현실적 한계 및 자기통제

2) 초기 부적응 도식의 형성 과정

초기 부적응 도식은 일차적으로 부모의 양육 방식에서 심리적으로 상처받은 경험을 통하여 형성된다. 그리고 부적응 도식은 아동의 정서적 기질 내지 성격과도 관련이 있다. 그러한 생애 초기의 경험에는 다음과 같은 유형의 도식이 형성된다.

- 아동기 욕구 좌절: 정서적 결핍 도식, 유기 도식
- 심리적 외상 · 고통: 불신/학대, 결함/수치심, 위험/취약성 도식
- 너무 많은 보상: 의존/무능감, 특권의식/과대성 도식
- 중요한 인물과 동일시 · 내면화 도식

영(Young) 등은 이상의 것을 5개의 범주로 나누고 18개의 심리도식으로 분류하였다.

전언어(pre-verbal) 단계의 유아가 심리적 외상(psychological trauma)을 경험할 때 외상과 관련된 정서와 신체감각은 뇌의 편도체에 무의식적 기억으로 저장된다. 그것은 다분히 공포의 조건형성에 해당된다. 그러므로 개인의 정서 반응은 두뇌의 정보처리(인지)과정을 거치지 않고도 일어날 수 있다. 유아가 언어로 말하고 생각하기 시작한 이후에 획득된 인지적 기억은 대뇌의 해마와 신피질 영역에 저장된다. 따라서 심리도식의 구성 요소는 차후에 발달한다. 아이가 성장하면서 일상생활 중에 유아기에 경험했던 심리적 외상과 비슷한 자극을 받게 되면 아이의 심리도식과 연관된 부정적인 사고와 감정에 자동적으로 휩쓸리게 된다. 즉, 뚜렷한 이유도 알지 못한 채, 아동의 신체 감각과 감정과 생각이 외부에서 주어진 자극에 의하여 자동적으로 조종당하여 (automatic pilot) 꼼짝없이 그 분위기에 휩쓸리는 것이다.

그리하여 ① 인지적 왜곡과 ② 자기패배적 생활양식과 ③ 부적응적인 대처

방식을 영속화시킨다. 그리고 성인이 되어도 여전히 아동기의 두렵고 불안했던 느낌의 경험 속에서 생활하게 만든다. 그러므로 내담자의 심리도식을 다룰 때는 의식적인 사고 기능 이전에 형성된 기억, 정서, 신체 감각 및 인지를 잘 살펴보아야 하며, 인지보다 정서에 우선순위를 두도록 한다.

예를 들어, 강×× 씨는 직장의 상사가 자기를 인정해 주지 않으면 자기는 무가치한 인간이며 자기 인생은 망했다고 느끼고 비관하여 그를 회피한다고 하자. 강×× 씨의 이러한 iB와 iC(부적절한 정서와 행동)는 어린 시절(초기)에 형성된 인지도식일 것이다. REBT에서는 곧바로 강 씨의 핵심신념인 인지도식을 다룬다. 그러나 REBT와는 달리 심리도식치료에서는 내담자의 그러한 부정적인 심리도식을 다룰 때 의식적인 사고 기능 이전에 형성된 기억, 정서, 신체 감각 및 인지를 잘 살펴보아야 하며, 인지보다 정서에 우선순위를 두라고 강조한다.

3) 부적응적인 대처방식

어떤 심리도식에 대응하기 위해서 내담자가 사용하는 부적응적인 대처방식 내지 건강하지 못한 생존방식에는 다음의 세 가지가 있다.

- 싸우기(공격): 과잉보상(지나친 요구, 특권의식, 타인 학대, 과대한 성취)
- 도망가기(회피): 알코올, 약물, 성(sex), 비행, 불쾌한 장소와 대상의 회피
- 얼어붙기(굴복): 학대적 대상과 사귀고 결혼, 타인에게 결정권 양도

4) 심리도식치료의 목표와 치료 방법

심리도식치료의 1차적 목표는 내담자가 자신의 심리도식을 확인하고 그 근원과 대처방식을 자각하도록 돕는 것이다. 이를 위해서 심리도식의 평가

와 교육의 단계가 주어진다. 심리도식치료의 2차적 목표는 내담자가 일상생활 속에서 심리도식이 촉발되더라도 건강한 방식으로 반응하도록 치료자가 교육시킨다.

치료 방법으로는 인지적 변화를 기도하기 위해서 첫째, 칸 기법 및 심리적 대처 카드의 사용과, 둘째, 심상 대화(imagery dialogue)를 실시한다.

여기서 간략하게 칸 기법을 설명하자면, 가령 "내가 어렸을 때 나의 부모는 나에게 ＿＿하였다. 그때 나는 ＿＿을 느꼈다."와 같은 글을 적어 보게 하는 것이다. 그리고 대처 카드는 "내가 수치심을 느낄 때는 ＿＿게 하자."와 같은 카드를 휴대하라는 것이다. 칸 기법과 심리적 대처 카드는 REBT에서 사용하는 사고 일지와 자기진술문 쓰기와 유사한 인지적 방법이다.

심상 대화는 ① 아동기의 분노와 슬픔을 표현하게 하고, ② 현재 자신을 괴롭히는 심상과 아동기 심상을 연결시킨다. 그런 뒤 ③ 주요인물에게 하고 싶은 말을 연습시킨다. 그리하여 건강한 측면의 대화를 강화시킨다. 그리고 행동적으로는 실제 생활 장면에서 행동 과제를 수행하도록 역할놀이를 시킨다.

심상 대화 시간에 치료자는 '공감적 직면'과 '제한된 재양육' 기법을 사용하여 부적응적이고 상처받은 '내면 아이'(inner child)가 건강한 성인(healthy adult)으로서 내면화되도록 인도한다. 심상 대화는 게슈탈트와 대상관계 기술의 혼합이라고 보면 될 것 같다.

5) 심리도식치료의 강점

지금까지 인지행동치료(CBT)로 효과를 보기 힘든 불안, 우울, 공포증 환자는 의존성(의존도식)과 취약성에 사로잡혀 있는 것으로 나타났다. 또 강박장애와 사회공포증 환자가 보이는 고립된 삶의 방식은 결함도식에 대한 회피 방식으로 볼 수 있다. 여러 연구에 의하면 성격 문제와 경계선 성격장애인들에게는 CBT의 방법이 비효과적인 것으로 보고되었다. 그들은 자기에게 불편함을 유발하는 사고와 심상을 차단하고 자기 내면을 깊이 들여다보지 않으며 회피 기제를 사용한다. 그리하여 치료자가 내담자 자신의 사고와 감정을 잘 관찰하고 기록하라는 숙제를 내주면 응하지 않는 경우가 많다. 이러한 내담자들에게 심리도식치료가 비교적 효과를 보이는 것으로 나타났다.

5. 정서 체험적 치료와 REBT

엘리스는 정서치료와 체험을 중시하는 게슈탈트, 심리극, 표현예술치료 등의 접근을 선호하지 않았다. 그는 그런 치료 방법들은 치료 당시에 좋아진 느낌이 들 뿐이고 실제로는 좋아진 효과를 확인할 수 없다고 하였다. 그의 말에도 일리가 있다.

그러나 저자의 경험에 의하면 심각한 정서적 문제를 가지고 있는 내담자들에게 인지적인 방법은 시간이 많이 소요되고, 투자된 시간에 비하여 그 효과가 크지 않았다. 그러나 게슈탈트 등의 치료적 접근을 시도할 때 단시간에 극적인 효과가 나타나는 것을 목격하였다.

예를 들어, 가까운 사람에게 성폭행을 당한 후유증으로 수십년간 고통받은 내담자가 게슈탈트 치료 시간에 억눌렸던 감정이 폭포수처럼 분출되고, 극심한 신체적 경련을 느낀 다음에야 그런 트라우마에서 자유롭게 된 것을 목격하게 된다. 심리적 외상을 경험한 내담자는 치료 시간에 손과 얼굴이 차갑게 경직되고, 심한 경우에는 정신을 잃고 구토 현상까지 일어난다. 이처럼 내담자의 신체에 각인된 상처는 언어적인 방법보다는 직접 그 상처를 다시 경험하는 시간을 통하여 인식될 수 있다. 그런 알아차림이 이루어진 다음에 논리적으로 정리하는 작업이 필요하다.

1) 트라우마와 생존을 위한 방어기제

트라우마(trauma, 심리적 외상)란 개인의 정상적인 대처 기능을 압도하는 모든 경험을 말한다. 커다란 사고를 경험했다거나 가까운 사람에게서 지속적으로 학대를 받고 자란 경우에, 인간은 판단 능력이 상실되고 다만 공포스러운 감정에 휩싸인 채 무감각하게 된다. **외상 후 스트레스 장애**(Post-Traumatic Syndrome Disorder: PTSD)는 트라우마를 경험한 이후에도 오랫동안(수년간 또는 일생 내내) 지속되는 불안과 공포의 잔여효과를 말한다. 그래서 몸과 마음이 무감각하며, 악몽과 상상 속에서 심리적 외상을 무수하게 다시 경험하게 된다. 또 깜짝깜짝 놀라며, 집중력 결핍, 수면장애, 기억 상실, 과잉행동, 피로증, 짜증, 이유 없는 분노의 폭발과 가족 학대 등의 성격 변화가 나타난다.

인간의 뇌는 3층으로 이루어졌다([그림 3-1, 3-2] 참조). 그것은 ① 뇌간(생존의 중추)과 ② 변연계(정서의 중추)와 ③ 전두엽(사고의 중추)이다. 외부에서 어떤 자극이 들어오면 뇌간과 변연계는 그 자극이 안전한가, 위험한가를 순식간에 느끼고 그 정보를 전두엽으로 보낸다. 전두엽에서는 정보처리(판단)의 과정을 거쳐 어떤 반응을 할 것인지를 결정한다. 그리고 변연계로 '반응하라'는 지시를 보낸다.

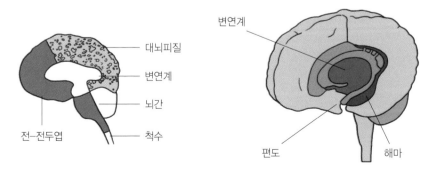

[그림 3-1] 뇌의 구조

출처: 홍경자(2016), p. 115.

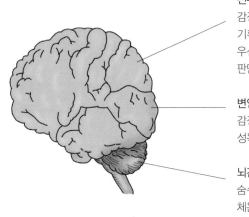

전두엽(영장류의 뇌: 사고의 중추)
감정 조절
기획, 조직
우선순위 선정
판단, 결과 예측

변연계(포유류의 뇌: 정서의 중추)
감정, 기억
성욕, 식욕

뇌간(파충류의 뇌: 생존의 중추)
숨쉬기
체온 조절
맥박 조절

[그림 3-2] 뇌의 기능(전두엽, 변연계, 뇌간)

출처: 홍경자(2016), p. 117.

표 3-2 생존을 위한 방어기제 세 가지

방어기제 유형	행동 양식	에너지 사용
공격하기	맞서 싸우기, 도망가기	에너지 팽창
회피하기	숨기, 모르는 척하기	에너지 수축
얼어붙기	항복하기(굴복)	에너지 수축

변연계는 본능과 감정의 중추다. 외부 자극이 위험하다고 지각되면 곧바로 아드레날린, 코르티졸 등의 호르몬을 분비하고 흥분(분노)한다. 그리고 공격하기(싸우기), 회피하기(도망가기), 얼어붙기(굴복하기)의 방어기제로 임한다(〈표 3-1〉 참조).

트라우마와 같이 엄청난 스트레스 상황에서는 전두엽은 합리적인 타당성을 분석할 시간적인 여유가 없다. 그래서 변연계의 반사작용, 즉 생존의 본능이 지시하는 대로 따를 것을 허용한다. 이 시점에서 우리 인간은 무의식적으로, 비논리적으로 반응하게 되어 있다. 그러므로 격노한다든지 회피하거나 우울증의 증상을 보이는 것은 우리가 살아남기 위한 대처전략이라고 볼 수 있다.

2) 신체 감각에 각인된 정서

석순 씨는 부모로부터 학대받고 자랐다. 결혼 후에 배우자가 큰 소리로 지적을 하면 그는 자동적으로 몸이 움츠러들고 공포와 분노 감정에 휩싸인다. 그의 두뇌는 배우자의 사소한 질책을 어린 시절의 학대와 동일한 수준의 스트레스 상황으로 인식하고 과잉 방어를 하는 것이다. 그러니까 우리의 뇌는 착각 현상을 일으킨다. 어린 시절의 트라우마가 현재 시점에서 다시 일어나고 있다고 간주한다. 이것이 REBT나 CP에서 말하는 비합리적 신념체계(iB)다. 그리고 나서 ① 투쟁하거나 ② 도망가거나 또는 ③ 아무런 감정이나 통증도 느끼지 못한 채 그저 멍한 상태로 남아 있게 된다. 이런 모든 행위, 곧 iB에 뒤따른 결과(C)는 생존을 위한 동물적 본능의 발현이다.

석순 씨의 머릿속에는 부모가 폭언과 폭력하는 장면이 강렬한 이미지로 각인되어 있다. 그리고 부모에게서 버림받은 경험으로 인하여 슬프고 두렵고 화가 나며 창피하다는 감정으로 살고 있다. 이것이 그의 정서도식이다. 그 결과 세상 사람들을 믿을 수 없고 그들이 자기를 싫어할 것이라고 믿고 있다. 이것이 핵심적인 인지도식이다. 자기에 대한 수치심이 초기 아동기의 '내면 아이'에게 형성된 자기표상이다.

어린 시절에 경험했던 두려움과 움추림은 개인의 몸 안에, 체성감각(somatic sensory area)에 저장되어 그대로 남아 있다. 특별히 내담자가 아기 때(말을 하기 이전에) 경험했던 것들은 내담자의 기억 속에 남아 있지 않다. 생후 1~2세까지 경험한 것과 정서는 그 대신에, 그의 몸 속에 각인되어 있다(최은주, 2017).

예를 들면, 현동일 씨는 중·고등학교 시절에 학교짱(깡패)의 심부름꾼 노룻에 기꺼이 응했다. 하인 노릇에 대한 수치심보다는 짱의 인정과 보호에 목숨을 걸었다. 현 씨는 성인이 되어서도 사람들에게서 수용받지 못하면 안절부절하는 자신에 대하여 자괴감을 느꼈지만 그 이유를 알 수 없었다. 그러나 저자와의 게슈탈트 치료 시간에 그 이유를 깨닫게 되었다. 그는 출생하자마자 두 달간 인큐베이터에서 지낼 때 자기 주변에 아무도 없다는 것을 느꼈고, 어린 아기가 보호받지 못하고 혼자 있다는 것에 몸서리칠 만큼 외로움을 느낀 감각을 다시 경험하게 되었다.

내담자는 과거의 트라우마에 대해 끊임없이 생각하고 상상(반추)함으로써 현재에도 부적응적 감정과 행동이 지속된다. 그래서 반복적인 생각은 행동을 낳고, 행동은 습관을 낳고, 습관은 성격을 결정하고, 성격은 그 사람의 운명을 결정한다. 이것을 불교적으로는 '업(業)을 쌓는다. 그리고 업은 과보(果報)를 낳는다.'라고 표현한다.

3) 정서 체험적 치료

트라우마나 외상후 스트레스 장애로 인한 부적응 행동은 이성적인 치료방법으로는 좀처럼 치료되지 않는다. 석순 씨와 같은 내담자에게는 과거의 미해결 과제를 의식화하는 정서적 접근이 필요하다. 내담자는 안전한 분위기에서 신뢰감이 느껴지는 상담자로부터 공감되고 수용되는 가운데, 어린 시절의 심리적인 외상이 간접적으로 다시 체험되는 시간이 필요하다. 그리하여 그의 신체 감각 속에 침투되어 있는 부정적인 정서(억눌림, 놀람, 떨림, 눈물 등)와 접촉될 필요가 있다. 그런 알아차림(awareness)은 게슈탈트 치료, 심리극(Psycho-drama), 상처 받은 내면 아이 치유, 이마고(Imago) 부부대화, 기타의 표현예술치료적 접근을 통하여 체험될 수 있다. 내담자는 자기의 몸 속에 들어 있는 무거운 감정을 알아차리고, 방출(release)한 다음에야 비로소 진정한 자기를 만날 수 있다.

그리고 뇌에 각인된 외상적인 경험의 흔적은 새로운 긍정적인 경험을 통하여 변용될 수 있다. 그런 다음에 어린 시절에 자기에게 필요했지만 받지 못했던 것(인정, 보호, 사랑 등)이 이제 와서는 무조건적으로 수용되고, 지지받고 환영받는 경험을 하는 기회가 주어져야 한다.

'상처 받은 내면 아이 치유'의 프로그램에서는 내담자가 이제는 정서적으로 성인이 된 지점에서 자기의 '내면 아이'에게 보호와 수용과 지지를 제공해 주는 역할을 해 보라고 상담자가 코칭할 수 있다(오제은 역, 2004). 그 시점에서 치료자는 내담자에게 상처로 인식되었던 어떤 상황을 연상해 보라고 지시하면서 그와 비슷한 상황에서 자신을 보호하고 자기 주장하여 자신을 지켜냈던 경험을 회상해 보라고 지시한다. 이것은 신경언어 프로그램(NLP)에서 사용하는 '닻을 내리기'(anchoring)의 방법이다. 즉, 긍정적인 성인의 자원(資源)에 신경감각적인 닻을 내림으로써 과거의 상처의 흔적을 지우는 것이다.

한편, '이마고 부부대화'에서는 어린 시절에 충족받지 못했던 것들을 배우자에게 부탁함으로써 배우자가 대리적으로 그 욕구를 충족시켜 주는 경험을 해 보라고 요청하는 방법을 사용한다(오제은 역, 2005).

그와 같은 치유 작업을 거쳐 내담자의 몸과 마음이 정렬될 필요가 있다. 그런 다음에 인지적인 치료의 과정이 주어지는 것이 이상적이라고 생각한다.

여기에서 유념할 점은, 정서 체험적 치료에서 경시되기 쉬운 점을 상담자가 인식하고 있어야 한다는 것이다. 미술치료, 동작(춤)치료, 문학(글쓰기)치료, 연극(심리극)치료 등을 통하여 내담자의 몸과 마음에 무의식적으로 갇혀 있던 콤플렉스가 표출될 수 있다. 그러나 자기 감정의 알아차림과 방출만으로 내담자의 문제가 모두 해결되는 것이 아니다. 그것은 치료의 시발점에 불과하다. 자기를 짓눌렀던 생각과 감정에 접촉하는 시간을 가진 다음에, 보다 건전하고 생산적인 사고와 새로운 행동을 익히는 시간이 반드시 필요하다. 그래서 내담자는 본래 자기 안에 있었던 고유하고 생동감 있는 존재로 돌아가 주체적인 생각, 즉 rB로써 살아가도록 인지적인 정리를 확실하게 다지는 것이 바람직하다.

그리하여 CBT를 통하여 내담자가 속 시원한 자기표현(주장)을 할 수 있고 자기에게 주어진 인간적인 권리를 끝까지 지키면서 살아가는 기술을 터득해야 한다. 다시 말해서 훈습의 시간의 필요하다. 이것이 자존감을 획득하는 길이다.

결론적으로, 심각한 적응장애의 내담자에게는 정서 체험적 접근과 인지적 접근을 병용하는 것이 요청된다.

REBT와 인지이론의 실제
생각 바꾸기 훈련 사례

•

04

불교적인 접근과
REBT 및 CBT

만약에 내담자가 불교신자이거나 불교 이론에 심취해 있다면 상담자는 불교 사상과 현대의 CBT 이론을 설명하면서 내담자의 심리적 문제에 도움을 줄 수 있을 것이다. 그런 의미에서 이 장에서는 불교와 인지상담의 이론을 비교한 저자의 연구논문을 발췌하여 소개하기로 한다(홍경자, 권석만, 1998).

1. 불교적 인간관

불교에서 보는 인간은 세상 만물의 특성과 하나도 다를 것이 없고, 오히려 공통된 특징을 지니고 있다.

첫째, 인간은 '나'(자기)만의 고유한 실체라든가 어떤 영혼의 모습으로 남아 있지 않다고 본다.

둘째, 인간은 끊임없이 변화하는 물질적, 정신적 에너지의 결합작용에 불과하다.

셋째, 인간은 그러한 사실을 알지 못하기에 끊임없이 탐욕, 성냄, 어리석음(탐진치:貪瞋痴)의 번뇌와 업(業)을 짓고 윤회하며 고통에 허덕이는 존재다.

이것을 붓다는 제법무아(諸法無我), 제행무상(諸行無常), 일체개고(一切皆苦)라고 집약해서 표현하였다.

그런데 우리에게 '나'라고 주장할 만한 실체 내지 영혼이 없다면, 무엇이 윤회를 하면서 전생(前生)의 업보를 현세(現世)에 받게 하고, 내세(來世)의 출생을 결정하게 하는가? 앞의 첫째와 둘째의 특징이 내포하는 모순점을 해결하기 위하여 초기의 불교 이론가들은 무아론(無我論)을 유지하면서도 대체 자아개념을 만들어 내는 데 부심하였다. 그리하여 대승불교(大乘佛教)에서 이를 설명하기 위하여, 유식론(唯識論)을 창출하였다. 즉, 인간의 모든 행위와 생각의 씨앗이 '유식'(唯識), 곧 마음속에 저장되어 있다가 인간의 육체가 죽음을 맞이해도 그것은 없어지지 않고 다음 생에서 수많은 업인(業因)에 상응하는 삶을 맞게 된다는 것이다.

붓다는 육체의 모습으로 나타나 보이는 '나'란 존재는 삼라만상과 똑같이 본질상 공(空)하다는 것을 똑똑하게 보고 인식함으로써 집착에서 속히 벗어나라고 강조하였다. 기실, '나'의 실체는 인연 따라 살고 죽는 고통스러운 존재가 아니라, 언제나 고요하고 지혜롭고 빛나는 불변의 어떤 것, 곧 법성(法性)이다. 그러므로 붓다는 수행을 통하여 모두가 이러한 깨달음을 누림으로써 각자(覺者), 곧 부처가 되라고 권한다. 이것이 견성성불(見性成佛)이다.

1) 인간의 본질: 무아(無我)와 무상(無常)

현실적인 실체로 보이는 '나'라는 사람이 이 세상에 실재(實在)하는 것은 사실이지만, 그 본질은 어디까지나 허구적인 것(假我)으로서, 끊임없이 변화하는 물질적, 정신적 힘이나 에너지의 결합일 뿐이다. 그래서 무아(無我)라 한다. 그리고 인류를 포함하여 세상의 일체 사물이 인연에 의하여 생성, 소멸되므로 항상적인 것은 없다는 뜻에서 제행무상(諸行無常)이라 한다. 여기서 행(行)이란 본래 옮겨 다니면서 바뀐다는 뜻으로서 모두 '흐름'이라는 의미다.

2) 인간의 어리석음과 고통: 중생(衆生)의 무명(無明)과 번뇌

인간은 이와 같은 진실을 알지 못하여 '내가 있다.'고 생각하고, 내 것에 집착(執着)하고 남의 것을 구별하며, 탐진치(貪瞋痴)를 짓고 증대시켜 여러 가지 번뇌(煩惱)를 일으키며, 더 나아가 여러 업(業)을 짓는다.

업이 있으면 생사(生死)의 윤회가 있다. 그래서 '나'나 '내 것'에 대하여 지나치게 집착하고 욕심을 내는 행위, 곧 아집(我執)은 만 가지 악(惡)의 근본이요, 고통의 원천이라고 보는 것이다. 인간의 본질이 무아(無我)라는 사실을 알지 못하는 것, 곧 무지(無知)를 '무명'(無明)이라 하며, 무명으로 인한 고통에 허덕이며 생사 윤회의 사슬에 얽매여 있는 사람을 (모든 생명체를 다 포함하여) '중생'(衆生)이라고 한다.

붓다는 고집멸도(苦集滅道)의 사제설(四諦說)로 인간의 고(苦)와 번뇌에 대하여 설명하였다.

사제설 중의 첫 번인 고제(苦諦)는 인간의 괴로워하는 상태에 대한 교설이다.

둘째인 집제(集諦)는 이러한 괴로움이 발생되는 원인에 대한 교설이다.

셋째인 멸제(滅諦)는 괴로움이 소멸된 상태에 대한 교설이다.

마지막으로 도제(道諦)는 괴로움을 소멸시키는 방법에 대한 것이다.

이러한 사제설을 심리치료의 관점에서 보면, 고제는 심리적 고통과 심리장애에 대한 현상론이며, 집제는 그 원인론에 해당된다고 볼 수 있다. 그리고 멸제는 심리적 문제가 극복된 궁극적 목표론이며, 도제는 이러한 목표에 도달하기 위한 방법론 또는 치료 이론에 해당된다고 볼 수 있다.

3) 인간의 마음과 유식론(唯識論)

불교에서는 이 세상 모든 것은 그것이 물질적인 것이든 심리적인 것이든, 마음이라는 거울에 비쳐진 그림자와 같은 것으로서, 인식을 떠난 존재는 없다는 것이다. 인간의 고통 역시 마음이 만들어 낸 것이며, 마음에 비쳐진 어떤 이미지 때문이다. 따라서 고통의 원인을 밝히기 위해서는 인간의 내면에 대한 깊은 탐구가 필요하다고 보며, 이런 점에서 불교는 근본적으로 심리학적이라고 할 수 있다.

유식론에 따르면, 인간의 마음은 여덟 가지의 인식층으로 구성되어 있다. 이것을 '8식'(八識)이라고 하는데, 그 내용은 다음과 같다.

즉, ① 안식(眼識: 빛을 분별하는 것), ② 이식(耳識: 소리를 분별하는 것), ③ 비식(鼻識: 냄새를 분별하는 것), ④ 설식(舌識: 맛을 분별하는 것), ⑤ 신식(身識: 감촉을 분별하는 것), ⑥ 의식(意識: 모든 대상을 분별하여 의미로서 이해하는 것), ⑦ 말나식(末那識: 아뢰야식을 분별하여 자아로 삼는 것), ⑧ 아뢰야식(阿賴耶識: 유전된 심리적 속성과 후천적인 모든 경험의 지장소)이다.

안이비설신(眼耳鼻舌身)의 5식(五識)은 인간의 감각기관을 통해 얻어지는 일차적인 인식의 산물이다. 의식(意識)은 외부 세계로부터 전해진 5식과 말나식 및 아뢰야식으로 구성된 내부세계의 통합적 산물로서 심리적 세계, 즉 현상적 장(phenomenal field)에 떠오른 '앎'을 의미한다.

말나식과 아뢰야식은 현대 심리학적 개념에 따르면 인간의 무의식 세계를 의미한다. 말나식은 아뢰야식에서 파생된 자아의식으로서 '나'와 관련된 정보를 저장하는 기억으로 간주된다.

제6식(第六識)인 의식(意識)은 5식으로부터 감지되어 들어오는 대상을 다시 검토하여 최종적으로 판단하는 기능을 한다. 이 6식은 과거의 일을 회상하고 미래의 일을 추측하며 현재의 일을 확실히 판단한다. 6식인 의식은 이처럼 정상적인 의식 활동을 하면서도, 어떤 사실에 대하여 사실대로 인식하지 못하고 도리어 착각을 겸한 오해를 하며 번뇌망상을 야기하는 성질이 있다.

제7식인 말나식(末那識)에는 제6식(第六識)에서 잘 나타나지 않은 근원적인 죄의식 등이 있다. 말나식은 의식의 의지처로서 중요한 역할을 하면서 항상 골똘하게 생각하는 기능을 하며, 언제나 '나'에게 집착하는 자기중심성이 있다. 그리하여 유한적인 자아(自我)에 집착함으로써 번뇌를 일으키게 하여, 아견(我見), 아집(我執), 아만(我慢), 아애(我愛)라는 4번뇌(四煩惱)의 저장소가 된다. 아뢰야(阿賴耶)란 저장소(藏)라는 뜻이다. 아뢰야식은 세상에 대한 모든 경험 내용의 저장소이며, 또한 모든 경험의 근원이 된다.

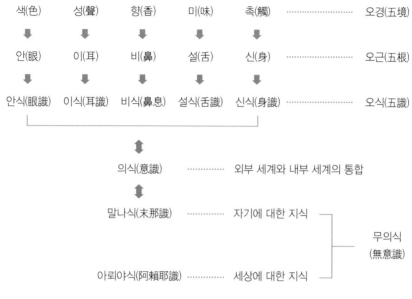

[그림 10-1] 불교 유식론의 심리구조론
참고: 홍경자, 권석만(1998), p. 250.

4) 괴로움의 극복과 열반(해탈)

멸제(滅諦)는 인간의 갈애(渴愛)를 남김없이 멸하고 버리고 떠나고 벗어나서 더 이상 집착함이 없음으로 인하여 고(苦)가 소멸되게 하는 길이다. 멸제는 불교가 이상적으로 삼는 '열반'(涅槃: nirvana)에 이르는 것을 목표로 삼는다.

열반이란 타오르는 번뇌의 불꽃을 지혜의 바람으로 불어 꺼서 탐욕, 노여움, 어리석음(탐진치)이 소멸되어 완전한 자유의 상태에서 맛보는 행복과 평화를 의미하며, 해방된 상태라 하여 '해탈'(解脫)이라고도 한다.

'각'(覺)은 사색 추리의 결과로 얻어지는 지식, 곧 메마른 지혜가 아니라 무념무상(無念無想) 내지 삼매(三昧)의 결과로 도달한 체험의 세계다. 각(覺)이란 '밝은 마음 앞에 우주의 실상이 드러난 상태'로서 나의 마음이 깨쳤고, 세상 진리에 대하여 깨침을 받은 상태라고 보며, 그것은 진리와의 합일(合一)

상태, 완전한 기쁨, 그 자체라고밖에 말할 수 없을 것이다.

그렇다면 무엇을 깨쳤다는 말인가? 그것은 우주 만물의 생성, 소멸과 인간의 생로병사가 인연에 의하여 생긴 현상으로서, 우주적 대생명의 한 변화에 불과하다는 사실을 확실하게 알았다는 뜻이다. 다시 말해서, 물질적 현상과 본질, 즉 '색'(色)과 '공'(空)이란, 생멸(生滅)과 법성(法性)의 양면성이 나타내는 허구적 그림 언어에 불과하다는 것을 깨달았다는 것을 의미한다. 따라서 죽음은 삶과 대립되는 상대적 개념이 아니고 삶과 더불어 있는 삶의 한 속성이다. 허망한 이 몸이 곧 법성(法性)이요, 나의 배후의 본질은 불생불멸(不生不滅)이다. 그러므로 '참 나'는 탄생하지도 죽지도 않는다. 그것을 확연하게 깨닫게 되면 무애자재(無碍自在)한 마음에 평온이 찾아오고, 영원한 생명 세계(또는 절대자와의 合一)로 돌아간다. 그것이 해탈이요, 불교적인 관점에서 죽음을 극복하는 것이다.

이처럼, 생사의 대립 개념이 사라지고 밝은 참 지혜(반야)가 나타난 상태, 이것을 그저 '공(空)' 또는 '열반(涅槃)'이라 부른다. 여기서 공(空)이란 사물의 질량(質量)이 전혀 없는 상태, 즉 절대적인 무(無)나 '허공'이나 '허무'와 같은 뜻이 아니고, 텅 비어 있으나 신비한 어떤 의식과 같은 상태라고 말할 수밖에 없다. 이러한 열반의 상태는 인간의 언어로 표현할 수 없고, 오직 체험적으로만 느껴지는 상태이기에 무위(無爲), 이탐(離貪), 지멸(止滅), 진여(眞如), 진리(眞理) 등과 같은 용어로 묘사될 뿐이다.

5) 괴로움에서 떠나 자유로운 존재: 보살(菩薩)과 부처(覺者)

이처럼 진리, 열반을 깨우친 이는 이 세상에서 가장 행복한 존재다. 그는 집착이 없기에 자아(自我)의 투사 없이 순수한 입장에서 사물을 음미하고 즐긴다. 그의 태어남은 완성이며 오직 현재의 삶을 충분하게 살 뿐이며, 행해져야 할 것을 행하며, 더 이상 행해질 것은 남아 있지 않다.

이런 의미에서 열반 내지 해탈이란 번뇌가 생겨나기 이전의 상태인 마음의 본 자리를 깨달아 체험하는 것이라 하여, 견성(見性)이라고도 한다. 이러한 견성을 통해 참지혜를 얻고자 수행하는 구도자를 '보살'(菩薩: bodhisattva)이라 한다. 보살이 깨우침을 얻어 열반의 경지에 이르게 되면 '부처'(覺者)라고 한다. 불교적 수행에서 지향하는 이상(理想)은 온갖 속박에서 마음이 해방된 상태에 있는 각자(覺者) 내지 부처가 되는 것이다(見性成佛).

　해탈과 열반의 경지는 끊임없는 수행의 결과로 도달하게 된다. 소승(小乘)불교에서는 개인이 번뇌를 제거하여 적멸(寂滅)의 상태에 머무르는 것을 이상으로 하여 금욕, 은둔, 출가(出家)를 강조한다.

　한편, 대승(大乘)불교에서는 개인 자신의 깨달음에 만족하지 않고, 한 걸음 더 나아가 일체 중생이 해탈하는 것에 전력하는 보살행(菩薩行)으로 상구보리(上求菩提) 하화중생(下化衆生)을 이상으로 삼는다. 다시 말해서 대승불교에서는 재가(在家)신자로서 대중과 더불어 수행, 교화(敎化), 보시(布施)할 것을 강조한다.

6) 불교적 치유 방법

　우리나라의 불교계에서는 용타스님에 의하여 '동사섭'(同事攝)이라고 하는 수행 방법이 소개되었고 지금까지 실천되고 있다. 또 '위빠사나'의 수행법이 한국에 소개되었다. 이들은 심리적인 문제를 가지고 있는 내담자나 일반 불교신자를 구별하지 않고 바라봄(觀)의 방법으로써 자기를 발견하도록 지도한다.

2. 불교와 CBT 이론의 비교

먼저 유사한 점을 살펴보면 첫째, 불교와 인지 상담은 인간의 삶 속에서 겪는 고통을 극복하고자 하는 데서 출발한다는 점이 비슷하다. 불교는, 4고(苦), 8고(苦), 108번뇌(煩惱)라는 용어에서 보여지듯이, 모든 인간이 경험하는 보편적인 고통의 극복을 목표로 한다. 반면에, 인지 상담은 비정상성, 주관적 고통, 사회적 부적응, 성격적 불건강 등의 기준에서 정의된 심리적 장애, 즉 특수한 고통의 극복을 목표로 한다. 이런 점에서 인지 상담은 불교에 비해 극복해야 할 삶의 문제가 훨씬 제한적이며, 그 대상 역시 협소하다. 불교는 중생인 모든 인간의 실존적, 철학적인 문제까지 다루는 반면에, 인지치료에서는 사람들이 고통스럽다고 호소하는 적응적, 증상적인 문제만 다룬다.

둘째, REBT를 위시한 CBT 이론에서는 고통의 원인을 내면적 요인, 특히 인식의 문제에서 찾는다. 이들은 자기 자신과 세상에 대한 잘못된 생각과 그에 대한 집착을 고통의 원인으로 본다. CBT에서는 내담자가 자기와 세상에 대한 편향된 지각과 기대 때문에 세상이 자기가 바라는 대로 되지 않을 때 고통을 겪게 된다고 본다. 이것은 인간의 감정(정서)과 행동이 근본적으로 '나'와 '내 것'이라고 한 생각(인지)에서 파생되는 것으로 보는 불교적 관점과 일맥상통한다. CBT에서는 비현실적으로 자기를 비하하거나 세상이 자기 본위로 돌아가야 한다고 믿고 강요적으로 기대하는 자기중심적인 생각, 곧 인지적 왜곡 현상이 부적응과 불행감의 원인이 된다고 보고 있다.

벡(Beck) 등 인지치료자들이 말하는 자기인식(self recognition)과 세상 인지 도식(cognitive schema)은 불교적 용어로 볼 때, 아집(我執)과 법집(法執)에 해당되는 망념(妄念)의 개념과 유사하다. 다만 불교에서는 자기와 타인을 대립된 실체로서 인식하기를 거부한다.

인지치료에서는 '나'와 '너'가 엄연히 객관적으로 독립된 존재라는 현실을 인정하고 있다. 따라서 이렇게 이분법적인 입장에서 합리적이거나 비합리적이라고 판단되는 생각 또는 신념체계는 불교적 관점에서는 모두가 다 망념(妄念)이라고 보는 것이다. 그래서 REBT나 CT 치료의 효과로 획득한 합리적 신념체계 자체도 불교적 관점에서 보면 망념이므로 불완전하다는 것이다.

셋째, 불교와 CBT는 외부 환경의 변화보다는 내면적 변화를 통해 고통을 극복하는 접근이라는 면에서 공통점이 있다. 이를 위해서 양자는 주의를 내면으로 향하게 하여 사고 내용을 관찰하게 하고, 이러한 사고 내용이 잘못된 것이라는 것을 깨닫게 하는 내향적 또는 내관적 방법을 사용한다. 이런 점에서 불교적 수행과 인지치료에는 똑같이 메타인지(meta-cognitive)적인 접근을 취한다.

그러나 불교는 모든 인식 내용이 공(空)한 것을 깨닫고 나서 자타(自他)에 대한 상대적 관점을 버리고 집착을 떠나 자유롭게 되기를 강조한다. 반면에, 인지치료는 자타의 상대적 입장을 인정하면서 자기의 생각이나 신념이 경험적(현실성), 논리적(논리성), 기능적(유용성) 관점에 근거하여 합리적 인식 내용으로 바꾸는 것에만 강조점을 둔다.

벡과 엘리스는 인간에게 인지적 왜곡이 생기는 이유를 다만 선천적, 후천적 요인으로 보고 있다. 그래서 필연적으로 인간은 비합리적으로 생각하는 경향성을 가지고 살아간다고만 간단하게 언급하고 있다.

REBT에서는 내담자의 사고와 언어가 밀접한 연관성이 있음을 발견하게 하고 나서 내담자가 건강한 자기독백을 하기를 권장하였다. 이것은 사유(思惟)적인 접근이다.

그런데 불교에서는 의식적인 사고 활동을 중지하고, 자기관조(自己觀照)의 수행 방법으로 마음에 떠오르는 것에 주의를 집중하도록 한다. 수행자가 자기 내면을 관찰하게 되면, 말나식과 아뢰야식에 저장된 망념들이 떠올라서 선천적, 후천적으로 습득된 의식적, 무의식적인 모든 의식의 왜곡현상을 깨달을 수 있다고 보는 것이다. 이것은 ACT에서 마음챙김의 수행을 강조하는 것과 유사하다.

넷째, 불교적 수행과 CBT에서는 내담자가 궁극적으로는 고통을 극복하여 자유로운 인간이 되며, 자기 인생의 주인공이 되기를 기대한다. 그러나 지적 성숙과 깨달음의 수준에서 양 접근(接近)은 현격한 차이를 보이고 있다.

먼저, 인지 상담에서는 내담자가 심리적인 장애를 극복하여 현실 세계에 유연하게 대처하는 적응적인 인간이 되는 것에 초점을 맞춘다. 그리하여 내담자가 자기치료자가 되는 수준에 이르기를 기대한다.

이에 반하여 불교에서는 인간이 호소하는 현실적인 고통과 장애뿐만 아니라, 인간 실존에 대한 포괄적인 불안의 문제, 철학적 문제까지 철저하게 탐구함으로써 모든 고통을 멸절(滅絕)하여 진여(眞如)의 경지에 든 완전한 해탈자, 곧 지혜 자체와 합일된 인간이 되는 것을 기대한다. 그리고 깨달음을 얻기 위하여 수행하고 정진하며 한 걸음 더 나아가 중생(衆生)을 교화(敎化)하고 도와주는 일, 곧 이타행(利他行)을 적극적으로 실천하는 보살로서의 삶을 살아가도록 강조한다.

이런 의미에서 불교는 CBT보다 훨씬 높은 차원에서 내담자의 인성이 전적으로 변화하기를 기대한다.

3. 불교와 CBT의 치료적 접근

어느 개인이 현실적인 고민을 해결하고자 상담자나 치료자에게 찾아왔을 때 치료자는 그 문제 자체를 직접 다루게 된다. 그런데 불교에서는 그 문제는 일단 옆으로 방치해 둔 채, 그 문제를 붙잡고 있는 내담자에게 '나는 어떤 존재인가?' 하는 실존적 의문점에 초점을 맞추어 사유하도록 인도하는 것으로 보인다. 그리고 자기란 이 시간, 이 장소와 이러한 조건 안에서 고민하는 존재이면서, 동시에 본질적으로는 시간과 장소와 육체를 초월하여 자유롭고 희열에 찬 빛나는 어떤 존재, 곧 진여(眞如)의 모습으로 원래부터 있는 그대로 존재한다는 사실을 깨닫게 하는 것으로 풀이된다. 그러한 깨달음이 오면, 그가 붙잡고 있는 현실적인 고민은 자동적으로 해답이 도출된다. 그리하여 현실적인 그 고통과 인간 실존의 근본적인 고통이 한꺼번에 해결된다고 볼 수 있겠다. 그러므로 불교에서는 수행의 시초부터 욕망이 일어나는 그 자리를 바라봄으로써 그것을 완전히 없애라고 주장하는 것이다.

4. CBT에 있어서 불교적 사상의 응용 과제

불교에서는 깨달음의 씨앗은 모든 사람에게 다 있기 때문에 누구나 부처가 될 수 있다고 설파한다. 그러나 내담자가 당장 시급하게 고민하는 문제는 옆으로 밀쳐 두고, 나의 본질은 '무'(無)요, 허깨비라는 사실을 범인(凡人)들은 확실하게 수용할 수 있을까? 과연 얼마나 많은 사람이 장구한 세월을 수행에 투자하여 각(覺)에 이르고자 하는 강한 동기를 가질 것인가? 또한 현재의 자기가 가아(假我), 곧 허깨비 같은 거짓된 존재요, 허망한 것이므로 자기부정(自己否定)을 하라고 강조하는 불교의 이론은 마치 현실 포기를 강요하는 듯한 허무주의와 소극적 체념주의로 오해할 소지도 많다.

이에 비해서 REBT를 위시한 CBT 이론은 경직된 사고, 곧 아집과 망집에서 어느 정도 벗어나는 태도를 나름대로 비교적 용이하게 설명해 주고 있다.

가령, "나는 기어코 성공해야만 한다."고 생각하는 내담자가 있다고 하자.

- 내가 반드시 성공해야만 하는 논리적 근거는 무엇인가? (논리성)
- 세상의 모든 사람이 성공하고 있다는 경험적인 증거가 어디에 있는가? (현실성)
- 기어코 성공해야 한다는 생각을 고수함으로써 야기되는 기능적인 결과

(이득이나 손해)는 무엇인가? (유용성)

• 어떤 것이 참된 성공인가? 내가 성공하지 못하면 나는 불행감 속에 살아야만 하는가?

고통받고 있는 내담자에게 이러한 질문들을 던짐으로써 그가 맹목적으로 생명을 내걸고 '성공' 자체를 인생의 목표로 설정한 것이 오류임을 REBT에서는 비교적 쉽게 이해하도록 안내하고 있다.

불교는 자기 마음에 비친 그림자로서의 '나'와 '세상'을 바라봄과 동시에, 그런 그림자가 비추인 거울 바탕, 곧 자기의 마음 자체를 확연하게 바라보게 한다. 불교의 지도승, 곧 '선지식'(善智識)은 이런 수행의 과정을 올바로 인도할 수 있는 수준에 와 있는 분들이다.

REBT에서는 자기 마음에 비친 그림자가 비뚤어져 있고 어두운 색깔로 되어 있는가를 검토하게 하고, 그것을 밝고 제대로 된 그림자로 고치도록 강조할 뿐, 그 그림자를 비추는 거울 자체, 곧 '자기' 존재 자체를 바라보라고는 하지 않는다. 그러므로 CBT의 상담자들이 인간 마음 자리를 철저히 관조하여 깨달음에 이르도록 인도할 수 있다고 기대하기가 대단히 어렵다.

내담자들이 무한 경쟁에서 승자가 되어야만 한다는 강박적 사고에 젖어 스트레스와 콤플렉스를 느끼는 것은 불교적 입장에서 볼 때 모두가 번뇌 망상에 사로잡혀 있는 모습이다. 이런 경우에 불교적 접근을 시도하며, 8식(八識)을 관(觀)하도록 하는 기회가 주어진다면 그들에게는 자신과 세상을 보는 안목에 있어서 커다란 의식의 전환점이 될 것이다. 더욱이 근시안적이고 집단이기주의적인 사회의 정신 풍토가 젊은이들의 마음을 좀먹게 하고 있는 현시대에, 이타행(利他行)의 확장된 삶을 가르치는 유식학은 내담자들에게 인간과 환경 생태, 즉 지구촌 가족에 대한 이해를 넓혀 주고 자기가 상대적인 대상이 아님을 깨닫게 해 준다. 이러한 의미에서 불교적 접근은 우리를 참된 의미에서 자유인이 되도록 인도하는 길잡이가 될 수 있다.

예컨대, 가령 자신의 소중한 어떤 것(재산, 사랑, 명예 등)을 빼앗기고 비탄에 잠겨 있는 내담자가 있다고 하자. 이런 경우에 내담자의 생각의 전환을 위해서 재산, 사랑, 명예 등의 '상실'을 보시(報施)의 또 다른 얼굴로서 받아들이며, 그것을 도리어 지혜 증득(證得)의 좋은 기회로 간주하도록 하는 수준까지 내담자를 유도하는 것도 좋다고 생각한다. 또한 인욕(忍辱)바라밀의 구체적인 내용을 상담과정에서 음미하게 하는 것도 좋을 것이다.

이때 유념할 것은 불교적 개념을 정확하게 현대인의 용어로 이해하기 쉽게 풀이해줄 필요가 있다. 불교에서는 무아(無我)란 자기를 잊으라(忘我)거나 자기에게 무관심하거나 무조건 자기를 억제하라는 뜻이 결코 아니라고 본다. 오히려 무아란 나의 본질을 나의 육체, 감각, 의식 자체라고만 간주했던 미시적 시각에서 벗어나, '나'는 나의 육체, 감각, 의식과 더불어서 눈으로는 보이지 않지만 분명히 존재하는 신비한 기쁨의 그 자리, 그 존재라는 것을 이해하라는 뜻일 것이다. 그러므로 선정(禪定)이나 관조(觀照)는 소극적인 행동이 아니라 오히려 적극적인 수동성이다.

가능하다면, REBT 등의 이론을 한층 차원 높은 수준으로 이끌어 올리기 위하여, 상담자는 합리적 신념과 비합리적 상념만을 다룰 것이 아니라, 한 걸음 더 나아가 내담자의 생각이 망념(妄念)인가의 여부까지 파헤쳐 무아(無我)의 세계를 이해하는 수준까지 인도하는 것도 기대해 볼 만하다. 이러한 이론적 발전을 기하기 위해서는, 상담자 자신이 불교에 대한 공부를 할 필요가 있다. 상담자가 깨달은 수준만큼 내담자를 성숙하게 인도할 수 있기 때문이다.

참고로, 내담자들에게 유익한 불교경전의 구절을 몇 개 소개하면 다음과 같다.

"내 아들이다. 내 재산이다." 하며 괴로워하는 어리석은 사람이 있다. 사실 나 스스로도 나의 것이 아닌데, 어찌 아들이나 재산이 나의 것일 수 있는가? (법구경 62)

세상살이에 곤란 없기를 바라지 말라

세상살이에 곤란이 없으면 업신여기는 마음과 사치한 마음이 생기게 되나니, 그래서 부처님께서 말씀하시되, 근심과 곤란으로써 세상을 살아가라 하셨느니라 (보왕삼매론 2)

억울함을 당해서 밝히려고 하지 말라

억울함을 밝히면 원망하는 마음을 돕게 되나니,

그래서 부처님께서 말씀하시되

억울함을 당하는 것으로 수행하는 문을 삼으라 하셨느니라 (보왕삼매론 10)

이와 같이 막히는 데서 도리어 통하는 것이요

통함을 구하는 것이 도리어 막히는 것이니,

그래서 부처님께서는 저 장애 가운데서

보리도(菩提道)를 얻으셨느니라 (보왕삼매론 11)

REBT와 인지이론의 실제
생각 바꾸기 훈련 사례

05

기독교적인 접근과
REBT 및 CBT

내 담자가 기독교 신자라면 상담자는 성경에 나타난 인간관과 현재의 CBT 이론을 비교하고 성찰하면서 내담자의 고민을 함께 해결하는 방법을 찾을 수 있지 않겠는가? 그런 의미에서 이 장에서는 그와 관련된 저자의 연구 논문을 정리하여 소개하기로 한다(홍경자, 1998).

1. 기독교적 인간관

성경에서는 인간의 모습을 ① 창조 당시의 하나님의 형상을 닮은 인간의 모습과 ② 하나님의 명령에 불순종하여 죄에 떨어진 이후의 인간의 모습으로 묘사하고 있다.

1) 창조된 당시의 인간의 특성

• 인간은 하나님의 형상을 따라 지음을 받은 존재다.
  "하나님이 가라사대 우리의 형상을 따라 우리의 모양대로 우리가 사람을 만들고……(창세기 1:26)". 여기에서 '하나님의 형상'이란 하나님의 속성인 의(義)와 진리와 거룩함을 가지고 태어난 영적, 도덕적인 존재임을 의미한다.
• 인간은 육체와 영혼으로 구성된 존재로서, 그 본질상 흙으로 돌아가 없어지는 물질과 영구 불멸하는 영으로서 지음 받는 신비스러운 존재다.
  "여호와 하나님이 흙으로 사람을 지으시고 생기를 그 코에 불어넣으시니 사람이 생령이 된지라(창세기 2:7)."

- 인간은 품위를 가지고 이 세상을 지배할 권위를 부여받은 복된 존재다. 이것은 또한 일을 함으로써 기쁨을 얻는 존재라는 뜻도 된다.

"하나님이 그들에게 복을 주시며 그들에게 이르시되 생육하고 번성하여 땅에 충만하라. 땅을 정복하라. 바다의 고기와 공중의 새와 땅에 움직이는 모든 생물을 다스리라 하시니라(창세기 1:28)." "여호와 하나님이 그 사람을 이끌어 에덴동산에 두사 그것을 다스리며 지키게 하시고(창세기 2:16)."

- 인간은 하나님과 계약관계에 있는 존재로서 하나님의 명령에 복종해야 한다. 이것이 인간의 책임성이다.

하나님은 아담에게 동산 중앙에 있는 선악과를 따먹지 말라고 하고, 이를 어길 때는 죽을 것(창세기 2:17)이라고 했다. 이것은 인간이 책임감을 가진 존재임을 말해 준다.

- 인간은 선천적으로 탁월한 지성과 예지를 가지고 태어났다.

그러므로 창조 당시 인간의 지적 능력은 사물의 속성을 즉각적으로 파악하는 수준이었다. "여호와 하나님이 …… 각종 들짐승과 …… 새를 지으시고 …… 그것들을 그에게로 이끌어 이르시니 아담이 …… 모든 짐승에게 이름을 주니라(창세기 2:19-20)."

- 인간은 초인간적이고 초월적인 존재로서 잠재의식 속에 엄청난 지혜와 능력을 소유하고 있다.

가령 아담은 잠든 사이에 하나님이 하신 일까지도 다 알고 있었으니, "여호와 하나님이 아담을 깊이 잠들게 하시고 …… 아담에게 취하신 그 갈빗대로 여자를 만드시고, 그를 아담에게로 이끌어 오시니, 아담이 가로되 이는 내 뼈 중의 뼈요, 내 살 중의 살이라(창세기 2:23)."

- 기독교는 유대민족을 중심으로 해서 수천 년의 인류 역사를 통하여 하나님과 인간 사이에 상실되었던 관계의 회복에 대하여 증거하고 있다.

기독교에서는 인간이 하나님의 명령에 순종하는 삶을 살지 않고 자신의 생각과 감정대로 생활하는 것, 즉 인본주의적인 방식으로 생활하는 것을 '죄'라고 간주하다. 그리고 이런 인간은 자신의 심리적 욕구를 결코 만족스럽게 충족할 수 없다고 말한다.

따라서 기독교적 상담에서는 내담자는 자신의 욕구 충족 방법이 잘못된 전제에 의한 것임을 깨닫고 성경적 전제로 바꾸어 나감으로써 하나님 중심의 삶으로 전환되는 것에 초점을 맞춘다. 그리고 내담자가 최대한의 성장을 꽃피우는 것을 기대하며, 예수처럼 더욱 성화(聖化)된 삶을 살도록 촉구한다.

• 인간은 관계성 속에 사는 존재, 곧 사회적 존재다.

아담은 수직적 관계에서는 하나님과 대화하며, 수평적 관계에서는 이브와 함께 교제하며 살았기 때문이다. "그들이 날이 서늘할 때에 동산에 거니시는 여호와 하나님의 음성을 듣고……(창세기 3:8)."

• 인간은 하나님을 찬양하고 경외하여 하나님의 영광을 드러낼 목적으로 창조된 피조물이다(계시록 4:11).

• 인간은 토기장이가 빚은 토기와 같은 존재다(예레미야 18:6).

인간은 하나님이 인간에게 주신 복을 감사함으로 받을 뿐이며, 인간 스스로는 생사 화복을 결정할 능력이 없다.

• 인간은 자기의 행동을 선택할 수 있는 자유 의지가 있는 존재다.

하나님은 아담과 이브에게 하나님의 말씀을 순종하거나 불순종하도록 자유를 주셨다. 그러나 그 선택의 결과는 감당해야 한다.

결론적으로 인간은 하나님의 지음을 받은 자녀로서 하나님과 불가분의 관계에 놓여 있다. 그러므로 인간에게는 필연적으로 하나님과 에덴동산, 곧 영원한 인간의 본향(本鄕)을 그리워하는 종교성이 있다고 본다.

2) 불순종으로 인하여 죄에 떨어진 인간의 특성

성경은 아담이 하나님의 지상 명령을 어기고 불순종함으로써 죄가 이 세상에 들어오게 되었고, 인간에게 죽음과 고통이 뒤따르게 되었다고 말한다. 그 구체적인 모습을 살펴보면 다음과 같다.

> 아담과 그 아내 두 사람이 빌거벗었으나 부끄러워 아니 하니라. (창세기 2:25)
>
> 에덴동산에 선악을 알게 하는 나무의 실과는 먹지 말라. 네가 먹는 날에는 정녕 죽으리라. (창세기 2:17)
>
> 여자가 그 나무를 본즉 먹음직도 하고 보암직도 하고 지혜롭게 할 만큼 탐스럽기도 한 나무인지라. 여자가 그 실과를 따먹고 자기와 함께 한 남편에게도 주매 그도 먹은지라. 이에 그들의 눈이 밝아 자기들의 몸이 벗은 줄을 알고 무화과나무 잎을 엮어 치마를 하였더라. (창세기 3:6-7)
>
> 여호와 하나님이 아담을 부르시며 그에게 이르시되 네가 어디 있느냐. 가로되 내가 동산에 서 하나님의 소리를 듣고 내가 벗었으므로 두려워 숨었나이다. (창세기 3:9-10)

창세기에서 나타난 바와 같이 이브와 아담은 먹고 싶고(육체적 쾌락), 보기에 좋고(외형적인 만족감), 지혜롭게 보이고 싶은(지적인 우월의식) 욕심을 따라 금지된 과일을 따 먹었다. 그런 인간적인 욕심 때문에 옳고 그르고, 예쁘고 추하고, 우월하고 열등하다(선악)는 이분법적인 판단을 하게 된다. 이것이 '선악과'라고 하겠다.

아담과 이브는 하나님이 지으신 그대로의 자신의 모습을 이제 선악의 잣대, 즉 판단적인 눈으로 바라보게 되었다. 그리고 보니 자기네가 벌거숭이라는 것을 발견하고 당황하게 되었다. 이것을 현대적인 용어로 표현하자면, 실력, 외모, 재산 등의 잣대로 자기를 가늠해 볼 때 자기는 세상 사람들 앞에 내

세울 것이 하나도 없다는 것을 발견한다. 그러자 곧 수치심이 엄습하여 숨게 된다. 이것은 원래 하나님이 창조했을 당시의 편안하고 즐거운 마음 상태, 곧 평안을 잃어버리게 되었다고 풀이할 수 있다.

무엇이 이러한 선악의 이분법적 판단작용을 가져왔는가?

그것은 자기 분수에 넘는 욕심, 곧 탐심 때문이고, 그런 욕심은 마귀에게서 비롯되었다고 성경은 밝히고 있다.

> 마귀가 벌써 시몬의 아들 가룟 유다의 마음에 예수를 팔려는 생각을 넣었더니. (요한복음 13:2)
>
> 예수께서 대답하시되 내가 한 조각을 찍어다가 주는 자가 그니라 하시고 곧 한 조각을 찍으셨다가 가룟 시몬의 아들 유다를 주시니 조각을 받은 후 곧 사단이 그 속에 들어간지라. (요한복음 13:26-27)

- 인간은 본래 하나님으로부터 탁월한 예지와 능력을 부여받았다는 사실을 망각하고, 자신의 힘으로 하나님과 같은 지식을 갖고자 하는 욕심을 품게 되었다.
- 타락한 인간은 감정에 좌우되는 존재다. 성경에 의하면, 하나님의 말씀을 의지하지 않을 때 인간은 기쁨이 사라지고 수치심과 두려움, 불안의 감정이 지배하게 되었다는 것을 알 수 있다.
- 인간 쪽에서 하나님과 교류를 단절하여 육체적, 영적 죽음을 맛보게 되었다. 성경은 육체가 흙으로 돌아갈 운명을 "나그네 길(창세기 47:9)" "일식간에 다한다(시편 90:9)" "잠깐 자는 것 같다(시편 90:5)" 등으로 묘사하고 있다. 또한 영적 죽음의 상태를 다음과 같이 말하고 있다. "모든 사람이 죄를 범하였으며 하나님의 영광에 이르지 못하더니(로마서 3:23)" " 죄의 값은 사망이요, 하나님의 은사는 그리스도 예수 우리 주 안에 있는 영생이니라(로마서 6:23)."

- 인간은 하나님의 마음을 알지 못하기에, 즉 무지(無知)로 인하여 죄악의 악순환에 빠지는 존재다(요한복음 8:14). 그 대표적인 예로, 아벨이 드린 믿음의 제사만 하나님께서 열납 받았고, 카인의 제사는 열납 받지 않은 것에 분개하여 카인이 동생을 죽인 살인사건을 들 수 있다.
- 인간은 자기 방식대로 행복을 추구하나, 끝내는 공허하며 고통받는 삶을 살게 되었다.
  '성경적 상담 이론'의 주창자인 크랩(Crabb)에 의하면, 인간은 중요성의 욕구와 안전의 욕구를 가지고 있다. 이런 욕구는 인간이 타락하기 이전부터 있는 자연적인 속성으로서, 하나님과의 관계에서 채워졌다. 그러나 이 두 가지 욕구는 인간이 타락한 이후에는 하나님과의 관계가 파괴됨으로써 채워지지 않게 되었다.
- 신과의 단절된 상태로 인하여 인간은 자기실현의 길이 막혀 있다.
  그런 이유에서 '성장 상담 이론'의 주창자인 클라인벨(Clinebell)은 현대인들이 뛰어난 가능성을 가지고 있음에도 불구하고, 그들의 잠재적인 지능인 창의성의 15% 내지 25% 정도밖에는 사용하지 못하고 있다고 보았다. 그는 인간이 느끼는 불안과 고독 같은 실존적인 불안도 영적으로 해결되어야만 근본적으로 해결된다고 보았다.

'권면적 상담' 이론의 주창자인 아담스(Adams)도 인간은 하나님의 말씀이 없이는 자신이 살고 있는 세계나 삶의 의미를 이해할 수 없고, 자기 자신도 제대로 알 수 없다고 하였다. 그러므로 인간이 자율적인 존재가 되려는 시도는 하나님에 대한 반역일 뿐 아니라, 실패로 끝날 수밖에 없다고 말하였다.

3) 고통의 발생 과정: 인간 타락의 원인

에덴동산에서 인간이 타락하게 된 배후에는 마귀의 유혹이 있었다고 성경

은 분명히 밝히고 있다(창세기 3:1-5).

마귀는 원래 속이는 영으로서 사람의 마음을 미혹하게 하여 인간을 하나님에게서 멀리 떠나게 한다. 그리고 지금도 마귀는 기회 있는 대로 (우는 사자처럼) 인간을 유혹한다.

성경 구절에서 마귀는 "신자를 대적한다(스가랴 3:1), 괴롭힌다(욥기 2:7), 격동케 한다(역대상 21:1), 생각(가령 예수를 팔려는)을 집어넣는다(요한복음 13:2), 미혹하여 신자의 마음이 그리스도를 향한 진실함과 깨끗함에서 떠나 부패하게 한다(고린도후서 11:3)"라고 기술하고 있다.

그렇다면 인간은 어떤 경우에 마귀에게 유혹을 당하는가? 예수님은 친히 인간의 '욕심' 때문이라고 말하고 있다. "너희는 너희 아비 마귀에게서 났으니, 너희 아비의 욕심을 너희도 행하고자 하느니라(요한복음 8:44)."

4) 고통의 극복: 구원의 길

성경에서는 인간이 죄에 물들어 타락한 존재이지만, 예수를 통하여 구원받을 수 있음을 말하고 있다(요한복음 3:16, 16장).

좀 더 구체적으로 말하자면 우리 인간은 하나님이 명령하신 법도를 따르며 감사하고 기쁘게 사는 것이 옳다. 고난을 당할 때도 어린 아이처럼 순전하고 겸손하게 낮아지되, 자기와 세상을 판단하거나 창피스럽게 여기지 않으며 인내하고 하나님의 인도하심을 기다리는 것이다. 마치 3~4세 어린이처럼, 또 임종을 앞둔 사람의 마음처럼, 우리는 벌거벗은 것에 대한 부끄러운 의식이 없는 그런 마음으로 사는 것이다.

예수가 오신 목적은 사람들이 풍성한 삶을 얻기 위한 것(요한복음 10:10)이요, 이 세상의 모든 삶은 성장과 충만함의 편에 서 있다.

그러므로 하나님과의 관계를 회복하면 인간의 지성과 지혜가 하나님 나라에서처럼 성장하고 열매를 맺을 수 있게 된다. 그리고 우리는 하나님의 자녀가 되고 친구처럼 다정하게 대화하는 삶을 살게 될 것이다. 이런 관계의 회복은 하나님 보시기에 "의(義)롭다"고 칭찬 받는 행위다(잠언 117:5, 신명기 25:1).

2. 목회 상담 또는 기독교 상담

목회 상담 내지 기독교 상담은 신자들이 안고 있는 심리적인 문제의 해결을 도와주는 방법 면에서 무엇보다도 예수를 구세주로 영접하고 단절되었던 하나님과의 관계를 회복함으로써 넘치는 생명력을 풍성히 얻게 하는 데에 그 목적을 둔다. 따라서 기독교 상담은 치유와 정신건강의 회복을 위한 기본 개념과 해결 방법을 성경 속에서 찾되, 일반적인 상담의 원리와 기법을 어느 정도 활용하고 있다.

이들 기독교적 상담 이론에 의하면 모든 인간은 하나님과의 관계가 단절된 '자연인'으로서 영적 차원에서 볼 때 '죄인'이라고 본다. 내담자들은 자기 스스로의 노력에 의하여 감정적인 방법으로 행복을 추구할 수 있다고 무의식적으로 믿는 경향성이 있는데, 이것은 잘못된 전제라는 것이다. 그러므로 기독교적 상담에서는 이와 같은 인본주의적인 방법이 영적인 관점에서는 '죄'라는 것을 내담자가 깨닫게 한다. 그리고 성경에 근거하여 하나님의 말씀에 합당한 방법으로 행복을 추구하도록 함으로써 구원에 이르도록 인도한다. 그리하여 지금까지 정체되었던 인간의 잠재능력이 개발되고 성장함으로써 완전한 행복감을 느낄 수 있으며 성숙한 크리스천이 되도록 원조하는 것을 상담의 목표로 삼는다.

대표적인 기독교 상담 이론에는 클라인벨(Howard Clinebell)의 **성장 상담**, 콜린스(Gary Collins)의 **크리스천 상담**, 크랩(Lawrence Crabb)의 **성경적 상담**, 아담스(Jay Adams)의 **권면적 상담**이 있다.

(1) 클라인벨(Clinebell)의 성장 상담

성장 상담 이론을 주창한 클라인벨은 성장의 개념을 '잠재력 개발' 혹은 '해방'이라고 하였다. 잠재적 개발이란 하나님의 형상을 실현해 가는 계속적인 과정이고, 해방이란 하나님의 형상 실현을 방해하는 것으로부터 자유롭게 되는 것을 말한다. 결국 성장은 온전한 인간을 지향해 가는 과정으로서 전체성 또는 통합성의 의미를 지닌다.

(2) 콜린스(Collins)의 크리스천 상담

크리스천 상담에서는 상담의 목표를 첫째, 신학적인 문제에 대한 해답을 찾는 것과, 둘째 인생의 의미를 찾는 것과, 셋째 영적인 성장의 방법을 아는 것에 초점을 맞춘다. 콜린스에 의하면, 많은 신자들은 죄악과 율법주의나 마귀적인 생각에 몰두하고 있다. 즉, 자기만족, 교만, 분노의 쓴 뿌리, 이기적 쾌락, 돈, 사업 성공, 칭찬과 같은 왜곡된 가치관에 몰두해 있다. 이러한 행위를 통하여 혼란과 의심, 비성경적인 생각, 질병, 좌절, 분노, 죄책감, 불안 등이 그들에게 엄습하고 있다고 본다.

(3) 크랩(Crabb)의 성경적 상담

성경적 상담은 인간의 잘못된 가치 기준, 즉 세상적 가치 기준을 고쳐 주고, 인간의 중요한 두 가지 가치인 중요성과 안전의 욕구를 충족하는 방법론에서 올바른 시각을 갖도록 도와준다.

먼저 나의 중요성의 욕구는 내가 직업, 명예, 사랑 등에서 성공했느냐 실패했느냐에 관계되지 않으며, 나는 우주의 통치자인 그리스도에게 속해 있기 때문에 중요한 존재라는 사실을 인정함으로써 채워질 수 있다는 것이다. 또한 인간이 고독하고 불안하고 두려울 때는 그리스도의 죽음의 보혈을 통하여 무조건적으로 하나님의 사랑을 받게 되어 있다는 생각으로 자신의 마음을 채우면, 그런 부정적 감정에서 해방되며 안전의 욕구가 충족될 수 있다고 보는 것이다.

(4) 아담스(Adams)의 권면적 상담

아담스는 성경이 지시적인 성격을 띠고 있기 때문에 기독교 상담은 지시적인 상담이 되어야 한다고 했다. 그는 인간의 자율적인 성장 가능성을 믿고 내담자를 무조건적으로 수용하고 정서적으로 지지하는 로저스(Rogers)의 상담 이론을 철저하게 비판하였다. 아담스는 또한 내담자에게 인간의 죄악된 본능을 표출하도록 장려하는 프로이트(Freud)의 정신분석적 방법도 비판하였다. 권면적 상담에서는 상담자의 힘을 절대시하지 않고, 성령(holy spirit)의 도우심을 강조한다. 상담은 결국 성령께서 하시고, 인간 상담자는 성령의 사역에 도구적인 역할을 한다고 보는 것이다.

(5) 가톨릭 교회의 관상 수행

전통적으로 가톨릭 교회에서는 모든 인간적인 생각을 내려놓고 말없이 존재하는 시간, 즉 관상(觀想)의 시간을 가짐으로써 성령님과 하나되어 교제하는 묵상의 수행법이 있다. 관상 수행은 상담이나 심리치료의 방법은 아니다. 그러나 일반 신자나 고민을 안고 있는 신자나 상관없이 하나님과 고요한 교제의 시간을 통하여 인간 실존의 문제에 대한 답을 발견하고 기쁨과 평화를 경험하게 하는 수행법이다.

(6) 기독교적 상담의 단계

첫째 단계에서, 상담자는 내담자의 고민을 경청하고 이해한다.

둘째 단계에서, 내담자의 고민을 해결하기 위하여 내담자의 문제행동과 그 행동의 밑바탕에 있는 사고에서 오류를 발견하고 그것을 성경적인 전제로 바꾸도록 촉구한다.

셋째 단계에서, 행복 추구의 방법론에 대한 내담자의 잘못된 가정(假定)을 성경적 가정(假定)으로 바꾸어 하나님의 말씀과 일치하는 것으로 대체하도록 적극적으로 권면한다. 이때 크랩은 두 가지 색깔의 카드를 사용하여 자신의 생각과 그에 대치되는 성경 구절을 적고, 매번 비교하도록 하는 기법을 사용하고 있다. 아담스는 내담자의 그릇된 행동을 '죄'라고 과감하게 지적하는 권면적 직면화의 기법을 사용한다.

　마지막으로 넷째 단계에서, 기독교적 상담자는 내담자가 성화(聖化)되어 성숙한 크리스천이 되도록 지도한다. 그것은 '내가 선한 싸움을 싸우고 나의 달려갈 길을 마치고 믿음을 지켰으니'(디모데후서 4:7) 이제 후로는 '의의 면류관'이 예비될 것을 믿는 행위다. 콜린스는 이 단계를 '예수의 제자화' 단계라고 하였다.

　기독교적 상담자는 내담자에게 사랑을 가지고 권면하고 모범을 보이고 하나님의 속성을 교육하되, 기도로써 병행하는 것이 특징이다. 아담스는 기도 중에 상담자 이상의 협력자로서 성령님의 임재와 도움을 강조하였다.

3. 기독교와 CBT 이론의 비교

　수천 년의 역사에 걸쳐서 하나님과 인간 사이의 관계를 규명하고 있는 기독교 사상과 불과 60여 년에 걸쳐서 몇몇 심리학자에 의하여 발전된 인지 상담 이론을 비교한다는 것은 무리가 아닐 수 없다. 기독교는 인류 전체에게 구원의 빛을 보내 주는 신앙이요, CBT는 심리적으로 고통받는 소수의 인간에게 지성적인 방법으로 도움을 주는 상담적 접근이다.

　그러나 이 두 접근은 인간의 삶에서 떨쳐 버릴 수 없는 희로애락과 행·불행의 문제를 적나라하게 파헤쳐 그 원인과 해결 방안에 대하여 밝혀 주는 것이 공통점이라고 하겠다.

　기독교와 인지 상담 이론의 유사점과 차이점을 구체적으로 논의해 보기로 한다.

1) 인간관

REBT를 위시한 CBT의 이론에서는 인간은 선천적으로, 또 후천적으로 올바르게 사고하는 경향성과 왜곡되게 사고하는 경향성을 가지고 있다고 간주한다. 왜곡된 사고의 경향성을 가지고 생활하게 되면, 미신적으로 되며 참을성이 없고 자기비판하여 불행을 자초하지만, 올바로 사고하는 방법을 익히면 마음의 평안과 자아실현의 삶을 살 수 있다고 본다.

기독교에서는 인간을 하나님의 명령에 불순종하여 죄에 떨어진 '자연인'으로 묘사하고 있다. 이런 자연인은 자신이 신으로부터 엄청난 능력을 공급받을 수 있고, 신에 의지하면 행복할 수 있다는 것을 망각하고, 오로지 자기의 감정이 지배하는 대로 행동하면서 행복을 추구한다. 그러나 이런 인간주의적인 방법으로는 완전한 욕구 충족이 불가능하기 때문에 불가피하게 고통과 좌절에 허덕이며, 잠재된 능력이 개발되지 못하는 삶을 살고 있다. 이것이 육적으로는 살아 있으나 영적으로는 죽어 있는 상태의 인간 모습이라고 본다.

그러나 인간은 하나님의 피조물이므로 본질상 하나님을 그리워하는 종교성이 있다. 이러한 인간이 예수 그리스도의 보혈의 공로에 힘입어 하나님의 말씀에 순종하는 삶을 살게 되면 창조 당시의 복된 존재로 되돌아갈 수 있다. 이것이 구원이요, 거듭난 인간이다. 그리하여 '죄'로부터 자유롭게 되고 하나님의 형상인 의(義)와 진리와 거룩함을 다시 구비하게 되어, 탁월한 지성과 지혜와 영감을 다시 얻게 된다고 보는 것이다.

인지 상담에서는 인간을 '올바른 사고'의 경향성과 '왜곡된 사고'의 경향성을 함께 지닌 복합적인 모습으로 설명하고 있다. 이것은 기독교적 관점에서 볼 때 인간에게는 신에게 돌아가 하나님께 의지하고자 하는 마음과 또한 자연인으로서 자기의 감정과 생각대로 살고 싶은 마음이 공존한다고 말하는 개념과 유사하게 보인다. 인지 상담에서 말하는 '왜곡된 사고, 즉 비이성적인 사고'와 '합리적이고 이성적인 사고'는 기독교 관점에서 말하는 '죄된 사고'와 '성경적 사고'의 개념과 유사하다. 다만 인지 상담은 비합리성 내지 '왜곡' 또는 '합리성'이라는 용어를 사용한 것에 반해서, 기독교에서는 영적 차원에서 '죄'와 '하나님의 뜻'이라는 용어를 사용하였다.

2) 심리적 고통과 부적응의 원인

크랩은 인간의 기본적인 욕구를 자기 스스로의 힘에 의하여 충족시킬 수 있다고 생각하는 경향성이 있는데, 이것은 잘못된 전제이고 문제되는 사고라고 하였다. 콜린스와 아담스는 자아 중심의 감정적인 삶을 사는 인간의 경향성을 '죄악된 본성'이라고 하였다.

이들 세 학자의 개념은 벡과 엘리스가 말하는 '왜곡된 인지도식'이나 '비합리적 신념체계'와 비슷하다고 볼 수 있다.

기독교 상담 이론가들은 이러한 경향성이 선천적으로, 또 후천적으로 인간의 무의식 속에 내재해 있다고 보았다. 인지 상담자들은 인간의 비합리적 관념은 생득적으로 타고나며, 또한 어린 시절에 부모와 사회의 교육에 의하여 강화된다고 주장한다. 그러므로 기독교 상담 이론과 인지 이론은 일맥상통한다.

그리고 인간의 심리적인 장애는 생각(인지), 특히 평가적인 인지에 의하여 일어나며 이러한 인지(생각)가 감정과 행동에 영향을 미친다고 하는 설명은 신기하게도 기독교나 인지 상담 이론이 일치하고 있다.

이 두 접근에서 부적응적인 인간은 자기중심적으로 편향되어 있고, 독단적이고 경직된 삶의 법칙이나 원칙을 준수하는 경향이 있다고 설명한다. 이것을 인지 상담 이론에서는 '재앙 철학'이라 하고, 기독교적 상담 이론에서는 '죄된 생각'이라고 하였다. 그리고 이런 생각은 '자기언어화' 작업, 곧 자기독백을 통하여 강화된다고 한결같이 말하고 있다.

크랩은 인간에게 있어서 중요성과 안전에 대한 두 가지의 기본적 욕구 충족을 위하여 내담자는 첫째로 유능함과 성공에 대한 압박감과, 둘째로 사랑받고 인정받고자 하는 압박감을 느낀다고 하였다. 그런데 CBT에서는 내담자의 인지도식 안에는 부정적인 '핵심신념'인 자신의 무능함과 사랑받을 수 없다는 생각이 들어 있다고 하였다. 이들은 대단히 유사한 개념이라고 생각된다.

3) 심리적 고통의 해결: 영적 구원과 합리적인 사고 능력

CBT나 기독교적인 상담은 모두 내담자가 심리적 고통과 부적응에서 벗어나 만족스럽고 생산적인 삶을 살아가도록 도와준다.

인지 상담적 접근에서는 과학적인(지성적인) 방법으로써 원조한다. 즉, 내담자에게 합리적 사고의 능력을 길러 준다. 그런데 기독교 상담에서는 심리적 문제를 영적 차원에서 집중적으로 다룸으로써 '구원'의 개념으로 설명하고 있다. 그래서 내담자가 자기의 생각과 감정대로 인생사를 해결하려는 생각, 곧 죄된 생각을 바꾸어 하나님의 관점에서 볼 때 올바른 가정(생각)으로 대체하게 되면 그의 행동도 변화되고 심리적인 만족과 행복을 얻을 수 있다고 보고 있다.

따라서 두 가지 상담적 접근에서 모두 내담자가 안고 있는 괴로움은 생각의 전환을 기하여 해결할 수 있다는 의미에서 일치한다.

4) 상담의 방법

상담을 통하여 내담자의 '인지적 재구성'을 도와주는 면에서 기독교적 상담과 인지 상담은 일치성을 보인다.

기독교 상담에서는 먼저 내담자의 감정과 행동을 알아보고 난 다음에 문제되는 사고, 곧 세상적 사고체계를 성경적인 사고체계로 대체시킨다.

이것은 인지 상담에서 내담자의 **역기능적 사고**의 내용을 찾아내어 그것을 합리적인 사고로 대체시키는 작업과 유사하다. 엘리스는 비합리적인 사고가 '부적절한 정서'와 부적응적 행동을 유발한다고 설명하면서 비합리적인 사고를 합리적인 사고로 대체시키면 적절한 정서와 적응적 행동의 결과를 낳는다고 하였다. 엘리스의 이런 정서 개념은 크랩의 '**죄가 되는 정서**'와 '**죄가 되지 않는 정서**'의 개념과 아주 유사하다.

　두 접근에서는 상담자가 모두 적극적이고 지시적이며 교육자의 역할을 담당한다. 먼저, 인지 상담에서는 ABCDE 모형, 과제물 부과, 독서요법, 사고일지와 대안적 사고 되뇌이기 등의 방법을 활용한다. 이상의 방법은 세상적 생각과 성경 말씀을 적은 카드를 내담자로 하여금 휴대하게 하는 크랩의 방법이나 진보 일지를 기록하게 하는 아담스의 방법과 대단히 유사하다. 다만 인지치료 이론가들의 방법이 지성적인 토론의 성격을 띤 것에 비하여, 아담스의 **권면적 맞닥뜨림**은 매우 신랄한 인상이 들어서 비신자들에게 적용하기에는 현실적으로 어려울 것으로 보인다.

　인지 상담의 마지막 단계에서는 상담자는 내담자의 철학이 성숙하고 세련되게 변화될 것을 강조한다. 그러나 기독교에서는 영적인 차원에서 죄가 되는 행동을 철저하게 떨쳐 버리도록 하기 때문에 개인적 혁명의 수준이 인지 상담에서보다 훨씬 더 고차원적이라고 생각된다. 그것을 '**구원**'이라고 말한다. 그리고 구원된 삶을 확실하게 다짐으로써 내담자가 성화(聖化)된 삶 또는 예수의 제자가 되는 삶의 수준에 이르기를 기대한다. 그러므로 상담의 효과로 기대하는 내담자의 성숙 수준에는 현저한 차이가 있다.

5) 인지 상담에 있어서 기독교 사상의 응용 과제

　인간이 올바르게 사는 법에 대하여 기독교가 제시하는 원리를 CBT 이론의 발전을 위해서 어떻게 응용할 수 있을까? 이 문제에 대하여 저자 나름대로 생각하는 바를 정리하여 다음과 같이 논의해 보기로 한다.

CBT 이론은 내담자의 부적응 행동의 기저에 있는 자기패배적(역기능적) 생각을 탐색하고 변화시키기 위해 지성적이고 과학적인 방법을 사용한다. 그러므로 내담자를 설득하기가 용이하다.

이에 비하여 기독교 상담의 이론은 일반인에게는 저항감을 불러일으킬 소지가 많다. 역경과 불운에 처한 내담자가 절망하고 원망하며 자포자기하는 것, 즉 자기 감정대로 행동하는 것이 '죄'라는 것을 내담자는 수용하기가 어려울 것 같다. 대부분의 내담자들이 자신은 착하기에 운명과 세상의 희생양이라고 생각하며, 자신의 생각과 판단이 옳다고, 즉 스스로 지혜롭다고 간주하는 수가 많다. 상담자가 '죄'의 개념을 어떻게 설득력 있게 내담자에게 인지시킬까를 심도 있게 연구해야 할 필요가 있다.

6) 분노의 문제

인간의 잘못된 전제를 '분노'의 감정과 관련해서 살펴보기로 하자.

첫째, 하나님의 형상대로 창조된 인간에게는 분노를 포함하여 감정이라는 것이 주어졌다. 그러므로 분노는 (예수님에게서 보여진 것처럼) 필요하고 유용한 반응이며, 그 자체로서 죄를 짓는 것은 아니다.

둘째, 인간의 분노는 해로울 수 있다. 다른 감정들과 마찬가지로 분노도 성경적 지침에 따라서 표현되지 않으면 파괴적일 수 있다. 바울은 죄에 찬 분노와 거룩한 분노를 구별하였고, "화를 내어도 죄를 짓자 말라."(에베소서 4:26)라고 경고하였다.

이처럼 분노 자체는 죄가 되지 않으나, 분노의 표출(폭발)이나 분노의 내면화(화를 참는 것)를 통하여 '분노'의 에너지가 파괴적으로 사용될 때 문제가 심각해진다.

성경에서는 이 점을 명쾌하게 지적하고 있다.

······ 여호와께서 아벨과 그 제물은 열납하셨으나 가인과 그 제물은 열납하지 아니
하신지라. 가인이 심히 분하여 안색이 변하니 여호와께서 가인에게 이르시되 네가 분
하여 함은 어찜이며 안색이 변함은 어찜이뇨. 네가 선을 행하면 어찌 낯을 들지 못하
겠느냐. 선을 행치 아니하면 죄가 문에 엎드리느니라. 죄의 소원은 네게 있으나 너는
죄를 다스릴지라. (창세기 4:4-7)

이 말은 가인이 분노를 느낀 즉시 하나님께 분노를 표출하거나 자기 자신
을 성찰하는 데 사용하지 않고 내면으로 강화하여 동생에 대한 시기와 질투
의 감정으로 발전시켰기에 죄가 마음 안으로 들어오려고 기다리고 있다는 뜻
으로 보인다. 그리하여 증오와 복수심(죄의 소원)이 네게 생겼으니 너는 그 감
정을 잘 다스려 죄를 짓지 말라(살인으로 발전하지 말라)고 명령하신 것으로 풀
이할 수 있겠다.

콜린스는 분노를 다루는 법을 다음과 같이 제시하였다.

첫째, 분노는 반드시 인식되어야 한다. 그러니까 우리에게 분노의 감정이
존재한다는 것을 인정해야 한다.

둘째, 화를 내지 않거나 가능한 한 더디 화를 내어야 한다. 잠언에서 분노
가 한 번은 조건을 붙여 용납되었으나 분노가 아홉 번이나 비난을 받고 있다.
자신의 화가 난 감정을 하나님께 토로하는 것은 언제나 가치가 있다. 그런 행
동은 새로운 시각을 갖게 해 준다. 이는 시편 7편에 분명히 나타나 있다.

셋째, 고백과 용서가 뒤따라야 한다.

넷째, 되새기는 것(반추)과 복수는 저지되어야 한다.

7) 고난과 시련

한편, 많은 내담자의 핵심신념 중에는 악인은 흥성하고 선량한 자기만 고
통받기 때문에 세상은 불공평하다는 투정과 신(神)에 대한 불신 및 원망이 들

어 있다. 그리고 인간에게는 고난과 시련이 결코 존재해서는 안 된다고 믿는 요구적인 상념이 있다.

내담자가 이렇게 경직된 신념체계를 고수하고 있는 한, 너그럽고 낙천적이고 생산적인 삶을 살기는 대단히 어려울 것이다.

이런 생각을 가진 내담자에게 성경은 명쾌하게 대답해 주고 있다. 얼핏 보기에 악인이 흥성하고 선인이 고난받는 것같이 보이지만, 인간의 전 생애를 두고 보면 고난은 누구에게나 있는 것이다. 따라서 공의(公義)의 하나님(레위기 10장)은 악인에게도 똑같이 복과 화를 주신다. 그리고 이것은 하나님께서 오래 참으심으로 인하여 모두를 구원하시기 위함이다.

(1) 고난의 의미

사랑의 하나님이라면 인간에게 좋은 것만 주실 것이지, 왜 잔인하게도 미약한 인간에게 불행과 시련을 주시는 것인가?

이에 대한 해답도 성경에 잘 나와 있다. '욥기'에서 무죄한 '욥'은 말할 수 없는 고난을 받으나 순전하게 믿음을 지켜 끝내 전보다 두 배의 복을 받는다. '에스더' 10장에서도 고난은 나쁜 것처럼 보이지만 복을 받기 위하여 먼저 통과해야 하는 절차인 것으로 풀이될 수 있다.

그러므로 고난은 하나님께서 인간을 순전케 하기 위하여 주시는 불시험이다. 인간은 하나님이 주신 복을 가벼이 여기며 또다시 악에 떨어지기 쉬운 존재다. 그래서 하나님은 "너를 낮추시며 너를 시험하사 네 마음이 어떠한지 알고자 함이라(신명기 8장)." "내가 너를 공도(公道)로 질책하되, 아주 멸하지는 않으리라(예레미야 46장)." "여호와는 심장을 살피며 마음을 시험하고 그의 행위대로 보상한다(예레미야 17장)."

이처럼 시련은 하나님께서 우리를 연단하는 도구다. 하나님께서는 우리가 능히 감당할 만한 시련만 주신다(고린도전서 10:13)고 하였다. 그러나 시련은 또한 사탄이 인간을 범죄케 하려고 유혹하는 것이기도 하다. 그래서 인간이 시련을 받게 되자 시험에 빠져 굴복하는 것이 '죄'가 된다고 보는 것이다. 또한 고통은 하나님이 인간에 평안을 주기 위하여 마련한 선물이라고 성경은 역설적으로 말하고 있다. "네게 큰 고통을 더하신 것은 네게 평안을 주려 하심이라(이사야 38:7)."

　자신이 받는 고통과 시련의 체험을 통하여, 인간은 남에게 고통을 주는 것의 해악을 깨달아 겸손하게 되고 선하게 될 수 있다. 그리하여 시련을 통하여 인격이 승화된다. 또 고통이 없다면 인간은 결코 하나님을 알려고 하지 않을 것이다. 그 결과 교만하고 미숙하며 인간적인 방법으로만 살게 될 것이다. 고통이 발생할 때 우리는 하나님께 부르짖는다. 이런 부르짖음을 통하여 비로소 하나님의 뜻이 무엇인가를 생각하게 되고 고요한 가운데 하나님과 대화할 수 있게 된다. 자신을 오로지 하나님께 맡기고 하나님의 구원을 믿으며 하나님과 교통할 때 인간은 완전한 평안을 찾을 수가 있게 된다.

　세상에는 소외되고 실패한 사람들이 열등의식, 죄의식 등으로 고통하는 경우가 많다. 이처럼 자기학대하는 내담자들이 세상과 신을 원망할 때 기독교는 확실한 대답을 주고 있다.

　예수께서는 세상에서 손가락질 받는 창녀와 세리와 벗하였고, 문둥병자와 장님과 같은 온갖 불구자나 불치병자를 치료해 주셨다. 그리고 그는 그 당시의 세상 권세자들과 친구가 되지도 않았고 그들을 결코 칭찬하지 않으셨다. 또한 많은 재산이 천국으로 들어가는 데 걸림돌이 된다는 것도 지적해 주셨다.

　예수는 역설적으로 복이 있는 사람은 마음이 가난한 자요, 심령이 상한 자요, 이 세상에서 애통하고 핍박받는 자이며, 이들이 천국을 차지한다고 하였다(마태복음 5:3-12, 누가복음 6장). 그러니까 이 세상에서 출세하지 못하고 불운한 사람들이 오히려 하나님의 자녀가 되는 데 있어서는 제일 가는 특권을 가지고 있다.

　왜 그럴까?

그것은 전술한 바와 같이, 인간은 고난의 불시험을 통과함으로써 온갖 세상적 정욕에서 떠나 정금같이 순수하게 되기 때문이라고 본다. 뼈를 깎는 고통이 없이는 하나님과 같은 형상, 곧 의와 진리와 거룩한 품성으로 변화하기가 불가능하기 때문이다. 이것이 '옛 사람'을 버리고 '새 사람'으로 다시 태어나는 과정이라고 본다(에베소서 4:17-27, 에베소서 5:8). 고난과 시련은 우리가 견뎌 내기 힘든 것이지만, 성숙한 인격자로 변화하게 하는 데 필수불가결한 요소임을 깨달아야 할 것이다.

> 너희의 참는 모든 핍박과 환난 …… 은 하나님의 공의로운 심판의 표요, 너희로 하여금 하나님 나라에 합당한 자로 여기심을 얻게 하려 함이니, 그 나라를 위하여 너희가 또한 고난을 받느니라. (데살로니가후서 1:4-5)
>
> 너희가 여러 가지 시험을 만나거든 온전히 기쁘게 여기라 …… 인내를 온전히 이루라. 이는 너희를 온전하게 구비하여 조금도 부족함이 없게 하려 함이다. (야고보 1:2-4)

하나님의 시선으로 보면, 모든 인간이 소중하고 사랑스러우며, 모든 죄는 용서받을 수 있으며, 우리 각자에게는 개발시킬 수 있는 능력과 은사가 있다. 또한 누구나 결점을 가지고 있으나 이런 결점은 보상받을 수 있다. 그리고 자기의 힘으로 자신이 하는 일에서 완성에 도달할 수 있는 사람은 아무도 없다.

상담자는 내담자가 이런 사실을 깨닫도록 도움을 줄 수 있다. 우리는 연약하고 부족하나, 있는 그대로의 자기를 수용하고, 자기는 하나님의 자녀요, 예수님의 친구라는 사실을 믿을 때 내담자는 패배의식과 자기학대에서 해방되고 자기수용과 자존감을 회복할 수 있다고 본다.

상담자는 내담자가 초기의 외상적 경험과 주변 사람들이 주입한 가치관을 무비판적으로 수용해서는 안 된다는 것을 가르칠 필요가 있다. 또한 자신의 불행과 시련의 고통이 어떻게 자기에게 복된 조건으로 작용할 수 있는지를 깨달고 감사할 수 있는지를 깨우치도록 인도할 수 있다. 이렇듯 기독교 상담은 인간의 심리적 고통에 대하여 하나님의 관점에서 명쾌한 해답을 제공한다.

(2) 고난을 당할 때 우리가 취할 태도

그렇다면 고통하는 인간에게 어떻게 변화되라고 성경은 말하고 있는가?

첫째, 고난 중에는 슬프고 억울하고 불안한 감정이나 죄의식이나 증오심과 충동심 등을 자기의 가슴 속에 쌓아 두지 말고 토설해 내라고 하였다. 그것을 심중에 쌓아 두면 질병이나 해악으로 발전하기 때문이다.

선지자 다윗의 말씀을 살펴보자.

> 내가 토설치 아니할 때에 종일 신음함으로 내 뼈가 쇠하였도다. 주의 손이 주야로 나를 누르시오니 내 진액이 화하여 여름 가뭄에 마름같이 되었나이다. 내가 이르기를 내 허물을 여호와께 자복하리라 하고 주께 죄를 아뢰고 내 죄악을 숨기지 아니하였더니 곧 주께서 내 죄의 악을 사하였나이다. (시편 32:1-5)

또한 시편 52:17을 보면 "하나님이 구하시는 제사는 상한 심령이라. 하나님이여 상하고 통회하는 마음을 주께서 멸시치 아니하시리이다."라고 말하고 있다. 이처럼 하나님께 부르짖고 대화하게 되면, 환난과 고통의 의미가 하나님의 관점에서 깨달아진다고 본다.

둘째, 인간은 자기의 생각을 버리고 하나님의 입장에 서서 하나님의 생각과 법도가 무엇인가를 헤아려 보아야 한다. 즉, 그가 억울하다고 생각한 자신의 생각 자체가 자신을 더욱 비참하게 느끼도록 몰고 가며 자기파멸적으로 인도한다는 것을 깨달을 필요가 있다. "인간의 마음은 만물보다 부패한 것이요(예레미야 17장).", 이것 또는 저것으로 채워지므로(로마서 1장) 육체와 영의 싸움터(로마서 7장)라고 하였다. 성경은 인간적 판단이 어리석다고 분명하게 지적하고 있다(로마서 14장). 그러므로 인간은 자기중심적 생각과 감정을 버리고 우주적이고 거시적인 관점에서 하나님의 생각을 헤아릴 줄 알아야 한다.

> 너희는 위의 것을 생각하고 땅의 것을 생각하지 말라 …… 그러므로 땅에 있는 지
> 체를 죽이라. 곧 음란과 부정과 사욕과 악한 정욕과 탐심이니 탐심은 우상숭배니라.
> (골로새서 3:2-3)
> 내 생각은 네 생각과 다르고. (이사야 55:8-9)
> 스스로 지혜롭게 여기지 말지어다. 여호와를 경외하며 악을 떠날지어다. (잠언
> 3:7)

셋째, 인간은 자기가 원하는 방식대로 행복을 추구하였던 것을 일단 멈추
고, 하나님께서 하나님의 방식대로 우리에게 가장 좋은 것을 주십사 하고 '구
하라'고 성경은 말하고 있다.

> 구하라 주실 것이요, 두드리라 열릴 것이니. (마태복음 7:7)
> 내가 고난 중에 부르짖으니 주께서 건졌고. (시편 107:6)
> 부르짖을 때 전심으로 찾으라. (예레미야 29:12-13)
> 너는 내게 부르짖으라. 그리하면 네가 알지 못하는 크고 비밀한 일을 네게 보이리
> 라. (예레미야 33:3)

신자들은 또 "내가 하나님께 열심히 수년 동안 구했건만 왜 나의 기도는 들
어주시지 않는가."라고 회의하는 경우도 많다고 본다. 이때 성경은 "그것은
정욕으로 구했기 때문이다(야고보서 4:3)."라고 경고하였다. 하나님은 "너희
를 결코 버리지 않겠다(빌레몬서 13:5)."고 약속하신다. "새 영과 새 마음을 주
어 굳은 마음을 제하고 부드러운 마음을 주어서(에스겔 35-36)" 우리를 회복
하시겠다고 약속하신다.

넷째, 고난이 임할 때, 하나님은 우리에게 '근심하라'고 결코 말하지 않았

다. 오히려 "네가 근심하므로 네 키를 한 자나 키울 수 있겠느냐?"고 반박하셨다. 그 대신에 성경은 우리에게 수백 번 "두려워하지 말라. 담대하라."고 말씀하셨다. 그리고 이어서 이렇게 명령하셨다.

> 항상 기뻐하라, 범사에 감사하라, 쉬지 말고 기도하라. (데살로니가 5:16-18)
>
> 시와 찬미와 노래로 서로 얘기하라. (에베소서 5:19)
>
> 찬미의 제사를 하나님께 드리자. (히브리서 1:15)
>
> 기도하며 구하라. (마태복음 7:7)

이것은 인간의 가치가 생존이요, 행복일진데, 우리는 하나님이 복 주심을 굳게 믿고 낙천적으로 즐겁게 살아야 한다는 것을 의미한다. 자기연민과 자학은 죽음에 이르는 병이기 때문이다. 그렇게 살기 위해서는 좋을 때도 감사하고, 시련 중에도 자기에게 남은 복을 세어 보면서 감사하고, 또 시련이 주는 이득에 대해서 생각해 보고 감사하되, 원하는 것은 기도로써 구하라고 성경은 반복해서 말하고 있다.

결론적으로 이상과 같은 기독교의 치유 원리가 인지 상담 이론의 체계화를 위해서 많은 시사점을 줄 수 있다고 생각한다. 다만 행복에 대한 내담자 자신의 전제를 성경이 가르치고 있는 전제로 바꾸는 과정에서 어떻게 비신자들에게 저항감을 주지 않으면서 지성적인 언어로써 성경적 진리를 풀어서 설득할 것인가는 인지 상담자들이 연구해야 할 과제다. 상담자는 또한 성경의 심오한 말씀을 이해할 수 있는 영적 안목과 풍부한 인생 경험도 갖출 것이 요구된다.

Part 2
실제편

상담사례 1:
남자를 고용하여 매를 맞는 젊은 여자

−벤 아드(Ben N. Ard Jr. Ph.D.)−

내담자는 7년 전 17세의 불량소녀 시절에 60대 남자와 성관계를 가진 적이 있다. 그 남자가 권총자살을 하자 그녀는 자기가 그를 죽인 죄인이라는 생각으로 자기를 가혹하게 징벌하기 시작하였다. 그녀는 면도날을 삼키고, 젊은 남자를 고용하여 매를 때리게 했지만 죄의식에서 결코 벗어날 수 없었다. 7년 동안이나 조현병으로 정신과 병동에 입원하여 여러 가지 치료를 받았으나 효과가 없자 드디어 벤 아드(Ben Ard) 박사에게 위탁되었다.

프로이트(Freud)나 에릭슨(Erikson)의 이론에 의하면 죄의식은 유아 및 아동기에 부모의 양육과정에서 발달된다고 한다. 그런 정신분석적 이론으로 치료를 받았으나 이 젊은 여성은 하등의 효과를 얻지 못하였다. 마지막으로 그녀가 아드 박사와 10회기의 REBT 시간을 갖게 되었다. 그러자 실제로 거의 희망이 없어 보이는 이 환자의 심경에 변화가 일어나기 시작하였다. 아드 박사는 그녀가 가진 죄책감의 오류를 철저하게 파헤치는 작업을 하였다. 비로소 합리적으로 사고하는 방법을 그녀가 새롭게 터득해 가는 과정이 이 사례에서 잘 나타나 있다.

이 사례는 어린 시절에 체득된 굳은 신념 때문에 자기의 인생을 끝없는 파멸로 몰고 갈 수 있다는 것을 극명하게 보여 준다. 그러나 어린 시절의 왜곡된 신념은 집요한 논박의 시간을 거쳐서 타파될 수 있다는 것도 보여 준다. 그러한 REBT의 과정을 엘리스 박사가 해설 형식으로 적어 나간 사례다.

엘리스는 다음과 같이 해설하였다.

다음 내용은 24세의 신체적 결함을 가진 독신여성의 사례로서 그녀가 머무르고 있었던 재활원의 상담자가 아드 박사에게 위탁할 당시의 것이다. 그녀는 주립 정신병원에서 7년간 입원해 있다가 최근에야 퇴원하여 짧은 기간 동안 재활원에 머무르고 있었다. 그녀는 조현병(정신분열증)으로 진단되었다. 상담자는 그녀가 정신치료를 좀 더 받아야 된다고 믿고 아드 박사에게 위탁한 것이다.

이 사례는 상당히 희귀한 케이스다. 치료자가 내담자의 종교적 신념을 공격하는 대목이 나오는데 이것은 오로지 내담자의 보다 나은 정신건강을 위한 목적임을 밝혀 둔다.

이 사례는 실제로 거의 치료가 될 희망이 없어 보이는 환자에게까지도 REBT가 다소간 도움을 줄 수 있다고 하는 것을 보여 준다고 하겠다.

이 젊은 여성은 자기의 확고한 종교적 신념에서 비롯된 죄책감을 완화하기 위해서 남자들을 고용하여 검은색과 은색의 혁대로 자기를 구타하도록 하였기 때문에 '검은색과 은색의 피학증자'(Black and Sliver Masochist)라고 명명되었다. 현재의 치료를 받기 전에도 그녀는 여러 사람의 치료자에게 치료를 받은 적이 있다. 또 전기충격 치료도 많이 받았으나 그 어떤 치료 방법도 도움이 되지 않았다고 느꼈다.

1회기

치 1: 전화로 말씀하실 때 당신은 예전에 다른 곳에서 치료를 받았다고 했지요?

내 1: 저는 주립병원에서 7년 동안 있었어요.

치 2: 그곳에서는 다소 도움을 받았다고 느꼈습니까?

내 2: 약간 도움을 받았어요. 내가 도움이 필요하다는 것을 인식했다는 점에서 도움을 받았다고 할까요? 그 전에는 면도날을 가지고 상처를 입히는 것이 일종의 정상적인 짓이라고 생각했었어요.

치 3: 면도날로 당신을 자상(刺傷)했나요?

내 3: 그래요. 내 몸에 상처를 냈지요. (팔목에서 팔꿈치에 이르기까지 양팔에 나타나 있는 수
　　　많은 상처를 보여 준다.) 최근에 와서야 면도날을 쓰기 시작했는데요, 왜냐하면 내가
　　　정말로 원하는 것을 얻을 수가 없었기 때문이지요.

치 4: 당신이 정말로 원하는 것은 무엇인가요?

내 4: '검정과 은색'이라고 제가 명명한 건데요.

치 5: '검정과 은색'이라는 말이 무슨 뜻인지 말해 줄래요?

내 5: 혁대예요.

치 6: 혁대?

내 6: 내게는 그 혁대를 사용해서 나를 때려 주겠다는 남자들의 명단이 있어요. 그런데 문제
　　　는 그들이 그 일을 거저 해 주지 않는다는 점이에요. 나는 그들이 요구하는 돈을 지불
　　　했지요. 그래서 일종의 더러운 거래인 셈입니다.

치 7: 내가 당신 말을 옳게 알아들었는지 모르겠는데, 당신은 남자들이 검은색과 은색의 혁대
　　　를 사용해서 당신을 때려 주기를 바란다는 말인가요?

내 7: 그래요. 은빛 버클이 있는 검은색 가죽 혁대예요. 내가 마지막 수단으로 면도날을 가지
　　　고서 이런 짓을 하기 바로 전까지는 검정 혁대를 사 가지고 썼어요. 5달러 주고 샀지
　　　요. 정말 멋있는 혁대예요. 나는 그런 혁대를 네댓 개나 가지고 있답니다.

치 8: 음.

내 8: 내게 그런 짓을 했던 자와 2주일 동안 같이 살았어요. 그 작자가 원하는 것이라면 나는
　　　무슨 짓이든 다 했어요. 그이는 대마초를 꽤 많이 밀매(密賣)했어요. 저는 그런 건달을
　　　몇 명 알고 있어요. 나체로 내 사진도 찍도록 허락했지요.

치 9: 왜 당신은 그 남자들이 검정색 혁대로 때리는 것을 원했나요?

내 9: 나도 몰라요. 그냥 재미로요.

치 10: '재미'라니 그건 무슨 뜻이지요?

내 10: 내가 저지른 짓들에 대해서 마음을 더 편하게 만들어 주거든요.

치 11: 음. 당신 자신에 대해서 꽤 잔인한 징벌같이 들리는군요. 그게 공정한 처사인가요?

내 11: 예, 공정한 짓이에요. 내가 상담자에게 나라는 사람은 '양아치'나 '쓰레기'라고 이야기
했었어요.

치 12: 당신이 스스로를 '쓰레기'라고 생각한다고요?

내 12: 그래요.

치 13: 왜 당신을 '쓰레기'라고 생각하지요?

내 13: 여러 가지 이유로요. 애당초 그건 저와 어머니하고 관계가 있다고 생각하는데요. 저의
어머니는 시도 때도 없이 우리를 두들겨 팼거든요.
어머니 자신이 병자였어요. 아버지가 어머니를 혹독하게 야단치면 칠수록 저는 그만큼
더 어머니를 옹호해야 했어요. 지난 5년간 아버지는 어머니에게 아무것도 해 준 것이
없어요. 탓을 하자면 모든 게 아버지 때문이죠. 아버지는 과거 5년간 해 준 거라곤 하
나도 없었거든요. 끝내 그 피해가 들이닥쳤어요. 아주 큰 대가를 치렀죠. 엄마가 이혼
해 버렸으니까요. 지겨워서!

치 14: 잠깐만 내가 얘기를 중단해도 되겠습니까? 당신이 지금까지 일생 동안 쭈욱 계속해
온 아주 본질적인 행동에 대해서 방금 잠깐 말을 비쳤습니다. 당신은 누구의 탓으로 돌
리는 말을 했는데요. 아버지 탓, 어머니 탓을 하고, 예전에는 당신 자신을 탓했습니다.
지금까지 내가 들은 바로는, 당신이 자신을 몹시 책망해 왔다는 것으로 들립니다.

내 14: 그럴 만한 이유가 없는데도 무조건 제 자신을 탓하는 것은 아니예요.

치 15: 그렇지만 당신 자신에게 그처럼 가혹한 세월을 보내게 한 이유가 전적으로 옳은 것입
니까?

내 15: 그럼요, 왜 옳지 않단 말입니까?

치 16: 당신은 어려서 어머니한테 맞았다고 했지요?

내 16: 네, 그래서 제가 병신이 되었어요. 제 남동생은 머리가 일곱 번이나 골절되었어요. 그
앤 정신박약아입니다.

치 17: 당신 어머니가 당신에게 상처를 주었나요?

내 17: 네.

치 18: 어떻게요?

내 18: 뇌출혈을 일으켰어요.

치 19: 얻어맞아서?

내 19: 네, 내동댕이쳐서 벽에 부딪쳤거든요.

치 20: 하지만 당신은 지금 와서는 스스로를 끊임없이 상처 내고 싶어 하는데, 그게 옳은 짓
인가요?

내 20: 글쎄, 옳다고 봅니다.

치 21: 당신이 말한 과거사에 대해서 내가 흥미를 느끼는데요. 과거사를 들어 보면 현재의 당
신 문제가 더 잘 이해될 것 같습니다. 그러나 또한 되도록 속히 현재와 미래를 향해서
우리가 관심을 쏟고 노력하는 쪽으로 나갑시다.

내 21: 아, 참, 그래요. 전적으로 제 어머니에게만 책임이 있는 것은 아니예요. 저도 제가 생각
하기에 그릇된 짓을 했거든요.

치 22: 누구를 죽였는가요?

내 22: 아, 그 사람이지요. 내가 죽인 게 아니고, 그 자가 자살을 했어요.

치 23: 그러니까 당신이 그를 자살하도록 몰았다는 말이지요?

내 23: 네, 그러니까 제가 17세 때 그 사람하고 성관계를 가졌어요. 그 남자는 63세였어요. 제
가 원했던 것은 오로지 그 남자가 그런 성적 관계를 끊도록 하는 것이었어요. 왜냐하면
저는 그런 꿈을 꾸었거든요. 그 당시 저는 제 꿈이 하나님의 계시(啓示)라고 생각했어
요. 제가 종교에 열중해 있었으니까요. 저는 기독교 가정에서 자랐으니까요. 제가 종교
적인 꿈 이야기를 해 주었는데, 그 뒤에 그가 자살을 해 버리고 '하나님이 너를 용서하
기를 빈다.'는 유서를 남겼습니다. 그러니까 선생님께서 '누구를 죽였니?'라고 질문하
신다면, 그건 내가 죽인 거나 다름 없다는 말이 되죠.

치 24: 그렇지만 당신이 그를 죽인 것은 아니지요.

내 24: 하지만 제가 그를 자살하게 만들었다고 느끼는데요.

치 25: 당신은 영원히 벌받아야 한다고 느끼는군요.

내 25: 네, 그런 일이 있은 지 10년째가 되었습니다.

치 26: 아직도 당신 자신을 벌주려 하고 있지 않습니까?

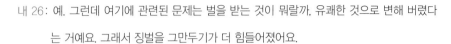

내 26: 예. 그런데 여기에 관련된 문제는 벌을 받는 것이 뭐랄까, 유쾌한 것으로 변해 버렸다
　　　　는 거예요. 그래서 징벌을 그만두기가 더 힘들어졌어요.

치 27: 당신에게 쾌락을 주는 이런 것들을 정말로 그만두고 싶은가요?

내 27: 작년보다 올해는 더 그래요. 작년에 저는 정신과 의사를 계속 만났는데, 제가 그 치료
　　　　를 중단한 데는 두 가지 이유가 있어요. 첫째는 제 상태가 전혀 호전되지 않았다고 느
　　　　꼈기 때문이고, 둘째로는 자해를 그만둘 마음이 없었기 때문이에요. 저는 위선자가 되
　　　　긴 싫어요. 그런네 제가 정신치료를 받는다는 것은 위선적이라고 느꼈거든요.

치 28: 당신이 진심으로 호전되기를 원하지 않으면서 정신과 의사를 계속 만나는 것은 위선
　　　　이라는 거지요?

내 28: 예, 예, 바로 그 말이에요.

치 29: 이젠 호전될 준비가 되어 있습니까?

내 29: 예.

치 30: 그건 상당히 어려운 일입니다.

내 30: 그래요.

치 31: 그건 쉽지 않지요.

내 31: 그래요. 어려워요. 저는 단지 안전상의 이유로 열쇠 지갑에 항상 면도날을 넣어 가지고
　　　　다녔습니다.

치 32: 그 면도날로 당신 자신을 상해하려고 했지요?

내 32: 물론이에요.

치 33: 자, 우리가 여기서 함께 노력하기로 한 이상, 둘이서 알아내야 할 일은 당신이 벌이고
　　　　있는 게임 속에 숨어 있는 원칙을 이해하는 일입니다. 이것이 치료에서 우리가 상호 간
　　　　에 해야 할 의무라고 하겠습니다. 나는 당신이 지금까지 만나 온 의사들하고는 약간 다
　　　　른 방식을 사용할 것입니다.

내 33: 예. 저 역시 정신과 의사들을 돌아가면서 맴돌고 싶지는 않아요. 이제 지쳤어요.

치 34: 글쎄, 당신이 나하고 같이 치료를 하고 싶은지 알아봅시다. 여기서 우리가 할 일은 당
　　　　신이 당신 자신에게 취하고 있는 일을 이야기하는 것입니다. 그런 이야기가 도움이 되

는 한, 나는 당신이 계속 이야기하도록 격려하겠습니다. 그러나 당신 이야기가 당신에게 자기파멸적일 경우에는 나는 그것을 반박하겠습니다.

내 34: '자기파멸적'이란 무슨 뜻인가요?

치 35: 당신이 면도날로 자신을 상해하는 것과 같이, 당신 자신에게 해를 끼치는 행위를 말합니다.

내 35: 혹은 매니큐어 제거액을 마시는 따위도요?

치 36: 이 자리에서 면도날 사건에서 일어났던 일을 일일이 파고들고 싶지는 않습니다. 그것이 진짜 문제가 아니고, 당신이 면도날 따위를 집어먹도록 하는 당신 머릿속의 사고 내용이 문제니까요. 만일 당신이 나하고 치료하기를 원한다면 나도 당신과 같이 치료에 임할 마음이 있습니다.

내 36: 으음.

치 37: 그렇지만 당신에겐 또 건강한 부분이 있습니다. 당신이 치료를 받으러 여기에 와서 앉아 있다는 사실이지요. 지금부터는 당신이 어떤 좋은 조처를 취할 준비가 되어 있다고 할까, 새로운 시작 단계에 들어선 것처럼 보인다는 겁니다.

내 37: 네, 그래요.

치 38: 그것이 바로 건강한 당신의 모습인데, 나 역시 그 건강한 모습을 보면서 당신과 함께 일해 나가고 싶군요. 당신이 스스로 자해하고 누군가에게 부탁해서 당신을 때리도록 하고, 이런 모든 비합리적인 짓들을 하게 사주하는 당신 내부의 불건강한 부분과 대항해서 우리 둘이는 앞으로 싸워 나갈 것입니다.

내 38: 저도 찬성해요. 지금 곧바로 그런 짓을 그만둘 준비가 되어 있지 않다는 점이 문제일 뿐입니다.

치 39: 지금까지 이야기해 온 것을 보면, 당신이 지긋지긋한 세월을 보냈다는 걸 나도 알고 있습니다. 당신이 좀 더 만족을 느끼는 방향으로 나아가기 위해서는 당신 스스로가 어느 정도 노력을 해야 한다는 점을 명심하십시오. 내가 바라는 것은 당신과 함께 노력하는 것이에요. 내 말이 이해가 갑니까?

내 39: 네, 제가 한 가지 밝히고 싶은 것은, 저어, 나한테 벌을 주는 이 일이 모두 성(性) 문제와 얽히고설켜 있다는 것입니다.

치 40: 그렇다면 엘리스와 하퍼가 쓴 『정신건강적 사고(A New Guide for Rational living)』(홍
    경자 역, 1986)부터 읽어 보십시오.

내 40: 그렇게 하겠습니다.

치 41: 그리고 성 문제와 죄책감에 대해서 당신이 어떻게 느끼는가를 먼저 살펴보고 나서, 당
    신의 몇 가지 기본 가정을 알아보는 것이 유익할 것 같습니다.

내 41: 내가 성에 대해서 죄의식을 가지고 있는 것은 놀랄 만한 일이 못되죠. 그 남자와 성관
    계를 하고 나서 곧바로 그가 자살했으니까요.

치 42: 그렇지만 성관계를 항상 죄의식이나 나쁜 감정과 연관지을 필요는 없지 않겠습니까?

내 42: 그 점은 알고 있어요.

치 43: 섹스란 인생에서 즐겁고 좋은 것이고, 또 당신 생활에서 만족스러운 방법으로 지속되
    고, 매질이나 처벌이나 나쁜 감정을 수반하지 않을 수도 있습니다. 그게 당신에게 가능
    합니까?

내 43: 예, 하지만 섹스란 일종의 처벌받아야 할 것이 아닌가?

치 44: 당신이 그렇게 가정하는 것이지요.

내 44: 저의 경험이 그랬으니까요.

치 45: 이해할 만합니다. 그렇기는 하지만, 섹스를 다른 맥락에서 생각해 볼 가능성은 없겠습
    니까?

내 45: 그래요. 만일 제가 정말로 좋아하는 사람을 발견한다면요.

치 46: 그때는 성에 대한 당신의 관념을 바꿀 수 있겠지요.

내 46: 네, 하지만 어떻게 그렇게 될 수 있을지를 알 수 없는 거예요.

여기서 아드 박사는 남성들과 몇 차례 성관계를 맺고 나서 심한 죄의식으
로 고민했던 다른 환자인 알코올 중독 여성의 이야기를 들려 주었다. 그리하
여 그녀 역시 성적인 죄의식과 자학에서 벗어날 수 있으리라고 생각하기에
이르렀던 것이다.

치 47: 이것은 당신 자신과 처벌과 섹스와 남자, 이 모든 요인들의 상관관계에 대한 기본 태도를 바꿔야 한다는 뜻도 됩니다.

내 47: 나도 그럴 수는 있다고 생각하는데, 다만 시간이 걸릴 것 같고, 그러자니 선생님께서 저에게 질려 버릴 것 같아요.

제가 입원했던 병원 측 사람들이 저였다면 두 손 들었을 거예요.

저는 사람들을 그저 병동에 감금해 두는 것만으로는 그들의 사고방식을 변경해 주지 못한다고 생각합니다. 전기쇼크가 내게 효과가 없었던 이유도 그것이 내겐 징벌로 간주되었거든요. 저는 여섯 차례 내지 일곱 차례나 전기쇼크를 받았어요. 저는 또 면도날 조각을 네댓 개나 삼켜 버렸어요. 그래서 그 면도날을 끄집어내기 위해서 내게 수술을 시켰어요. 4개월 동안 세 번이나 수술을 받았지요. 그러고 나서는 저를 최상의 감시 지역에 감금시켰어요. 하지만 병원 의사마저도 나의 자해 행위를 막을 수 없다는 것을 증명하기 위해서 또 면도날을 삼킨 거지요.

치 48: 자, 지금까지 들은 바에 의하면, 당신은 스스로에게 지독하게 가혹한 짓을 해 왔고, 참으로 자기파멸적인 행위를 무수히 해 왔군요. 그것도 수 년 동안을.

내 48: 제가 열두 살 때부터요. 저는 아버지가 저더러 엄마처럼 썩어 빠졌고 도무지 쓸모가 없다고 야단치는 것에 진절머리가 났어요. 나도 엄마처럼 아이들을 모질게 때릴 거라는 것을 알고 있어요. 내가 어린이를 사정없이 때리는 꿈을 곧잘 꾸었어요. 그런데 이상한 것은 그런 꿈을 꾸면서 성적인 쾌감을 느끼거든요. 그렇기 때문에 정말로 괴로웠어요. 아시겠지요, 선생님? 왜냐하면 나 역시 엄마와 똑같다는 것이 증명되었으니까요. 그러니까 나도 엄마와 조금도 다를 바가 없다는 증명이 되는 셈이에요.

치 49: 당신도 아주 나쁜 인간이라는 것이 증명되었다는 말인가요?

내 49: 그런 것 같아요.

치 50: 그렇지만 당신은 나쁜 사람은 아니지요. 지금 그 점을 아시겠습니까?

내 50: 일단 결심하기만 한다면, 저는 꽤 인내심이 있거든요.

치 51: 그러니까 당신에게는 좋은 면도 많이 있군요.

내 51: 하지만 제가 화가 나면 겁이 나요. 내가 누군가를 꼭 죽일 것 같은 생각이 들거든요. 과거에는 어떤 남자한테 검고 은색으로 된 혁대로 매를 맞는 꿈을 계속 꿨어요. 그러다가 나를 때려 줄 어떤 남자를 정작 구하고 나니까, 그런 꿈을 더 이상 꾸지 않게 되더군요. 그런 꿈을 꾸고 나면 또 성적 쾌감을 느끼곤 했어요.

치 52: 그러니까 당신은 언젠가는 면도날이나 검정과 은색의 혁대나 구타 등등이 필요없는 날이 오기를 바란다는 이야기지요?

내 52: 네, 선생님도 아시다시피 그런 건 무엇보다도 아주 귀찮은 짓이에요. 옷이나 방바닥에 낭자한 피를 나 닦아 내야 해요. 그런 걸 이해할 사람은 이 세상에 단 한 명도 없어요.

치 53: 그리고 또다시 정신병동에 감금되겠지요.

내 53: 그래요. 그리고 제가 정말로 무언가 해 보고 싶다고 하기 전에는 어떤 것도 착수할 수 없다고 생각해요.

치 50과 51에서 치료자는 REBT상의 과오를 저질렀다. 설령 내담자들에게 어떤 '장점'이나 '가치 있는 특성'이 없다고 할지라도. REBT에서는 그들은 무가치한 사람이 결코 아니라는 점을 보여 주려고 한다. 아드 박사는 그녀가 어느 면에서 훌륭하고 똑똑하고 야무진 성격의 특성을 가지고 있기는 하지만, 그러한 특성을 가지고 그녀 자신을 판단하지 않는 편이 더 낫다는 것을 지적해 주었으면 더 좋았을 것 같다.

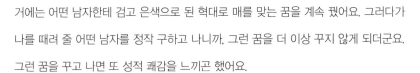

2회기

제2회 면접에서도 치료자는 제1회 면접에서와 똑같은 맥락에서 그녀 자신에 대한 부정적이고 징벌적인 관념을 변화시키려고 애쓰고 있다.

치 1: 당신은 일생 동안 저지른 여러 가지 행동에 대해서 몇 가지 어리석은 이유를 대고 있다는 겁니다. 내 임무는 그것이 어리석은 이유라는 것을 이해시키는 일입니다. 그래서 당신 인생을 보다 나은 방식으로 살 수 있다는 것을 당신이 이해하도록 돕는 일입니다. 이 말이 이해가 갑니까?

내 1: 네.

치 2: '검은색과 은색'의 그 학대 조각이 얼마간은 쾌락을 가져다 주겠지요. 그렇지만 당신이 학대로 매를 맞는다는 것이 분명히 좋지 않다는 것은 자명합니다. 면도날도 마찬가지 지요. 그건 정말로 자기파멸적입니다. 그래서 여기서 할 일은, 당신이 가지고 있는 기 본적인 태도에 일단 의문을 던져 보고 나서, 당신의 태도를 변화하도록 하는 것입니다. 내가 이렇게 말하기는 쉬운 일이지만, 당신이 그렇게 되도록 변화하는 것은 아주 어렵 습니다.

내 2: 하지만 제게 있는 모든 증거를 보더라도, 저는 학대를 받아 마땅한 사람입니다.

치 3: 바로 그 점이 우리가 의심을 해 보아야 할 문제입니다! 무슨 일이든지 논리적이고 분명 하고 합리적일 때만 받아들일 수가 있지, 당신이 막연히 그런 느낌이 든다고 해서 받아 들이지는 않을 것입니다.

내 3: 네, 하지만 제가 그 사람의 자살에 직접적으로 책임이 있지 않겠습니까?

치 4: 당신이 어떤 사람을 자살하게 했다고 해서, 당신 스스로를 학대하여 모든 비참한 결과 를 초래한 것이 다 옳은 짓이라고는 볼 수 없습니다. 그런 말은 절대로 성립되지도 않 습니다.

내 4: 맞아요. 하지만 사람을 죽인 자는 종신형으로 감옥에 집어넣거든요.

치 5: 그렇지요. 그러나 다른 사람에게 자살하도록 교사했다고 해서 종신형으로 감옥에 집어 넣지는 않습니다. 자살이라는 말은, 그 말의 정의대로 그 사람이 스스로 죽기를 선택했 다는 뜻 아닙니까? 당신이 총을 잡아당겨서 그를 쏴 죽였다면 그건 살인이죠. 하지만 살인과 자살은 똑같지 않습니다. 당신이 설령 '이봐요. 난 당신이 형편없는 졸장부라고 생각해요. 당신은 자살해야 마땅해요.'라고 말을 했기 때문에 그가 자기에게 총을 쏘았 다고 하더라도, 그래도 당신 탓으로 돌릴 필요는 없습니다.

3회기

내 1: 저는 요즈음 줄곧 생각해 보기 시작했는데요. 초기 기독교의 신부들이 주장한 사상을 의심해 보았거든요.

치 1: 그러니까 과거에 당신이 받아 온 종교적인 가르침 때문에 오로지 당신 자신만을 탓한다거나 여러 가지 자학적인 행동을 취할 필요가 없는 것입니다.

내 2: 에에ㅡ, 지금까지 저는 제가 믿어 온 것이 어쩌면 하나같이 디 진실은 아닐 것이라고 생각해요.

치 2: 종교에 관한 말씀인가요?

내 3: 네. 종교를 말할 것 같으면, 전 신이 있다고 믿어요. 하지만 그 신이 제가 철저하게 배운 대로 그렇게 엄하고 무서운 신이라면, 그렇다면, 제기랄, 그런 신은 썩 꺼져버려야 해요.

치 3: 음. 그 점에서 당신은 꽤 진보를 한 것 같군요.

내 4: 제발 진보했으면 좋겠어요. 제가 진보하면 훨씬 더 자유스러울 테니까요.

치 4: 음.

내 5: 그 점은 아직도 저한테 달려 있답니다. 계속 노력하겠어요.

치 5: 참 잘했어요.

이 시간의 후반부에 아드 박사와 내담자는 최근에 사귄 애인과의 관계에 대해서 논의하고 있다.

치 6: 당신은 구타당하지 않으면서 잭(Jack)과 성관계를 가질 수 있습니까?

내 6: 지금까지 잭과의 관계에서는 결코 때리는 일이 없었어요. 잭은 그렇게 할 사람이 아니예요.

치 7: 잭이 당신에게 무얼 줄까요?

내 7: 섹스예요.

치 8: 그가 섹스를 제공한단 말이지요?

내 8: 그래요. 그가 성관계를 할 거라고 저는 생각해요.

치 9: 당신은 잭한테서 얻어맞지 않고서도 성관계를 할 수 있다고 생각하는군요?

내 9: 그렇게 되기를 바라거든요. 전, 잭이 내 머리나 손이나 어떤 부분을 잡아 주는 태도로
봐서 그가 얼마나 부드럽게 나를 다루어 줄 것인지를 대강 알 수 있어요.

치 10: 음.

내 10: 그리고 잭은 아주 부드러워요. 그이는 정말 멋있어요!

치 11: 그래서 잭하고는 성관계를 가지면서 즐길 수도 있겠다는 말이군요. 검정과 은색의 혁
대로 얻어맞는 방편에 의지하지 않고서도 잭과 함께라면 가끔씩은 오르가즘을 맛볼 수
있다는 것이지요?

내 11: 그럴 거라고 생각해요. 왜냐하면 제 마음속에 그런 모습을 떠올릴 수 있으니까요. 그리
고…….

치 12: 검정과 은색의 혁대로 얻어맞는 것을 상상하는 것보다도 그와 같이 부드러운 장면을
떠올리는 것이 더 좋지 않습니까?

내 12: 아, 물론이지요. 그건 정말 멋진 장면이에요.

치 13: 자, 그런데 만일 당신이 계속해서 죄를 지었다고 지레짐작하고, 그 죗값을 갚아야 한다
고 생각하고, 얻어맞아야 한다고 고집한다면, 그때는 '검정과 은색'에 또다시 의지하게
되겠군요.

내 13: 그럴 것 같아요.

치 14: 그래서 당신이 다시는 구타 당하고 싶지 않으려면, 그러니까 구타를 피하는 길은 당신
이 벌 받아 마땅한 그런 죄를 범했다는 전제에 대해서 의문을 던져 보는 것입니다.

내 14: 맞아요! 저는 어려서부터 진리라고 가르침을 받았던 것들을 일단 의심해 보기 시작했
어요. 그리고 이제는 그런 가르침들이 다 옳은 것만은 아니라는 결론에 도달한 것 같아
요. 또 선생님께서 사람들이란 죄인이 아니며, 단순히 그릇된 행동을 하는 것뿐이라고
말씀하셨던 것을 자꾸 생각해 보았어요.

치 15: 음, 그래요. 당신은 때때로 미련한 짓을 저지를 수도 있지만, 그렇다고 해서 당신이 지
은 죄를 가지고 자책할 필요는 없지요.

내 15: 그렇기는 해요. 글쎄요. 저는 그런 가혹한 처벌에 익숙해 있었어요.

치 16: 당신 어머니가 당신을 매질해 왔다고 해서 남은 일생 동안에도 줄곧 얻어맞아야 한다는 말입니까?

내 16: 글쎄요, 전 잘 모르겠어요.

치 17: 집안 식구들이 종교 이외에도 또 다른 것들을 당신한테 많이 가르쳐 주었지요. 그런 것들에 대해서 당신은 이제 한 번쯤 의문을 던져볼 수가 있다고 봅니다.

내 17: 아, 물론이죠.

아드 박사는 계속해서 그녀가 만일 자책하는 태도만 바꾼다면, 자기파멸적인 성적(性的) 생활 양식도 바꿀 수 있다고 설득하고 있다. 설령 부모로부터 그녀가 자신을 비하하도록 엄격한 가정교육을 받았다고 하더라도, 그녀에 대한 식구들의 사고방식이 옳은 것인지를 일단 의심해 보는 것이 좋다.

10회기

내 1: 내 친구가 마태복음과 마가복음을 읽어 주면서 저더러 생각해 보라고 했는데요. 상당히 모순된 점들이 있던데요.

치 1: 그래요. 모순점이 좀 있지요.

내 2: 네, 거기서는 유다가 은냥을 도로 반환했다고 했는데, 사도행전에서는 그 돈으로 땅을 샀다고 했어요.

치 2: 당신이 오랫동안 믿어 온 것과 꽤 차이가 나는군요. 그렇죠?

내 3: 네, 이젠 지옥이 없다는 생각을 굳힐 정도예요.

치 3: 만약에 지옥이 없다면, 장차 지옥에 갈까 봐 걱정할 필요가 없겠지요?

내 4: 그래요.

치 4: 그래서 그 사람들이 꼭 옳을 수만은 없다는 것을 당신은 알고 있지 않습니까? 당신 논리가 참 좋습니다. 그들이 꼭 옳은 수만은 없지요. 사실대로 말하자면, 그들은 모두 다 틀린지도 모릅니다.

내 5: 그 사람들이 다 옳은 것은 아니예요.

치 5: 아마 지옥이란 없을 것 같지 않습니까?

내 6: 네, 그럴 것 같아요.

치 6: 그렇게 된다면 당신이 지옥에 떨어질까 봐 걱정하는 것은 부질없는 짓이지 않습니까?

내 7: 네, 지옥이 없다고 믿을 수만 있다면, 지옥에 대한 공포도 저에게 생기지 않을 것 같아요.

치 7: 그리고 당신 자신에게 그 이상 더 벌줄 필요도 없고, 당신을 검정과 은색의 혁대로 때려 줄 사내들을 돈 주고 살 필요도 없겠지요.

내 8: 그래요. 이번 2~3일 동안 지옥에 대한 생각에서 벗어나 거의 자유롭게 느껴 본 경험을 했어요. 그리고 처벌받고 싶은 욕망도 느끼지 못했어요.

치 8: 정말 축하합니다. 그렇게 되기까지 길고 힘든 길을 걸어 왔었지요?

더 이상 지옥도 필요 없고, 매질도 필요 없고, 자기 형벌도 필요 없다는 것을 알게 되니까, 굉장한 해방감을 느끼지요?

내 9: 정말 그래요.

치 9: 그리고 당신은 길거리가 금으로 포장되었든 말든 간에, 또 불이 나서 빨갛게 타고 있거나 말거나 걱정할 필요가 없어요. 또 무엇이든지 기독교 신자가 이것은 신앙이니 꼭 믿어야 한다고 당신에게 강요하는 그런 전제들에 속박되지 않고서도 너끈히 잘 살아 갈 수가 있는 것입니다.

내 10: 네. 만일 우리가 맹목적인 신앙만 무조건 믿도록 되어 있다면, 어떻게 해서 신은 우리에게 질문을 하는 마음을 줄 수가 있겠어요? 선생님, 신은 사람들에게 사실을 탐구할 수 있는 그런 마음을 주어 놓고서는, 그런 사실을 신앙상 용납할 수 없을 때는 엉망으로 찌그러뜨려 버려요.

하나님이 진실로 우리가 마음을 쓰는 것을 원하지 않는다면, 왜 우리에게 마음을 주셨을까요?

치 10: 어쩌면 신이 우리에게 아무것도 주지 않았는지도 모르지요. 어쩌면 이 모든 이야기가

다 꾸며진 것일지도 모릅니다. 당신은 창세기의 이야기를 생각해 본 적이, 있습니까? 신은 에덴동산에 서서 '선악과(善惡果) 나무의 열매를 따먹지 말라.'고 말했어야 하는 겁니다. 사람들이 열매를 따먹어 버린 것을 보고서야, '아담아, 어디 있느냐?'라고 물었지요. 신은 전지전능해야 하지 않습니까? 신은 모든 사람들이 어디 있는지를 알지 못하는 겁니까? 어떻게 '아담아, 어디 있느냐?' 하고 신이 물을 수가 있습니까?

내 11: 신은 아담이 걸어 나와 신 앞에 서서 고통받기를 원하니까요.

그리고 어째서 모든 종교가 제일 먼저 공격하는 것은 섹스일까요?

전 성적(性的)으로 무능할까 봐 걱정이에요.

치 11: 당신은 자기에게 당치도 않은 별의 별 이야기를 중얼거리고 있지 않습니까? 만일 당신이 스스로에게 '나는 성관계에서 실패할 것 같아.'라고 독백하면서, 자기는 '실패자'라고 확신하는 것이 최선의 길이라는 겁니까? 그러니까 당신이 말한 대로, '그이는 나를 좋아하지 않을 거야.'라고 말을 하니까 당신이 말한 대로 이루어지는 것입니다. 이와 반대로, '난 가능한 한 최선을 다할 테다. 이 문제에 대해서만은 합리적이고 사리에 맞게 생각하려고 노력할 테다.'라고 독백한다면, 오히려 그것이 더 건강한 태도가 아니겠습니까?

내 12: 네. 그렇겠어요.

치 12: 만일 당신이 '신은 이것을 좋아할까, 이런 행동을 좋아할까? 아니면 저런 행동을 좋아할까?'라고 자문한다면, 그것이야말로 진짜 당신을 혼란시키는 것입니다.

내 13: 맞아요.

치 13: 그 대신에 당신이 취한 행동의 결과를 미루어 볼 때 당신에게 미칠 효과가 어떤 것인지를 고려해 보는 일에 집중하십시오. 그리고 신이 생명록의 책 속에 당신의 행위를 기록해 두는지, 혹은 신이 당신의 어깨너머로 당신을 내려다보고 있는지 등등은 다 잊어버리게 된다면 어떨까요? 그렇게 된다면 사실상 신의 보복이라는 생각은 해로운 생각이지 않겠습니까?

내 14: 그래요.

치료자는 내담자의 기본적인 종교 사상 몇 가지를 직접적으로 논박하면서 의문을 제기하고 있다. 그래서 그녀의 관념을 경험적으로, 또 논리적으로 분석해 보면, 전혀 논리에 맞지 않다는 것을 치료자가 보여 주려고 하였다. 또한 그녀가 엉성한 사상을 고집하게 되면, 그녀 자신에게 해가 된다는 것도 치료자가 이해시키고 있다.

　　그녀는 성격상 고지식하고 독자적인 판단 능력이 없으며, 몹시 귀가 얇아서 암시에 잘 좌우되고, 현실 지각(現實 知覺)이 빈약하기 때문이다.

　　치료자는 또 그녀의 성에 관한 태도에 의문을 제기하였다. 그리하여 그런 태도가 그녀의 왜곡되고 편협한 종교적 전제와 얼마나 밀접하게 관련되어 있는가를 보여 주려고 노력하고 있다.

치 14: 그리고 성관계를 갖는 데 대해서 당신 자신을 벌주는 점을 어떻게 생각합니까? 이제 우리가 그 문제를 살펴보기로 할까요? 과거에 당신이 취해 온 행동에 비추어 보자면, 매를 맞고 난 다음에 성관계를 갖거나 오르가즘을 경험하는 것은 괜찮다고 생각하는 모양입니다.

내 15: 네. 그러면 괜찮게 되죠.

치 15: 어떻게 괜찮게 되지요?

내 16: 내가 하고 있는 나쁜 짓에 대한 대가를 지불했으니까요.

치 16: 그래서 당신은 미리서 벌을 받음으로써 나쁜 행위인 섹스에 대한 대가를 치른다는 말이군요.

내 17: 맞아요.

치 17: 그건 마치 어린 꼬마가, '난 넘어가면 안 된다고 하는 담장을 기어이 넘어갈 테야. 그러니까 날 먼저 때려 주세요. 나는 먼저 매를 맞고 난 다음에, 안심하고 담장을 넘어가서 즐겁게 놀 거예요.'라고 말하는 것과 같지 않습니까?

내 18: 네.

치 18: 그런데 내가 말하는 요점은, 만일 당신이 담장을 넘어가서 노는 것이 정말로 괜찮다고 생각한다면, 당신은 굳이 처벌을 받을 필요가 없다는 것입니다.

내 19: 그래요.

치 19: 그와 같은 이치를 당신의 경우에도 적용할 수 있겠습니까? 다시 말해서, 기분 좋은 성관
계를 즐기기 위해서 검정과 은색의 혁대로 당신 자신을 벌줄 필요는 없다는 것이지요.

내 20: 잘 모르겠어요.

치 20: 지난번 당신이 내게 놓고 간 편지를 보자면, 당신은 기분이 좋지 않을 때마다 신께 찾
아가 신과 이야기를 하고 나면 기분이 좋아진다고 했습니다. 당신은 벌을 받아야 한다
고 가정하고 있습니다. 성행위란 나쁜 것이니까요. 그래서 먼저 당신 자신을 벌주고 나
서 성관계를 갖지요. 그런데 '섹스란 나쁜 것이니까 당신 자신을 벌주어야 한다.'는 그
런 가정에 대해서 처음부터 일단 의심을 던져 보면 어떻겠습니까? 사실상 섹스가 나쁜
것이 아니라면, 섹스를 하는 것에 대해서 당신 자신을 처벌할 필요가 전혀 없지 않겠습
니까?

내 21: 하지만 성경에서는 미혼자의 성관계나 간음 등에 대해서 여러 가지 말들을 하잖아요?

치 21: 우리가 바로 그 점을 의심해 보기로 한 것이 아닙니까?

내 22: 아, 그래요.

치 22: 당신은 이 편지에서 신께 나아가 대화를 한다는 생각이 무언가 잘못되었다고 했군요.
처음에는 당신을 기분 나쁘게 만들어 놓고 나중에 가서야 기분 좋게 만들어 놓는 것이
과연 신이라면, 그건 참된 신이 아니라는 뜻입니까?

내 23: 네.

치 23: 당신은 '섹스는 나쁘다고 하나님은 말씀하신다.'라고 썼습니다. 그러니까 성관계에 빠
지는 사람은 누구든지 처벌을 받아야 한다는 말이지요. 그러고는 또 '좋아, 내 자신을
먼저 벌주고 나서 약간 섹스를 즐길 테야.'(신의 생명록 장부에서 평형을 유지할 테니
까)라고 썼군요.

내 24: 네.

치 24: 당신이 추호도 의심하지 않고 무조건 받아들인 그런 가정에 대해서 일단은 의문을 제
기해야 할 필요가 있습니다. 즉, 섹스란 나쁘고, 하느님은 섹스를 반대한다는 가정 말

입니다. 섹스란 사실상 아주 자연스럽고 정상적인 것이어서, 당신이 걱정할 하등의 필요가 없는 것입니다.

내 25: 네. 교회에서는 자위행위마저도 나쁘다고 생각하거든요.

치 25: 자위행위가 나쁘다고 생각하십니까?

내 26: 제가 배우기로는 자위행위가 나쁘다는 거였어요. 신은 우리에게 성적인 정서와 감정을 주었습니다. 그리고 나서는 '네가 성적으로 무슨 짓을 하면 그건 나쁘다.'는 거예요. 도대체 이치에 맞지도 않아요. 신이 애당초 그런 걸 먼저 주었으니까요.

치 26: 그렇죠. 당신에게 호기심이나 어떤 마음을 주고 나서는, '선악과를 따먹지 말라!'라고 말한 것과 같지 않습니까?

내 27: 예. 그리고 바울은 여자를 멸시했어요.

치 27: 그렇습니다. 성경 속에서 아마 사도 바울만큼 기독교 신자를 많이 감화시킨 사람은 없었겠지요. 그렇지만 그는 많은 기독교 신자들이 여자란 나쁜 종족이라고 믿도록 영향을 끼치지 않았습니까? 그런데도 우리 문화에서 우리들의 사상이 기독교에 기초를 두고 있는 것이 굉장히 많아요. 그래서 여성을 이등 시민(二等 市民)으로 취급하지요. 이게 모두 사도 바울 때문입니다. 그것은 상당히 병적이지 않습니까?
우리가 여성을 어떻게 대할 것인가를 알아보고 싶다면, 여성을 무시하는 견해를 가지고 있는 바울 같은 남자에게는 결단코 물어보지 말아야 하겠지요.

내 28: 정말 그래요.

치 28: 적어도 우리는 여성을 남성과 동등한 가치있는 인간으로 취급해야 합니다. 여성을 징이나 북처럼 두들겨 패서는 안 됩니다. 그런데도 당신은 '나는 성관계를 갖기 전에 먼저 두들겨 맞아야 한다. 벌을 받아야 한다.'는 식의 인생관을 가지고 있습니다. 그것은 일종의 왜곡되고 병적인 생각이지요. 그것은 시대적으로 거슬러 올라가자면, 사도 바울의 사상에까지 소급되는 내용이 아니겠습니까?

내 29: 네, 그런 것 같아요.

치 29: 당신은 바울이 그 옛날에 믿고 있었던 것과 똑같은 사상을 지니고 있습니다. 그러면서도 방금 당신은 바울이 일종의 병적인 사람이라는 말을 하고 있습니다. 어쩐지 좀 모순

되지 않습니까?

내 30: 아, 그러네요.

치 30: 아마도 우리는 여성과 처벌과 섹스와 결혼에 대해서만은 사도 바울의 신념을 미련없이 버리는 것이 좋을 것 같습니다. 그리고 당신 자신을 위해서 과연 당신이 어떤 인생관을 택하고 싶은가를 결정하는 것이 좋습니다.

사도 바울의 결혼관은 꽤 병적이지 않습니까?

내 31: 네.

치료자는 그녀가 가지고 있는 자기형벌적인 종교관을 알아차리도록 가차없이 몰고 갔다. 그리고 그녀가 기독교적인 철학 중에서 성에 대한 금기가 강한 것은, 십중팔구는 사도 바울의 성에 대한 태도에서 직접적으로 비롯되었을 것이라고 지적하고 있다. REBT에서는 내담자가 개인주의적인 동시에 또한 사회적인 태도로 살아야 한다는 점을 충분히 인식하고 있다. 그래서 '개인성-집단성'을 성취하도록 돕고 있다. 내담자가 사회적으로 지나치게 동조하다 보면 자기의 개인성이 희생된다. REBT 치료자는 내담자가 집단의 가치에 동조하기보다는, 자기의 주체성을 찾는 일을 강조한다.

치 31: 그래, 당신 마음 속에 무엇이 들어 있는지 알아냈습니까?

내 32: 바울이 어느 대목에선가 말씀하셨는데, 만일 네가 자위행위를 하면 너는 신이 비난하는 마음을 지니게 된다는 거예요. 전 생각해 봤어요. 글쎄, '이거 어떡하나!' 저는 자위행위를 하거든요. 빌어먹을, 도대체 '신이 비난한다.'는 건 무슨 뜻이지요?

치 32: 그래서 다시 한번 악순환이 반복되는 것 아닙니까?

내 33: 제 마음은 부패하고 영영 틀려먹었고 타락하고 저주받았다는 뜻이에요.

치 33: 그렇지만 당신은 타락하지도 않았고, 신의 비난을 받지도 않았고, 또 무엇이든지 다 나쁜 것이 아닙니다. 왜냐하면 그와 같이 생각하게 된 기본 전제를 다시 한번 우리가 의심해 볼 수 있으니까요.

내 34: 네.

치 34: 숙제를 주겠습니다. 당신이 이 편지를 쓴 것처럼 글을 좀 써 보십시오. 왜 당신이 죄의
식을 느끼는지, 왜 당신 자신을 벌해야 한다고 생각하는지를 써 보십시오. 그리고 나서
죄의식을 느끼도록 하고, 벌을 받아야 한다고 느끼도록 만드는 기본 태도나 전제들을
검토하고 의심해 보십시오. 이런 글을 써 보게 되면, 우리 둘이서 이 문제를 확실히 짚
고 넘어가는 데에 상당한 도움이 될 거라고 봅니다.

당신의 인생관, 즉 기본적으로 기독교적인 인생관 다음에 일어나는 생각이 무엇인지요?
즉, 당신은 나쁜 여자니까 벌을 받아야 한다든가. 성관계를 가졌으니까 벌을 받아야 한다
든가. 또 당신은 성적인 상상만 해도 벌을 받아야 한다고 말한 것으로 기억하는데요.

내 35: 네, 맞아요.

치 35: 예수께서 말씀하시기를, '생각은 행위와 똑같이 나쁘니라.'라고 하였던 것 같지요?

내 36: 아, 네, 왜냐하면……

치 36: 그게 또 하나의 해로운 생각이지 않습니까?

내 37: 네, 바로 그거예요.

치 37: 그러니까 당신은 은행을 턴다는 것은 감히 생각조차 해 볼 수가 없군요. 혹은 제과점
앞을 지나치면서, 제과점 유리창 너머로 보이는 초콜릿 과자를 한번 먹어 봤으면 하는
생각조차 할 수가 없군요. 우리는 모두가 다 죄인(罪人)이라는 것이지요? 그건 참으로
서글픈 사고방식이 아닙니까?

내 38: 네, 일종의 해로운 생각이에요. 누구나 머릿속에서 이런저런 생각을 해 보는 것이 잘못
은 아니니까요. 그렇지만 예수는 어떤 생각을 하는 것조차도 나쁘다고 말했거든요.

치 38: 비록 당신이 길거리를 걸으면서 한번쯤은 도둑질하는 것을 생각해 보기는 하지만, 실
제로는 아무것도 훔치지 않는다면, 난 당신이 정말로 형편없는 인간이라고는 보지 않
습니다. 암, 그렇고 말고요. 당신은 기혼 남성이 길거리를 걸으면서 멋진 여자가 걸어
가는 것을 눈여겨본다는 걸 생각해 본 적이 있습니까? '저기 참 예쁜 여자가 있네.'라
는 생각이 그 남자에게 일어난다면, 그건 정말 자연스럽고 정상적이고 건강한 것이 아
닙니까?

내 39: 그렇군요.

치 39: 예수가 '마음속으로 여자에 대한 탐심이 일어나는 것도 또한 간음한 것과 같다.'라고
말씀하신 것만은 사실이지요. 그러나 내가 말하고자 하는 것은, 그게 사실은 도가 지나
친 말이라는 것입니다. 예수가 그처럼 부정적으로만 해석했다는 점을 나는 섭섭하게
생각합니다. 당신에게 어떤 생각이 떠오를 때마다, 비록 그 생각이 자연스럽고 정상적
이고 건강한 생각이라 할지라도, 당신은 책망받아 마땅하고 처벌받아야 한다고 생각하
는 것은, 정신적으로 매우 건강하지 못한 것입니다.

내 40: 아, 참! 그렇다면 어째서 정반대의 말은 성립되지 않는다는 거지요? '만일 네가 무언가
좋은 것을 생각하면, 넌 이미 좋은 일을 했다.'라고요.

치 40: 그것도 또한 말이 안 되지 않습니까? 내가 백만 불을 자선금으로 희사한다는 생각을
하고서, 실제로는 그렇게 많은 돈을 희사를 하지 못했는데도, 선행록(善行錄)에 내 이
름이 기재되는 겁니까?

내 41: 아니요.

치 41: 맞았어요. 그것만 봐도 당신이 고지식하게 어떤 생각이 절대적으로 옳다고 믿는 것이
얼마나 어리석은가를 보여 주지 않습니까?

내 42: 음. 그러네요.

치 42: 반드시 그렇다고 단정하기는 곤란하지만, 어떻게 보면 여기서 예수는 모든 악(惡)한 생
각에 대해서는 당신을 속박해 놓고서, 정작 선(善)한 생각에 대해서는 점수를 주지 않
는군요. 그런 규칙 속에서 당신이 승리할 수는 없지 않습니까?

내 43: 그래요. 나는 이길 수가 없어요.

치 43: 또 한 가지는, 그런 규칙이나 체제에서 벗어나야 한다는 정당한 이유가 바로 거기에
있는 것입니다. 그런 모순이 있다면, 그런 제도는 내동댕이쳐야 하는 것이지요. 이 말
에 이해가 갑니까?

내 44: 네.

치 44: 당신이 어떤 책을 읽고 나서는 그 책에서 주장하는 것과 당신 자신의 인생관을 비교해
보고 생각해 본다면 어떨까요? 틀림없이 엄격한 기독교관보다는 더 나은 인생관에 도

달할 수 있지 않을까요?

내 45: 글쎄요. 그러네요.

치 45: '뾰쪽한 핀 끝에서 얼마나 많은 천사들이 춤을 출 수 있는가?' 하는 문제를 놓고 우리
는 끝도 없이 토론을 벌일 수 있습니다. 그런데 천사들의 크기가 얼마나 되는지를 알
수가 없으니까 그 문제를 해결할 방도가 없지 않습니까? 그런데도 기독교 신자들은 그
와 같은 종류의 문제를 가지고 끝없이 토론을 벌여 왔다는 사실을 아십니까?

그래서 내가 말하는 것은 이러한 문제는 애써 해결해야 할 하등의 필요가 없다는 거지
요. 논리에 어긋나는 교리 따위는 다 내동댕이쳐 버리십시오.

내 46: 저도 그런 교리가 중요하다고는 생각하지 않아요.

성을 죄악시하는 기독교적인 철학이 그야말로 자가당착적이며 비실용적
이며 부조리한 것이라는 점을 아드 박사는 극단적인 예를 교묘하게 들어가면
서 내담자에게 알려 주고 있다. 그는 그녀의 사상이 얼마나 공론적이고 단정
적인가를 지적하고 있다. 그래서 그 자신의 가치체계에서 벗어나 좀 더 넓고
객관적인 안목으로 헤아려 볼 것과, 그녀의 융통성 없는 가치체계를 전적으
로 파기해 버리는 것이 좋다고 권고하고 있다.

치 46: 또 당신이 자위를 하거나 간음을 하는 것이 죽음에 이르는 죄이며 용서할 수 없는 죄인
지에 대해서도 생각해 보십시오. 그리고 당신이 어떤 상상을 하는가를 하나님이 일일이
눈여겨보고 있는지에 대해서도 똑같은 원리를 적용할 수 있다는 것입니다. 이제 이 모
든 것들을 쓰레기통에 집어넣어 버리도록 합시다. 그러므로 당신은 그 이상 더 걱정하
지 마십시오. 그렇게 되면 당신은 행복하고 건강한 삶을 살 수 있게 됩니다. 그렇게 된
다 하더라도 당신이 의도적으로 어떤 사람에게 피해를 주지는 않을 거예요.

그래서 당신이 스스로를 벌하려고 하는 그런 신경증적인 욕구에서 벗어날 수만 있다
면, 그때는 면도날을 가지고 다닐 필요가 없다는 거지요.

내 47: 네, 그러네요.

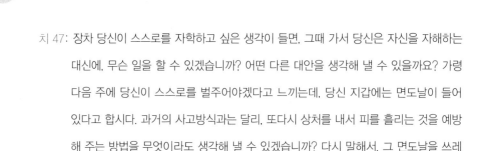

치 47: 장차 당신이 스스로를 자학하고 싶은 생각이 들면, 그때 가서 당신은 자신을 자해하는 대신에, 무슨 일을 할 수 있겠습니까? 어떤 다른 대안을 생각해 낼 수 있을까요? 가령 다음 주에 당신이 스스로를 벌주어야겠다고 느끼는데, 당신 지갑에는 면도날이 들어 있다고 합시다. 과거의 사고방식과는 달리, 또다시 상처를 내서 피를 흘리는 것을 예방해 주는 방법을 무엇이라도 생각해 낼 수 있겠습니까? 다시 말해서, 그 면도날을 쓰레기통에 내동댕이쳐 버릴 만한 생각을 짜낼 수 있겠습니까?

내 48: 이젠 더 이상 고통 당할 필요가 없을 거라는 생각이에요.

치 48: 그래요. 이젠 더 이상 고통스러워할 필요가 없습니다. 어쩌면 앞으로는 영원히 고통 당할 필요가 없을 겁니다.

그녀가 죄의식과 자해하고 싶은 충동에 이르게 되는 것은, '내가 그런 과오를 범하다니 얼마나 끔찍한 짓이냐! 그런 짓을 해서는 결코 안 되는데! 내가 그런 짓을 하다니 나는 얼마나 벌레 같은 존재인가? 내 자신을 저주하고 징벌해야겠다!'라는 식의 비합리적인 신념(iB)을 스스로에게 다짐하기 때문이다.

이제 그녀는 치료자의 도움을 받아서 자기의 비합리적인 생각을 논박(D)해 볼 수 있다. 즉, '내가 그런 실수를 했다고 하는 것이 왜 끔찍스러운 것인가? 내가 실수해서는 안 된다는 증거는 어디에 있는가? 설령 내가 그런 실수를 하는 것이 잘못이기는 하지만, 그릇된 짓을 한다고 해서 왜 내가 벌레 같은 존재인가? 나쁜 짓을 한 것에 대해서 내가 자신을 저주하고 처벌해야 한다는 이유는 무엇인가?' 이런 식으로 스스로 도전해 보는 것이다.

그녀가 자기 생각의 타당성에 대해서도 따져 보고 나서 다음과 같은 생각을 갖게 된다면, 그녀의 불안은 훨씬 더 줄어들고 죄의식을 덜 느끼며, 자기 징벌도 줄어들게 될 것이다.

• 내가 과오를 범하는 것은 끔찍스러운 것이 아니고, 다만 불편하고 불운한 것이다.

- 내가 실수를 해서는 안 된다는 법도 없다.
- 설령 내가 아주 처신을 잘하지 못하더라도, 내가 형편없는 인간이거나 가치 없는 인간은 결코 아니다.
- 나의 과오를 수용하면서 장차 개선하려고 노력하면 된다. 나의 행동이 제아무리 가증스럽다 하더라도, 자신을 저주하고 징벌할 이유는 없다.

치 49 : 당신이 성경을 비판적으로 읽을 수만 있다면 좋겠습니다. 성경을 일단은 의심해 보면서 읽어 가는 것이 좋습니다. 다른 책을 읽을 때와 똑같이 '예수가 무슨 말을 했지? 그가 말한 의미는 무엇이지? 그게 사실인가? 그래서 어쨌다는 건가?'라고 반문하십시오.

내 49 : 그래요. 마태복음을 볼 것 같으면 예수는 바보 같은 짓을 했어요. 예수는 무화과 나무가 열매를 맺지 않은 것을 보고, 그 나무를 저주했거든요. 그런데 그때는 무화과 나무가 결실할 계절이 아니었어요. 그러니까 예수는 그 불쌍한 나무를 결실할 철도 아닌 시기에 저주한 것입니다.

치 50 : 그건 예수 쪽에서 바보 같은 짓을 한 것이지요.

내 50 : 네. 그리고 마귀 새끼들을 돼지 무리 속으로 내쫓았을 때도요, 돼지치기들이 예수를 얼마나 욕했을까요? 글쎄요. 나 같아도 그랬을 거예요. 선생님. 그 돼지 떼가 그들의 전 재산이었거든요. 그런데 그들의 가축을 예수는 다 망쳐 버렸거든요.

치 51 : 그리고 그것도 돼지의 잘못은 아니지 않습니까?

내 51 : 그럼요. 전 그게 이기적인 처사였다고 생각해요. 예수는 웬일인지 그때만은 다른 사람들의 생계를 파괴했으니까요.

치 52 : 맞습니다. 그러니까 당신은 성경이나 기타 어떤 책이든지 비판해 보는 태도를 가지고 독서를 하십시오.

내 52 : 네. 그런데 사람들은 30,000년 이상 된 인간의 뼈를 발견했다고 했어요.

치 53 : 성경에서는 세계의 역사가 4,000년 내지 6,000년밖에 되지 않는다고 말했는데도 말입니까?

내 53 : 네.

치 54: 어떤 기독교 신자가 그 문제에 대해서 대답하는 걸 들은 적이 있습니다. 그는 말하기를, 악마가 우리를 혼란시키기 위해서 그런 뼈를 묻어 두었을 것이라는 겁니다.

그러니까 당신은 이제 너무 경직된 기독교적 관점에 대해서 더 이상 신경쓰지 말아야 한다는 확신을 갖게 될 겁니다. 그러면 더 이상 자해하려고 신경 쓸 필요가 없지 않습니까?

내 54: 아아! 악마가 우리를 혼란시키기 위해서 그 뼈를 묻어 두었다! 그럼 악마는 애당초 그 뼈를 어떻게 만들었을까요?

치 55: 그건 핀 끝에서 춤춘다는 천사의 이야기와 같지 않습니까? 그건 핵심이 없는 이야기이니까 논의할 가치조차 없지요.

내 55: 그래요. 길거리에서는 사람들이 굶어 죽어 가고 있어요. 그런데 그들은 핀 끝에서 얼마나 많은 천사들이 춤을 출 수 있는가를 알아내려고 시간만 낭비하고 있거든요.

여기서 그녀는 세속적이고 독단적인 신념을 바꾸어서, 좀 더 개인주의적이고 개방적인 태도로 대체시키는 일을 성공적으로 수행한 것으로 보인다.

그녀가 아드 박사로부터 10회기의 치료를 받고 나서 혜택을 받은 것만은 틀림없다. 여기에 제시된 자료를 보자면, 처음에는 거의 가망성이 없게 보이는 사람에게까지도 REBT는 도움을 줄 수 있다. 아드 박사는 능동적이고 직접적인 방식으로 내담자의 사고방식을 유연하게 바꾸도록 도와준 것으로 보인다. 그 결과, 이 내담자가 단기간에 상당한 진보를 맛보게 하였다.

상담사례 2:
동성연애자로 고착될까 봐
두려워하는 젊은 남자

−앨버트 엘리스(Albert Ellis, Ph.D.)−

이 사례에서 엘리스는 비합리적 상념인 '재앙적 사고'(큰일 났다, 끔찍하다, 나는 망조다)와 '인간 비하적 사고'(나는 무가치한 존재다, 쓰레기다)를 강력하고 신랄하게 논박하는 방법을 보여 주고 있다.

세상은 많이 변했다. 지금 미국은 동성애를 합법적으로 인정하는 국가가 되었다. 엘리스가 이 사례의 내담자를 치료할 당시에는 있을 수 없는 일이다. 성적인 선호 경향성으로 성인 남녀를 크게 분류하자면 이성애자와 동성애자가 있다. 그리고 양성애적인 관심을 가지는 부류도 있을 수 있다고 하겠다. 참고로 양성애자의 행위는 배우자에게 심리적으로나 신체적으로 커다란 해악을 끼치게 된다. 그래서 양자 중의 하나를 선택하고, 이것을 배우자에게 그리고 주변인들에게 확실하게 말해 주어야 한다. 이것이 공표, 곧 커밍아웃(coming out)이고 '윤리'다.

이 사례의 내담자는 양성애적 관심이 있는 사람이 아니다. 과거에 몇 차례의 동성애적 경험을 하였으나 그 뒤로는 마음에 드는 여성을 만나 사랑을 나누고 결혼하고 싶은 마음이 강하다. 다만 혹시나 자기가 옛날처럼 동성애로 돌아가지 않을까, 그래서 애인과의 관계가 깨지게 되고 영영 동성애자가 되는 것은 아닐까 하는 걱정에 사로잡혀 있다.

내담자가 끊임없이 그런 상념을 반추하다 보니 동성애자가 될까 봐 걱정했던 것이 이제는 공포로 굳어졌다. 그 결과로 자기가 만약 동성애자가 된다면 자기 인생은 망조이고, 자기는 쓰레기같이 형편없는 존재라고 믿게 되었다.

엘리스는 그런 생각이 스스로에게 해로운 것으로서 비합리적이라는 점을 지적하고 그 문제에 대하여 강력하게 논박하였다. 그가 내담자에게 영향력을 주기 위해서 사용한 방법은 신랄한 냉소적인 유머다.

'나는 형편없는 사람이다.'라는 인간 비하적인 생각은 어처구니없이 잘못된 관념이라는 점을 지적하면서, 그것은 '똥자루'(shit) 같은 개똥철학이라고 논박하였다. 그리고 '내가 동성애자가 된다면 내 인생은 망조다. 큰일 났다.'라는 생각에 사로잡혀 있기 때문에 극심한 불안을 느끼는 것인데, 엘리스는 불안의 밑바닥에는 '나는 동성애자가 되어서는 절대로 안 된다.'라고 하는 당위적(강요적) 사고가 깔려 있다고 보았다. 그리고 그것은 '무슨 일이 있어도, 절대적으로 나는 이성애자임에 틀림없다.'라는 보증(guarantee)이 필요하다는 의미라고 하였다. 이것이 강요적인(demanding) 사고다.

이런 강요적인 사고는 불안을 창출한다. 그러므로 '내가 진심으로 이성애자가 되기를 원한다.'(I wish, I want)라는 태도로 바꾸게 되면 심각한 불안과 집착된 관념에서 떠나 비교적 자유롭게 된다. '최악의 경우에 내가 어쩔 수 없이 동성애자로 전락하게 된다면, 제기랄, 내 인생은 참으로 힘들고 막막하구나. 개엿같아.'(It's tough)라고 생각하라는 것이다. 그래서 '개똥철학'(shithood) 또는 '개엿철학'(toughshit)으로 바꾸어 자기독백하게 되면 불안장애를 탈피할 수 있다는 것이다.

엘리스가 이렇게 다소 야비한 유머로써 내담자의 신념을 논박하는 것은 내담자가 고정관념에서 탈피하도록 도와주기 위한 하나의 방편이다.

다음부터는 엘리스가 논평한 글이다.

이 사례는 상업 미술가인 남자(26세)의 것이다. 그는 대학을 졸업하였고, 직장생활도 잘하고 있으며, 사귀는 여성도 있고 그녀와는 성관계나 다른 관계가 아주 만족스러웠다. 그럼에도 불구하고 그는 동성연애자가 될까 봐 몹시 두려워하며, 자기가 혹시 동성애자로 전락하지 않을까 하는 생각에 사로잡혀 있었다.

치 1: 그러니까 당신 말은 '만일 내가 동성애자가 된다면 어떻게 하지?'라는 거지요? 그래서 요?

내 1: 잘 모르겠습니다. 그 문제로 정말 고민하고 있습니다. 이제는 거의 매일 그 문제를 골똘히 생각하게 되어요. 평소에도 매사에 저는 의심이 많은 것이 사실입니다.

치 2: 좋아요. 그러나 방금 말한 문제로 되돌아가 봅시다. '만일 내가 동성애자라면, 그게 어쨌 단 말이지요?'

내 2: 그렇게 되면, 짐승만도 못하죠.

치 2: 그래요. 당신은 분명코 '나는 나쁘다.'라고 말하겠지요. 그리고 '만일 내가 동성애자라면, 나는 개똥같은 놈밖에 되지 못한다.'라는 말이지요.

내 3: 그건 사실입니다.

그런 두려움 때문에 실제로 우울해지는데요, 왜 그런지는 모르겠습니다.

치 3: 가령 도둑질을 예로 들어 봅시다. 당신은 어떤 것을 훔치지는 않았지만, 어떤 것을 훔치는 일을 생각한다고 합시다. 그리고 당신은 '만일 내가 도둑질을 한다면, 나는 똥자루와 같다.'라고 말할 겁니다. 바로 그것을 상상해 보십시오.

'만일 내가 도둑질을 한다면, 나는 개똥같은 자식이다.'라고 당신이 믿는다면, 당신은 이 생각을 가끔씩 할까요? 아니면 자주 할까요?

내 4: 자주 그런 생각을 하겠지요.

치 4: 그렇죠! '만일 XX, XX한 일이 일어난다면, 나는 개똥만도 못한 놈이 될 것이다.'라고 말을 하자마자, 당신은 그런 생각에 강박적으로 사로잡힐 겁니다. 그리고 당신이 동성애자가 되는 것에 대한 생각에 사로잡히게 된 이유도 '만일 내가 동성애자가 된다면 나는 똥자루다.'라고 하는 멍텅구리 같은 신념 때문이지요. 만일 당신이 동성애자가 된다면 왜 당신이 똥자루가 되는 것입니까? 당신이 여자들과 완전히 손을 끊고 사내들하고 성행위를 했다고 가정합시다. 자, 왜 당신이 똥자루가 됩니까?

잠시 그것을 생각해 보세요.

내 5: (침묵) 제가 한 가지 말씀드릴 게 있는데요. 저는 집단치료를 받은 적이 있습니다. 6개월
전에 정신병원에 들어갔거든요.

5회기 면담 때 의사 선생님이 말씀하셨습니다. '분명히 당신은 이성교제자입니다. 걱정
마십시오.'라고요. 그리고 '당신의 유일한 문제는 사람들과 어울리는 것입니다.'라고 했
어요. 그래서 그는 나를 집단치료에 넣어 주었습니다. 그리고 또 개인치료도 받았지요.

치 5: 그 의사를 오랫동안 만나 봤나요? 집단치료에도 계속 참석했습니까?

내 6: 나는 집단치료에도 계속 참여했습니다. 나에게 집단치료가 필요하다고는 정말로 생각
하지 않았습니다. 내가 친구를 사귀기가 힘들다는 것은 맞는 말이지만요. 저는 처음에
사람을 사귀기가 어렵지만, 일단 친구를 사귀면 우정이 아주 오랫동안 지속됩니다.

선생님, 저는 '넌 동성연애자가 될지도 모른다.'는 생각에 사로잡혀 있습니다. 꼭 그럴
것만 같은 공포에 사로잡혀 있습니다.

치 6: 그래요. 첫 번째 사실은 옳은 말입니다. 당신은 동성연애자가 아닙니다. 당신은 동성애
자가 될 수도 있었지만, 그렇게는 안 됐어요. 그러나 그 의사는 당신 마음이 왜 갈팡질
팡하는지를 설명해 주지 못했습니다.

내 7: 그래요. 그래서 제가 여기에 온 것입니다.

치 7: 나는 5,000가지의 생각에 사로잡혀 있는 사람들을 보았습니다. 그러나 각각의 경우에
서, 내가 그것을 철저히 추적해 보면, 한결같이 그들은 '만일 내가 XX한다면'이라고
말하고 있어요. 한 예로 '만일 내가 일어서서 대중 앞에서 연설을 하다가 체면을 잃게
된다면, 나는 똥자루다. 나는 똥집 막대기가 될 거야.' 또 '만일 내가 학교에서 공부에
실패한다면, 나는 똥자루가 될 거야!'라고 하지요. 당신도 동성애에 대해 똑같은 걱정
을 하고 있습니다. '만일 내가 이성교제에 실패하고 동성애자가 된다면, 나는 벌레만
도 못한 놈이다!' 그런 강박적인 생각 때문에 당신은 동성애에 대한 생각에 사로잡혀
있지요.

내 8: 그런 강박관념이 있으니까 자꾸만 내 자신을 송두리째 의심하게 되어요.

치 8: 그건 아니죠. 그것은 당신의 일반적인 강박관념의 일부분에 해당됩니다. 당신의 진짜 강
박관념은, 첫째로 '만일 내가 이성교제와 같은 중대한 일에 실패한다면, 나는 나쁜 놈이

다.' 둘째로 '다른 사람이 나를 좋아하지 않는다면 나는 정말 쓰레기다!'라는 거지요. 그리고 그런 강박관념 밑에 부제(副題)로서 동성연애의 문제를 가지고 고심하고 있는 것입니다. 당신의 일반적인 공포는 아마도 당신이 쓸모없는 인간이라는 생각일 것입니다.

내 9: 예, 그렇습니다.

치 9: 그리고 그런 무가치감은 동성연애의 영역에만 국한되는 것이 아니에요. 동성연애의 문제가 다만 극적이며 현저하게 나타났을 뿐이지요. 당신은 지금 무슨 일에 종사하십니까?

내 10: 저는 상업 미술에서 슈퍼바이저로 일하고 있습니다. 그러나 내 직업이 대단히 좋다는 생각을 해 보지 못했습니다. 그런데도 계속 그 일을 하고 있을 따름이지요.

치 10: 자, 보십시오. '나는 상업 미술의 슈퍼바이저(감사역)다. 그러나 내가 만일 그 일에서 탁월하지 못하다면, 나는 똥자루다!' 당신이 참으로 말하고 싶은 것이 바로 이것이지요?

내 11: (침묵) 저는 제 직업을 계속할 겁니다. 그저 모든 것을 의심하니까요.

치 11: 그래요. 내가 알고 있는 의학 박사 학위 소지자와 저명한 화가나 조각가들 중에 몇몇은 자기 분야에서 명성을 얻었고, 실제로 유능합니다. 그럼에도 불구하고 그들은 아직도 자신이 똥자루와 같다고 생각합니다. 자, 당신은 그들이 왜 그렇게 생각한다고 보십니까?

내 12: (침묵) 그들의 목표가 너무 높단 말이지요?

치 12: 바로 그거죠! 그들은, '나는 성공하고 싶다.'라고 말하지 않습니다. 그들은, '나는 무슨 일이 있어도 기어코 성공해야만 된다. 나는 항상 성공할 거라는 절대적인 보증이 필요하다. 그런데 내가 항상 성공하리라는 가능성은 희박하다. 그러니까 나는 형편없는 사람이다!'라고 말하는 것입니다.

내 13: 그렇다면 그들은 어리석군요.

치 13: 그래요. 당신도 그렇게 믿지 않습니까?

내 14: 예. 그렇습니다

치 14: 이제 문제는, 당신이 그와 같은 헛된 관념을 어떻게 버리느냐 하는 것입니다.

나(엘리스)는 그가 '동성연애자가 된다면 얼마나 끔찍스러운 것일까?' 하는 생각과 '내가 겁쟁이나 무능한 인간이 된다면 얼마나 끔찍할까?' 하는 생각을 고집스럽게 견지하고 있다고 가정하였다. 그래서 그가 하고 있는 짓이 곧 자신을 안절부절하게 만든다는 점을 지적하였다. 그리고 그와 같은 비합리성에 주의를 기울여 보라고 그에게 강력하게 말하였다.

사실상 나는 치료의 시작 부분부터 지나치게 계몽적으로 나아갔다.

내 15: 그러니까, 저는, 저는 그냥 멍청히 앉아 가지고 '무엇이 과연 동성연애인가?'를 밝혀내려고 하는 거지요. 그리고 나서는 또 '무엇이 이성관계인가?'를 밝혀내려고 하는 겁니다. 그런 뒤 '나는 과연 누구인가?'를 밝히려고 합니다. 한 인간으로서 '나는 누구인가?'를 밝혀낸다는 것이 정말 힘이 듭니다.

치 15: 그걸 밝혀내는 방법이 없으니까 힘이 들지요. '내가 만일 전적으로 이성교제만 한다면, 혹은 내가 뛰어난 슈퍼바이저라면, 혹은 내가 TV 탤런트처럼 미남이라면, 나는 좋은 사람이다!'라는 임의적인 정의에 의해서만 당신 자신의 값어치가 증명되는 유일한 길이지요. 그리고 '만일 모든 사람이 정상인데, 나만 비정상이라면 나야말로 나쁜 사람이다.'라는 말이군요. 그런 뜻인가요?

내 16: 예. 바로 그런 뜻입니다.

치 16: 그래, 그렇다고 칩시다. 우선 그렇다고 가정합시다. 100명 중 99명은 정상이라고 합시다. 그렇다고 칩시다. 당신은 웬일인지 여성과는 성관계가 되지 않는다고 억지로 가정해 봅시다. 당신은 100명 중에 유일하게 이성과 성관계가 안 되는 사람이니까 통계적으로 볼 때 비정상이지요. 99명의 사람들은 당신이 할 수 없는 일을 할 수 있기 때문에 그들은 정상이고요. 그렇더라도 왜 당신은 나쁜 놈일까요? 당신이 이성과 성관계를 맺을 수 없는 100명 중의 한 사람에 해당한다면, 왜 나쁜 놈입니까?

내 17: 글쎄요. 고독에 대한 두려움이랄까요?

치 17: 당신이 고독하다고 칩시다. 자, 당신이 고독하다고 해서 왜 꼭 비열한 놈이 됩니까? 우리가 가정한 대로 남들은 이성교제를 잘 하는데, 당신은 잘하지 못한다고 합시다. 자,

왜 당신은 못난 놈입니까?

내 18: 그들이 빠져드는 일에 나는 빠져들지를 못하니까요

치 18: 그건 정의하기 나름이지요. 자, 이왕 말한 김에 정반대의 경우를 가상해 봅시다. 100명 중 99명의 여자들이 당신과 데이트하자고 당신을 불러내고 당신을 만나려고 한다고 칩시다. 자, 그것도 통계적으로는 비정상적이지요. 그렇지 않습니까? 왜 그런 때는 당신이 똥자루가 되지 않을까요? 당신은 아주 희귀한 사람인데요.

내 19: 그래서 제가 정의하기 나름이라는 말씀이군요.

치 19: 그렇죠! '나는 최고로 잘해야 한다. 그러면 나는 괜찮다. 하지만 내가 최고로 나쁘면, 나쁜 쪽으로 쳐서 1/100 인데, 그러면 나는 못된 놈이다!' 그게 당신이 내린 정의입니다. 만일 당신이 똥자루라고 느끼고 싶다면, 당신이 똥자루인 것을 느낄 수가 있어야지요. 그러나 당신이 똥자루라고 단정한다고 해서 진짜로 그렇다는 증명이 됩니까? 그런 정의를 내린다고 해서 그것이 증명이 됩니까? 예를 들어서 당신이 '튜바' 악기라고 합시다. 내가 '튜바' 같은 짓을 하고 돌아다니면서, 나 자신을 '튜바'라고 생각합니다. 그렇지만 그것이 곧 '내가 튜바다.'라는 것을 결코 증명해 줄 길이 없지요. 이와 같이, 만일 당신이 '똥자루'인 것처럼 행동하고 돌아다닌다고 해서 그것으로써 당신은 똥자루라는 것을 증명해 주지는 못하지요. 다만 당신 자신이 자기를 똥자루라고 생각하고 있다는 것을 증명해 줄 뿐입니다. 그게 당신 인생사에 대한 이야기가 아니겠습니까? '만일 내가 적어도 남들만큼 잘하지 못한다면, 아니, 남들보다 월등하지 못하다면, 내 자신을 하등동물로 취급하겠다.'라는 식이지요. 이 말이 맞습니까?

당신은 실제로 100명 중의 한 사람꼴인 동성연애자이고, 나머지 99명은 정상인입니다. 그렇다면 당신은 똥만도 못한 사람입니까?

나머지 99명은 여자들과 성관계를 맺는데, 당신은 유일하게 이성관계를 맺지 못한 사람이라면 왜 정말로 똥자루일까요?

왜 당신은 나쁘고 무가치할까요?

내 20: 제가 못되니까요.

치 20: 무엇이 못됩니까?

내 21: 그 99명 중에 못 끼니까요.

치 21: '내가 그 속에 못 끼고 있다. 나는 꼭 어째야만 하는데…….'

내 22: 그러니까 '나는 꼭 끼어야 하는데…….'

치 22: 왜요? 왜 당신이 꼭 끼어야 하지요?

내 23: 제가 그 속에 끼이지 못하는 사람이니까요.

치 23: 이봐요. 당신이 정말로 동성연애자라면, 죽었다 깨어나도 당신은 동성연애자입니다. 당신이 진실로 동성연애자라면, 왜 꼭 이성연애자가 되어야 하지요? 그건 말이 안 되는군요.

'만일 내가 게이(남성의 동성애자)라면 어떡하지? 사실은 이성교제자가 되는 것이 바람직한 일인데.'라고 하는 것이 건전한 말이 됩니다. 그런데 당신은 '그러니까 나는 이성교제자가 되어야 한다.'라고 해석하고 있습니다. 그게 지금 당신이 하고 있는 짓이 아닙니까?

내 24: 그래도 저는 이성교제자가 되어야 합니다.

치 24: 왜요? 당신은 아직까지 거기에 대한 이유를 대지 못했습니다. '내가 비정상이니까 그건 안 되고, 나는 정상이 되어야 한다.'라고요? 왜 그렇지요?

내 25: 동성연애가 비정상으로 취급되니까요.

치 25: 그래요. 동성연애가 ① 비정상이고, ② 바람직하지 못하다고 인정합시다. 우리가 그렇게 가정했지요. 자, 왜 당신은 반드시, 기어코 정상으로 되어야 합니까? 그렇게 되는 것이 좋게 보여서가 아니라?

내 26: 제가 그걸 원하니까요!

치 26: '그렇게 되기를 원한다.'는 것과 '반드시 그렇게 되어야만 한다.'는 말은 똑같은 말이 아닙니다. 우리들 대부분이 100만 달러는 갖고 싶겠지요. 자, 당신도 100만 달러를 갖고 싶다고 해서, 당신이 꼭 그렇게 되어야 한다는 말이 맞습니까? 아니지요. 당신은 '내가 원하는 것은 반드시 가져야 한다. 나는 무슨 일이 있어도 바람직하게 되어야 한다!'라고 말하고 있습니다. '내가 그렇게 되고 싶다.'가 아니고요. 자, 그게 말이 됩니까?

당신은 당신이 바라는 것(want)을 마치 꼭 그래야만 하는 것으로, 즉 필수적(necessity)

인 사항으로 표현하고 있습니다.

자, 보십시오! '나는 100만 달러를 원한다. 그러므로 나는 무슨 일이 있어도 기어코100만 달러를 가져야 한다. 그리고 내게 100만 달러가 없으면 나는 똥만도 못한 놈이다!' 그와 똑같은 논리로 '나는 정상인이 되고 싶은데, 현재 나는 동성연애자다. 그러므로 나는 똥자루다!'라는 거지요. 자, 앞뒤가 맞는 얘기입니까?

내 27: 앞뒤가 맞지 않네요.

치 27: 그래서 당신 자신이 똥자루라고 생각하는 것은, 당신이 '나는 무슨 일이 있어도 정상적이어야 한다. 그리고 기어코 올바른 짓을 하지 않으면 안 된다. 나는 꼭 그래야 된다!'라는 강요적인 생각을 함으로써 야기되는 것입니다. 그러니까 불안해지는 것은 당연하지요. 만일 당신이 '나는 무슨 일이 있어도 언제든지 적어도 10달러는 호주머니 속에 가지고 있어야 한다.'라고 생각하는데, 만약에 당신에게 그 돈이 없다면 어떻게 될까요? 아마도 당신은 몹시 불안할 것입니다.

내 28: 하나는 요구(demand)하는 말이고, 또 하나는 소원(wish)을 표현하는 말이네요.

치 28: 바로 그렇습니다. 그런데 당신은 모든 소원을 '나는 기어코 훌륭한 미술 슈퍼바이저가 되어야 한다. 나는 절대적으로 정상적인 성관계를 가져야 한다. 나는 반드시 여러 가지 영역에서도 잘해 내야만 한다.'라는 식으로 해석합니다. 이것이 당신이 자나깨나 하고 있는 짓이 아닙니까? 그건 모두가 강요하는 것입니다.

내 29: 그래요. 제가 꼭 그렇습니다. 나의 모든 소원을 요구로 표현하네요.

치 29: 자, 당신이 그렇게 요구하는 방식으로 생각하고, 요구적인 말을 하는데, 어찌 불안하지 않을 수가 있겠습니까?

내 30: 예, 그렇군요.

나는 내담자의 불안은 어떤 목표를 성취하지 못함으로써 비롯된 것이 아니라, 그가 반드시 성취해야만 한다고 스스로 요구함으로써 야기되었다는 것을 그에게 보여 주려고 하였다. 특히 치료 초기에 내가 만일 이 요점 한 가지에 내담자의 주의를 환기시킬 수만 있다면, 이루 헤아릴 수 없이 귀중한 교훈을 그에게 준 것이라고 믿는다. 즉, 자신이 자기의 불안과 고민을 만들어 내는 것이며, 그가 원하는 것은 반드시 가져야 한다거나 절대적으로 필요하다고 생각하는 것 때문에 불안하고 고민한다는 것이 요점이다.

내가 만일 내담자에게 자기 자신이 불안을 만들어 내고 있는 것이니까, 자신이 빠른 시일 안에 그 불안을 없앨 수도 있다는 생각을 주입시킬 수만 있다면, 바로 이 첫 번째 치료시간에 상당한 도움을 줄 수 있다.

내 31: 전 항상 불안할 것 같아요.

치 30: 당신이 기어코 XX해야 한다는 식으로 요구하고 자신에게 명령을 하는 습관이 있는 한, 당신은 불안하게 되겠지요. 당신이 '난 반드시 XX를 가져야 한다.'라고 말을 하는데, 실제로 당신이 그 XX를 가질 가능성은 극히 희박하다면, 어떨까요? 자연히 '내가 원하는 대로 되지 못하다니 그건 끔찍스럽지 않은가?'라고 중얼거릴 겁니다. 만일 당신이 이성과 교제하는 것을 바람직하게 여기는데, 실제로 동성애자가 될 것 같은 생각이 든다고 합시다. 그때 당신은 '내가 게이인 것 같은데 나는 그렇게 되지 않으려고 열심히 노력할 거야. 그러나 불행하게도 나에게 바람직하지 못한 특성이 있다면, 그게 뭐가 그리도 빌어먹게스리 소름끼친단 말인가?'라고 말할 수도 있다는 겁니다.

내 32: 하지만 그런 바람직하지 못한 특성이 저는 두려운 거예요.

치 31: 아니지요! '나는 반드시 XX를 해야 한다.'라는 생각을 가지고 내가 나를 겁주는 거지요. 내가 이성교제자가 되고 싶은데, 기실은 내가 이성교제자가 아니라면, 신경이 좀 쓰이겠지요. 그러나 그렇더라도 그것이 끔찍하게 겁이 날 것까지는 없습니다. 당신은 이 차이점을 아시겠습니까?

내 33: 저라면 매우 신경이 쓰일 것입니다.

치 32: 당신은 신경이 쓰이겠지요. 그렇지만 마치 '난 좋은 직장을 갖고 싶다. 그런데 현재 나는 실직 상태. 난 좋은 직장을 구하려고 신경을 쓰고 있다. 이러고 있을 게 아니라 자리를 박차고 일어나서 직장을 구하러 다녀 보는 게 낫겠다.'라는 식으로 생각하는 것이 합리적이라는 거지요. 그런데 당신은 '나는 반드시 좋은 직장을 꼭 가져야만 된다.'라고 믿고 있는데, 오늘날 실직해 있다면, 불가피하게 마음이 심란하고 절망되고 불안하게 된다는 거지요. 그렇지요?

자, 당신은 언제나 당신의 욕망(want)과 소원(wish)과 선호(prefer)를 필수 사항(necessity)과 요구 조건(demanding)으로 확대해서 보는 겁니다.

내 34: 전 정말 그렇습니다. 그래서 선생님 말씀은, 저더러 요구하기를 멈춰라?

치 33: 네. 모든 요구하기를 중단하십시오. 당신이 불안해지는 것(C)은 REBT의 ABCDE 모형에서 볼 때 당신이 동성연애자가 되어서(A)가 아니라, 당신의 생각, 곧 신념(B) 때문입니다. 즉, '내가 게이가 되면 소름끼치는 일이 아닐까? 난 무슨 일이 있어도 성적으로 정상인이 되지 않으면 안 돼!'라는 생각 때문입니다. 그러므로 당신의 생각 또는 신념(B)을 바꾸는 것이 좋습니다. 당신의 요구를 소원으로 바꾸십시오. 당신은 이성과 애정 관계를 맺고 싶겠지요. 동성연애자가 되고 싶지는 않지요. '난 무슨 일이 있어도 일생 내내 동성연애자가 되고 싶다는 생각은 절대로 일어나지 않아야 하고, 언제나 이성연애자로 남아 있을 거라는 보증(guarantee)이 꼭 있어야만 한다!' 그게 어리석은 당신의 요구 사항이지요.

내 35: 그것이 저의 요구입니다.

치 34: 당신이 그런 요구를 하고 있는 한, 당신은 괴로워할 것입니다! 왜 당신이 고통스러운지 알겠습니까?

당신이 일종의 보증을 요구하기 때문이지요. 그런데 세상에서 그런 보증은 없으니까요! 설령 당신이 100명 중의 1명으로서 이성과 교제하는 사람인데 나머지 99명은 동성연애자라고 하더라도, 지금부터 5년 후에 그것이 뒤바뀌지 않으리라고 우리가 어떻게 장담하겠습니까?

인생에서 보장이란 없습니다. 그런데 당신이 '내가 정상이라는 보장이 있어야 하고, 옳은 일을 한다는 보장이 있어야 하고, 성공한다는 보증, 사람들의 인정을 받는다는 보증이 있어야만 한다.'라고 한다면, 당신은 실제로 비참하게 된다는 보장밖에 없습니다!

치료자들은 REBT의 사상을 내담자에게 가르치면서 독단적이거나 권위주의적으로 되지 않도록 조심할 필요가 있다. 그리고 치료자인 내가 질문할 때 내담자가 반응을 해 오고, 또 내담자가 그의 생각(B)을 종이에 써 보게 하면 서, 잘못된 내담자의 생각을 치료자가 교정도 해 주면서 치료를 진행하는 것 이 이상적이다.

치 35: 자, 사람들이 스스로에게 단 두 개의 단어로 말을 함으로써 모든 고민이 시작됩니다. 그 단어가 무엇인지 알겠습니까?

내 36: '나는 똥자루다!'

치 36: 바로 그것입니다. 대표적인 비합리적 생각의 예를 들어 봅시다.

① 내가 나쁜 짓을 하면 나는 똥만도 못한 인간이다.
② 만일 사람들이 나에게 나쁘게 대하면 그들은 똥자루다.
③ 또 세상이 너무 각박하면 난 견딜 수 없다. 그건 끔찍하다.

이런 식으로 표현되는 거예요. 알겠지요? 이 세 가지입니다.

그런데 사람들이 고민에서 벗어나기 위해서도 단 두 단어를 쓰면 됩니다.

그 단어가 무엇인지 아시겠어요?

내 37: '그래 어때!'라는 말인가요?

치 37: 또 '젠장! 힘드네, 개엿같아'(Tough-shit!)라고 말하십시오. '그래, 나는 간혹 가다가 형 편없이 전락한다. 그래, 나는 가끔 비정상이다. 그게 세상인 것을 ! 나도 잘못하기 쉽고 사람들도 잘못을 범하기 쉽고, 그래, 인생이란 그런 거야! 정말 힘들다!'라고요. 만일 당 신의 약점이나 다른 사람들의 약점 또는 세상의 모순점을 진실로 수용하게 된다면, 당 신의 심정은 당신과 사람들과 세상이 좀 더 나아지기를 소망할 뿐이고, 극도로 화가 치 밀지는 않을 겁니다. '내가 영원히 동성연애자가 된다면, 체! 힘들어 죽겠네! 그걸 직시 하고 어떤 조처를 취해야겠군. 그것은 좋은 일은 아니야. 나쁜 일이지. 젠장! 하지만 큰 야단이 난 것같이 끔찍스럽고 소름이 끼치는 일은 아니지.'라고 말하면 됩니다. 아시겠습니까?

당신은 '제기랄!'이란 말은 거의 쓰지 않는군요. 항상 '끔찍할 거야'나 '난 망했다. 큰일 났구나!'라고만 하지요

내 38: 저는 항상 나에게 강요하는 식으로 말을 합니다.

치 38: 그렇습니다. 이제 그런 요구(demanding)들을 바꾸고 싶다면, 바꿔 보십시오. 그러나 당신이 그런 요구를 계속하고 싶다면, 앞으로도 똑같은 전철을 밟을 것입니다. 당신이 변화될 수 있다는 것은 의심할 여지가 없습니다. 문제는 언제 그런 요구들을 당신이 버리겠느냐입니다. 그런 요구가 당신이 내린 요구들이니까, 당신이 계속 그것들을 간직하지만 않으면 됩니다. 그래요. 좀 생각해 보시지요.

심리적인 고민은 자기가 문제를 가지고 있다고 생각하는 것 자체 때문에 고민이 되고 문제가 되는 것이다. 어떤 불운한 사건이(A지점) 일어나면 그는 고민을 하게 된다(C지점에서). 그러나 사실은 그의 생각 내지 신념체계(B)가 고민, 곧 정서적 결과(C)를 초래하는 것이다. 그 사건보다는 스스로에게 비합리적 신념(iB)을 많이 독백하는 것이 정서적 혼란(C)의 원인이다.

치료자는 내담자가 어쩌다가 동성연애의 행위에 몇 번 관여하게 된 것과 오로지 동성연애에 대한 강박적인 생각으로만 가득 차 있는 것을 구별하라고 가르쳐 줄 필요가 있다.

실제로 동성연애자는 동성과 성관계를 할까, 말까를 생각하고 어떤 걸 선택할까의 문제를 가지고 고민하는 법이 없다. 그들은 무조건 동성의 사람들에게만 성적 욕망과 성애적 만족을 느끼는 부류다.

그래서 치료자는 산발적이고 비강박적인 동성연애의 행위와 고착된 동성연애를 내담자가 구별하도록 도와주어야 한다.

인간은 오로지 100%로 무언가가 되기는 어렵다. 그래서 심리적으로 100% 완전한 이성연애의 범주에 속하는 사람은 거의 없다고 볼 수도 있다.

이 내담자는 6회기의 치료부터 줄곧 진전을 보였다. 그리고 자기 자신이

동성연애자가 될 가능성에 대한 강박적인 사고를 가지고 있다는 사실도 자연
스럽게 받아들이게 되었고, 또 자기의 실패까지도 수용하기 시작하였다.

8회기

치 1: 어서 오십시오. 어떻게 지냈지요?

내 1: 저는 계속 변하고 있습니다.

　　아마도 이 세상에 똥자루 같은 인간은 없다고 봐야겠지요. 단지 실수를 범하는 인간은
　　있지만요.

　　나도 남들이 하는 것처럼 실수할 수 있어요. 바로 그겁니다. 내가 단지 좀 더 나은 인간
　　인가 아닌가 하고 의심해 보는 것뿐이지요. 그것뿐입니다.

치 2: 그런데 간혹 당신은 어떤 것을 고치고 싶은데 때가 너무 늦었어요. 그럴 땐 어떻게 하지
　　요?

내 2: 어떤 것을 고치고 싶은데 때가 너무 늦었다는 말은 무슨 말이지요?

치 3: 예, 당신이 실수를 범했는데, 그 이상 어쩔 도리가 없다고 가정합니다. 너무 늦었어요.

내 3: 제기랄! 그렇다면 별수 없이 그대로 살 수밖에요.

치 4: 그렇지요. 당신은 여전히 과오를 범하기 쉬운 인간이지요.

　　당신이 만일 어떤 사내의 꽁무니를 따라다녔다고 해서 앞으로도 계속 사내를 따라다닐
　　필요는 없을 테지요. 그건 단지 과오일 뿐입니다.

내 4: 예.

치 5: 당신은 그 과오를 정정할 수도 있고요. 만일 당신 자신을 탓하지만 않는다면, 당신 쪽에
　　서 통제가 가능하지요. 당신은 결코 똥자루가 아니에요.

내 5: 나는 똥자루가 아니죠. 다만 실수를 범한 인간일 뿐이고요. 나에게는 또다시 노력해 볼
　　권리가 있어요. 그게 인간이니까요. 전 그 말을 수없이 생각해 보았습니다. 그런데 어
　　떤 때는, 선생님, 내가 똥자루 같다는 생각이 다시 떠오른단 말입니다.

치 6: '내가 나쁜 짓을 했다. 혹은 내가 나쁜 생각을 했다. 그런고로 나는 나쁘다.'란 말이지요?

내 6: 예. '그런고로 나는 똥자루다.'라고요.

치 7: 당신이 전형적인 '게이'를 연상할 때는 무슨 생각이 떠올라서 그러지요?

내 7: '아, 저는, 얼마나 더러운 똥덩이냐!'라고 생각하지요.

치 8: '게이'는 더러운 자식입니까?

내 8: 그렇지요. 아니면 내가 더러운 새끼가 될 수도 있고요.

치 9: 하지만 '게이'가 어떻게 해서 더러운 새끼가 됩니까? 어떤 남자가 전형적인 '게이'처럼 행동하는 동성연애자라고 칩시다. 그가 거리를 활보하며 이상한 몸짓을 나타내고 있다고 칩시다. 자, 왜 그가 똥만도 못한 인간이지요?

내 9: 글쎄요. 제가 보기에 그가 똥같이 더러운 녀석이라고 제가 생각하는 이유는, 실은 더러운 것도 없지만, 첫째로 그가 웃음거리가 되고 있기 때문입니다.

치 10: 그러니까 그는 잘못 행동하고 있지요. 진짜로 웃음거리가 되고 있는 것은 아닙니다. 어리석게 행동하고 있을 뿐이지요. 당신이 단지 어리석은 행동을 할 수는 있어도, 전적으로 웃음거리가 될 수는 없습니다. 왜냐하면 바로 똑같은 그 사람이 사업이나 다른 일에서는 매우 건전하게 행동할 수 있으니까요.

그래서 당신의 그와 같은 관점에서 볼 때, 그는 어리석게 행동하고 있지요. 설령 당신의 관점에서 볼 때 그가 어리석다고 칩시다. 왜 그가 똥같이 더러운 녀석이지요?

내 10: 글쎄요, 그가 실수를 저지르는 것을 싫어하는 타입의 사내라고 한다면? 그러니까 그는 어리석은 행동을 해서는 안 되는 거지요.

치 11: 자, 보십시오. 그것이 바로 당신의 궤변이지요. 즉, '너는 어리석게 행동해서는 절대로 안 된다. 인간은 언제나 건전하고 올바로 행동해야 한다.'라는 거지요. 하지만 항상 좋은 행동만 하는 인간이 어디 있습니까?

내 11: 실제로는 그런 사람은 없지요. 우리는 사람마다 한두 가지 면에서는 어리석게 행동하고, 또 이상한 습관이나 별난 특성이 있지요.

치 12: 그렇고 말고요. 그러나 '인간이란 무슨 일이 있어도 어리석지 않게 행동해야 되느니라.'라고 하는 것이 당신의 상투적인 관념입니다.

내 12: 예. 그렇습니다. 그게 나쁘군요.

이 시간에 나는 화제를 바꾸어 극단적인 동성연애와 성전환에 대한 토론도 하였다. 이것은 그와 같은 '비정상적인' 범주에 속하는 사람들까지도 멸시되어서는 안 된다는 것을 그에게 보여 주기 위해서였다. 가령 여러 가지 특성 중에서 하필이면 검은색의 피부를 가졌다고 해서 그를 '깜둥이'라고 명명하는 것은 불법적(不法的)이라는 것을 그에게 보여 주려고 애썼다.

내 13: 예. 전 지금까지 제 여자친구에게 불만을 품어 본 적은 없습니다. 하지만 혼자 있을 때 항상 고민하고 지냈지요. 왜냐하면, 저는 동성연애의 경험이 있었으니까요. 그리고 저는 킨제이(Kinsey) 검사를 생각하곤 했지요. 1점에서 7점까지든가, 1점에서 6점까지든가, 잊어 버렸군요. 그리고는 '에구머니! 나는 그 빌어먹을 검사에서 몇 점에 해당하지?'라고 중얼거렸지요.

치 13: '내가 내 자신을 어떻게 평가하지?'

내 14: 예.

치 14: 내가 지금 사귀고 있는 여자를 원하느냐, 아니면 사내를 좋아하느냐가 문제일 뿐이지요. '내가 외출해서 또 다른 남성을 낚아 가지고 그에게 동성연애의 짓을 시키고 싶은가?'라는 거지요.

인간이란 실수를 하기 마련이지만, 실수를 다시는 하지 않도록 교정하는 것도 허용되어 있습니다. 그래서 '나도 그랬었지. 나도 그런 경험이 있고 기타 여러 가지 실수가 많았어. 하지만 성장과정에서 그런 일은 어쩔 수 없이 필요한 것 아닌가? 실수는 실수라고 인정하자. 그리고 실수도 가치가 있는 거야. 그래, 내가 과오를 저질렀다. 그러나 나에게는 나쁜 짓을 할 권리도 있다. 그렇지만 나는 또 개과천선할 권리도 있고 회개하여 새로운 삶을 사는 권리도 있다.' 이렇게 생각할 필요가 있습니다.

내 15: 저도 그렇게 계속 생각하고 있습니다.

이제 내담자는, 자기가 전적으로 이성교제자가 아니라고 해서 자신을 질책할 필요가 없다는 관념을 가지게 되었다. 그리고 나서 자기의 심정을 다음과 같이 정리할 수 있었다.

- 자기는 몇 차례 사소한 동성애적인 경험을 한 적이 있다.
- 자기는 킨제이 보고서를 읽고 나서 동성연애 행위가 1점에서 6점까지 평가치로 표현되는 검사가 있다는 것을 알게 되었다.
- 그리고 이 검사에서 자기가 몇 점이나 될까 하고 궁금해하기 시작하였다.
- 만일 자기의 점수가 높게 나오거나 진짜 '동성연애자'로 판명이 된다면, 자기는 아주 무가치한 사람이라고 생각하였다.
- 그리하여 이런 종류의 평가법에 강박적으로 사로잡히게 되었고, 자꾸만 자기가 정말로 동성연애자가 아닌가 하고 의심하기 시작하였다.
- 그리고 자기가 사귀고 있는 여성과의 관계가 진실한가에 대하여 얼마간 고민하였다.

8회기에 와서 그는 자기가 설령 전적인 동성연애자가 되는 한이 있더라도 자기는 형편없는 인간은 아니라는 점에 동의하였다. 또 동성연애에 대한 생각이나 호기심도 일체 허용되지 않는, 100%로 완전한 이성교제자가 될 필요가 없다는 것을 알게 된 이상, 지금부터는 성 문제에 대한 강박관념을 버리기로 하였다. 그러자 자기가 사귀고 있는 여성과의 관계도 자연히 호전되었다.

추후면담에서 그는 더 이상 성적인 관념에 사로잡혀 있지 않고, 교제 중인 여성과도 아주 잘 지내고 있으며, 무슨 행위에 대해서든지 비록 상당한 과오를 저지를 때일지라도, 자책은 거의 하지 않게 되었다고 보고하였다.

REBT와 인지이론의 실제
생각 바꾸기 훈련 사례

08

상담사례 3:
13년 동안 성관계를 맺지 못한 부부

-존 M. 굴로(John M. Gullo, M.A.)-

이 사례는 성과 관련하여 과도한 성취 불안과 결벽주의의 폐단에 대해서 다루고 있다. 스포츠 선수가 중요한 경기에 임할 때 평안한 마음 상태로 쾌적한 신체 컨디션을 유지하면서 평소의 습관대로 연습하면 자신의 실력을 잘 나타낼 수 있다. 그런데 '이번 경기에서 기어코 우승해야만 한다, 만약에 실패한다면 큰일이다. 내가 ××에는 약한데 그것을 어떻게 하지?'라는 생각에 몰두해 있다면 어떻게 될까? 정작 경기에 임할 때 지나친 걱정과 긴장으로 그의 마음 에너지가 빼앗기는 상태 속에서 그는 상대 팀의 선수와 대적하는 데 또 신경을 써야만 한다. 결국 그의 에너지가 두 갈래로 분산되기 때문에 평소의 자기 실력을 제대로 발휘하기는 힘들지 않겠는가? 어떤 경기나 시험공부나 업무를 수행할 때 적당한 수준의 긴장은 우리의 몸과 마음을 각성 상태로 유지시키므로 효율성을 낳는다. 그러나 과도한 긴장은 우리의 몸과 마음의 에너지를 소진시키므로 비효율적이다.

이 사례의 부부가 성관계를 제대로 맺지 못하자 남편은 자기의 발기불능에 대하여 크게 겁을 집어먹게 된다. 그래서 성교 실패에 대한 공포심은 악순환적으로 발기불능을 지속시키는 결과를 낳게 되었다. 치료자 굴로(Gullo)는 내담자가 '반드시 성적인 교접에 성공해야만 한다.'는 생각, 즉 과도한 성취 욕구가 실패의 공포를 강화시키고 있다는 점을 내담자인 남편에게 잘 설명해 주고 있다. 발기불능 역시 하나의 실수일 뿐이다. 자기가 실수하고 실패했을 때 그 행위 자체를 실패로 인정하는 것은 괜찮다. 다만 '내가 아내와의 성행위에 실패했으니 나는 쓰레기같은 존재다.'라고 자기를 비난하는 것 때문에 죄의식에 사로잡혀 있는 것이 문제점이다.

치료자는 실존주의적 관점에서 인간은 있는 그대로 존귀한 존재라는 것을

강조하였다. 그래서 인간의 가치를 외적인 행위나 성취(업적)에 의해서 평가
하는 것은 잘못된 것이라고 남편에게 설명해 주고 있다. 인간은 실수를 하기
마련이다. 그런데 자기의 실수에 대해서 과도하게 반응하고 자기를 용서하
지 않는 것, 그래서 '죄의식'을 느끼는 것은 온당하지 않다는 것이다.

　　"자신을 용서하라!"

　그리고 실수할까 봐 염려하는 일은 내려놓고, 부부가 성관계를 하는 것 자
체보다는 서로가 애무하면서 신체적인 쾌감을 즐기는 데에 관심의 초점을 돌
리라고 치료자는 충고하고 있다.

　엘리스는 이 사례에 대한 REBT의 해설은 거의 하지 않았다. 다만 '이 사례
에서 남편은 37세의 교사이고 아내는 39세의 영양사이다. 그들은 13년간 결
혼생활을 해 왔고 그동안 수차례 심리치료를 받은 적이 있었지만, 성공적으
로 성관계를 맺지 못한 상태였다.'라고만 언급하였다.

2회기

치 1: 자, 무엇이 애로점이죠?

남 1: 그러니까 지금까지 13년간 결혼생활을 하는 동안에 간혹 가다가 섹스도 하고 아이도
　　낳아 보려고 시도했는데요. 그럴 때마다 심리적인 장애를 받은 것 같아요.

　　그리고 마지막으로 우리는 양자를 입양해야 할 것 같다는 생각을 했습니다. 만일 우리
　　가 양자를 기르게 되면, 이런 감정을 깨뜨리는 데 도움이 될지도 모르겠습니다. 그런
　　생각은 양자를 기르는 일에 대해서 좋지 못한 생각이라는 것을 요즈음 차차 깨닫고 있
　　습니다.

치 2: 좋습니다. 자, 당신들은 결혼생활 중에 단 몇 번이라도 섹스를 할 수는 있었습니까?

아 1: 전혀 하지 못했습니다.

치 3: 남편 되시는 분은 37세지요? 자, 당신이 성교를 할 때는 무슨 일이 생기나요? 당신은 발기가 됩니까? 아니면 발기가 계속될 수 없었던가요?

남 2: 그래요. 나는 발기를 할 수 없을 것 같습니다. 성교를 하려고 할 때면 모종의 정신적인 장애가 있습니다.

　　몇 차례 우리는 상담과 치료의 도움을 구했습니다. 그런데 그런 심리치료가 전혀 도움이 되지 못한 것 같아요. 그리고 나서는 또 수년의 세월이 흘러 갔지요.

치 4: 과거에 어떤 종류의 치료를 받았습니까?

아 2: 그러니까 우리가 결혼한 첫해였어요. 우리가 대학생 때였는데.

남 3: 우리가 무언지 잘못되고 있다는 것을 알았어요. 우리가 심리치료를 받으러 갔는데, 의사는 인턴 학생에게 나를 면접하라고 지시했어요. 그런데 우리는 그 사람과의 라포(친밀감)가 좋지 않았어요. 그래서 우리는 그냥 일이 잘 안 된 거지요. 그게 전부입니다. 그리고 그분은 진단서를 써 주었어요. 그렇지만 진정제도 계속 뾰족한 효과가 없는 것 같았어요. 그 뒤에 정신과 의사를 찾아갔고 그렇게 우리가 노력을 해 왔지요.

아 3: 그때 제가 힘든 직장 생활을 계속하면서 결혼생활까지 하다 보니까 문제는 저에게 있다는 생각이 들었어요. 남편이 저러러 학교를 그만두는 게 어떠냐고 자꾸 그랬으니까요. 그래서 저도 학교를 결국 그만둔 거예요.

치 5: 계속하시죠.

남 4: 그리고 나서 두 번째로 우리는 대학병원에 갔었지요. 그래 가지고, '여보! 우리가 이 문제를 가지고 의사를 만났던가요? 아니면 그때 인공수정을 이야기했던가요?' 우리는 인공수정을 생각했었어요.

아 4: 우리는 공동으로 치료를 받으려고 했지만, 의사들한테서도 신통한 도움을 받을 수가 없었어요.

남 5: 어찌된 영문인지 꼭 성적인 문제에서만은 처음부터 습관이 잘못 든 것 같습니다. 우리에게는 이런저런 이유로 성관계가 쉽지 않았습니다.

치 6: 아, 알겠습니다. 이 문제가 지금까지 해결되지 않고 남아 있는 것은 당신 머릿속에 어떤 생각이 지배하기 때문이라고 봅니다. 대개는 두 가지 이유가 있지요. 당신에게도 이 두 가지 이유에서 파생된 문제일 것입니다. 첫째 이유는 실패에 대한 공포이고, 둘째 이유는 성적인 결벽주의입니다.

남 6: 제 생각에는 그 두 가지가 다 결합되어 있는 것 같아요. 그리고 우리가 다 그 점은 인식하고 있지요.

치 7: 좋아요. 그렇다면 문제란, 어떤 심리적인 문제든지 간에 그게 단지 미신과 같은 생각이라는 거지요. 자, 당신은 검은 고양이에 대한 미신을 어떻게 극복합니까? 그리고 거울을 깨면 7년간 재수가 없다는 미신을 어떻게 극복하십니까?

남 7: 글쎄요. 거울을 깨고 나서 확인해 봐야죠. 그러니까 거울을 깬 다음에, 정말로 하나님이 나를 죽게 하거나 어떤 벌을 내리지는 않는다는 것을 확인하면 되겠지요?

치 8: 맞습니다.

아 5: 우리 둘이 서로 이야기할 때는 우리는 아주 썩 잘해요. 그런데 아이 참! 우리는 진짜로 잘해 보려고 하거든요! 그런데 그 다음엔……

남 8: 한번은 제가 술에 취했었어요. 술을 마시면 좀 도움이 될 것 같았거든요. 그런데 술 마신 다음에 저는 잠에 곯아떨어져 버렸지요.(웃음)

치 9: 됐습니다. 자, 어떤 식으로 몇 번이나 성행위를 시도해 보았습니까?

남 9: 결혼 초에는 우리도 시도해 보았어요. 그리고 나서는 우리가 그 당시 너무 바빴고, 학교에 다니느라 많은 압박을 느꼈거든요. 그래서 우리가 안정이 될 때까지 기다린 다음에 성생활을 하기로 했지요. 그리고는, 아! 이따금씩 섹스 문제가 나오면 말입니다. 그러면 또 그냥 그 문제는 제쳐 두게 되었거든요. 그리고 수년이 흐르면서 그저 가끔씩은 섹스를 생각하기만 할 뿐이었지요. 그런데 무작정 미루는 것만으로는 해결책이 안 된다는 걸 깨달았어요. 그리고 작년에, 뭐랄까, 우리가 이 문제를 어떻게 좀 해보아야겠다고 관심을 점점 더 갖게 된 거예요.

치 10: 자, 그럼 당신은 자위 행위를 해서 만족을 느낄 수는 있습니까?

남 10: 예.

치 11: 얼마나 자주 하지요?

남 11: 아, 그저 가끔 가다가요. 우발적으로 한다고 할까요?

치 12: 그럼, 아내분은 어떠십니까?

아 6: 자주 하지는 않아요.

치 12: 그렇게 해서 만족을 느낄 수는 있습니까?

아 7: 약간은요.

치 13: 자, 그럼 당신들 중에 누구든지 상대방이 보는 앞에서 자위행위를 해 보려고 한 적이 있습니까?

남 12: 아니요.

아 8: 아뇨.

치 14: 글쎄. 그 방법이 당신 두 사람이 서로에게 흥미를 느끼게 하는 하나의 기술로 사용될 수도 있습니다. 상대방의 면전에서 자위를 하는 겁니다. 그렇게 되면 어느 정도의 흥분이 지속됩니다. 그러고 나면 성교를 시도해 볼 수가 있습니다. 당신이 부인에게 삽입을 하자마자, 부인께서 할 일은 발기가 지속되도록 남편의 성기를 다리로 꽉 조이는 것입니다. 이렇게 하면 페니스(penis)에 압박을 주어서 혈액이 통하게 되니까요. 그런데 이때 당신의 생각과 말이 중요합니다. 당신이 부인과 성관계를 할 준비가 되어 있을 때, 당신 자신에게 정확히 뭐라고 독백하지요?

남 13: 글쎄요. 제가 태어날 때 저의 어머니는 제왕절개를 했는데, 그 수술로 거의 죽다가 살아났어요. 그리고 제게 여동생이 하나 있었는데, 태어난 지 얼마 안 되어서 출산 장애로 곧 죽어 버렸습니다. 그리고 어머니는 일종의 노이로제에 걸렸어요. 어머니는 그 때의 끔찍했던 감정을 계속 느끼면서 치를 떨었어요. 그리고 섹스나 출산이나 그런 종류의 일은 끔찍스러운 것이고, 또 죽음에까지 몰고 가는 것이고, 또 아주 악한 것이다. 제 마음속에 남아 있던 것은 이런 견해였습니다. 그게 옳지 않다는 것은 알고 있습니다만, 그리고 우리가 한번 시도해 볼까 하고 뜻을 비치다가도, 그리고 또 시도를 하다가도, 저는 그런 생각들을 떠올린단 말입니다. '내가 아내를 해칠지도 모른다. 내가 어머니처럼 아내를 죽게 하고, 엉망으로 몸을 망쳐 놓고, 또 비참하게 만들지도 모른다.'는 생각이 내 머릿속에 아주 강하게 떠오르지요. 그러니까 제 말은, 저의 어머니가 당했던 것과 똑같은 비참한 지경으로 아내를 몰아넣고 싶지 않다는 거예요.

치 15: 그러니까 당신의 아내와 성행위를 할 준비가 될 때, 당신 자신에게 던지는 비합리적인 관념이란 이런 거네요. '만일 아내가 임신이 되고 출산 과정에서 죽게 된다면, 그건 끔찍스럽지 않은가?'라는 거지요?

남 14: 예. 예. 그렇습니다.

치 16: 글쎄요, 그게 왜 끔찍합니까?

남 15: 저어, 왜냐하면 내 생각으로는, 역설적일지는 모르지만 말입니다. 내가 아내를 너무도 사랑하니까요.

치 17: 예. 그렇기는 하지만, 만일 부인이 죽게 된다면 왜 그것이 끔찍스럽습니까?

그런데 보십시오. 첫째는 '나는 아내가 일찍 죽는 것을 바라지 않는다.'는 것이고, 둘째는 '만일 아내가 일찍 죽는다면 그건 망조이고, 끔찍스럽게 무서운 일이다.'라는 것이지요. 자, 왜 그것이 그처럼 무섭고 끔찍스러운가요? 만일 그런 일이 일어난다면 그건 매우 불운한 일이 되지요.

남 16: 그렇지만 제가 느끼는 것은, 내가 만일 불행한 사건의 한 부분을 담당했다면, 그것은 비극이라는 것이지요.

저의 어머니는 곧잘 아버지에게 탓을 했으니까요. 그러니까 말하자면 아버지가 비난을 받게 되고, 그렇게 되니까 나는 도리어 아버지에 대해서 강한 연민을 갖게 되었어요. 그리고 어머니에게는 많은 애정을 결코 느껴 보지 못했습니다.

치 17: 그러니까 당신은 만약 부인이 죽게 된다면, 그것이 당신 책임이라고 가정하는군요. 당신은 지나치게 자기 탓으로 돌리는군요.

남 17: 다만 죽음의 원인이랄까, 부당한 죽음이랄까, 그런 거죠. 내 생각에 아내의 가정 환경도 이 점에 대해서는 어느 정도 책임이 있다고 봅니다. 장인은 매우 엄격하고, 지당하신 공자님 말씀만 하시는 분이었어요.

치 18: 예, 알겠습니다. 그럼 당신의 성 불능의 원인으로 되돌아갑시다. 만일 당신 부인이 임신한 결과로 인해서 죽게 되는 날이면, 당신이 아내를 죽게 한 장본인이라는 생각이군요.

그것은 다음과 같은 의미가 되는거죠?

① 그녀가 죽게 되면 끔찍스러울 것이다.

② 그 죽음을 불러일으킨 나는 벌레만도 못한 인간이다.

남 18: 글쎄요. 아무튼 그게 서로 밀접한 관련이 있는 것 같아요.

치 19: 자, 그게 사실이라면 왜 당신은 개·돼지만도 못한 사람입니까? 이제 당신 부인이 임신되었고, 어린애를 낳다가 죽었다고 가정합시다. 왜 그것이 당신을 개·돼지 같은 사람으로 만드는 것일까요?

남 19: 그것은 나한테 아주 강력한 잠재의식적인 감정입니다.

치 20: 그렇습니다. 그것이 너무 강하니까 당신의 문제를 지속시켜 온 것이지요. 당신이 스스로에게 계속하여 '그래, 만일 그런 불행한 일이 생긴다면, 나는 벌레만도 못한 인간이다.'라는 말을 하게 되니까 당신 스스로가 죄책감을 느끼게 만들고 있는 것입니다.

자, 지금 내가 당신을 '낙타'라고 부른다고 합시다. 그래서 당신은 '낙타'가 됩니까?

남 20: 아니요. 아니지요.

치 21: 자, 이제 아시겠지요.

그리고 이차적으로 당신 마음속에 아직도 실패에 대한 공포가 도사리고 있다고 봅니다. '나는 아내와 성관계를 가지려고 노력해 왔는데 번번이 실패만 했다. 그러니 내가 또 노력한다면 어떻게 될 것인가? 또 실패를 하게 될 것이 뻔하다. 과거에도 항상 실패를 했으니까, 난 영원히 실패할 것만 같다. 그러니까 내가 구태여 또다시 섹스 관계를 시도해 봐야 되겠는가?' 그래서 당신은 포기해 버리고는 성행위를 하는 일에서 일종의 도망을 쳤다고 할까요?

남 21: 예, 그건 상당히 들어맞는 분석이라고 생각합니다.

치 22: 좋습니다. 그러니까 지금부터 문제는 그런 생각을 당신이 어떻게 극복하느냐 하는 것입니다. 지금부터 두 가지 일을 해야 합니다.

① 당신이 가지고 있는 그러한 잘못된 생각에 의문을 제기하고 힘껏 도전해야 합니다.
② 그리고는 작업을 해야 합니다. 즉, 행동을 해야 합니다.

유명한 교육자학인 존 듀이(John Dewey)가 말하였듯이, '실제로 행동에 옮겨지기 전까지는 학습이 된 것이라고는 전혀 없다.'라는 말이 맞습니다.

남 23: 아마도 일생 내내 나는 모든 사물을 비뚤어지게 봐 온 것 같습니다. 애초에 비뚤어지면 계속해서 비뚤어지게 되는 거지요.

치 24: 다만 섹스에 대해서 다른 사람들보다 당신은 훨씬 더 과장해서 생각하고 있고, 또 자책하는 것이 너무 심하지요.

남 24: 음……, 아마 우리가 말입니다. 선생님, 이것을 좀 더 일찍 알았더라면 우리들 사고방식에 그와 같이 깊은 자국이 패이지는 않았을 텐데요. 저는 그런 생각을 해 보았죠.

치 25: 맞습니다. 당신이 발기가 어려운데다가, 설상가상으로 '어이쿠, 정말 야단났다. 내가 얼마나 멍텅구리인가!'라고 비합리적으로 나오기 때문에 이중으로 자책하는 결과가 됩니다. 그래서 당신은 스스로를 책망하지요. 또 지나치게 일반화합니다. 그것은 죄 자체를 저주하는 것이 아니라, 죄인을 저주하는 식이지요. 당신 행동을 저주하는 게 아니라, 당신 자신을 저주합니다. 당신은 '내 행동이 나쁘니까 나라는 인간은 몽땅 짐승만도 못한 거야.'라고 말하고 있지요. 이것이 소위 '죄의식'이라는 겁니다. 사실은 '나는 비합리적으로 행동하고 있다.'는 말이 적합합니다. 그런데 당신은 '내가 비합리적으로 행동해서는 안 된다. 그런데 내가 실제로는 비합리적인 행동을 하고 있으니 나는 아주 가치 없는 인간이다.'라고 믿고 있습니다. 그처럼 논리에 맞지 않는 생각을 가지고 자책을 하기 때문에 모든 '죄의식'이 비합리적이라는 거지요.

남 25: 신학적으로 볼 때 내가 종교적으로 열심인 가정에서 자랐어요.

치 26: '죄책감'이라는 말을 사용하는 길이 또 한 가지가 있습니다. 그것은 법률적인 의미이지요. 그것은 당신이 행한 잘못된 행위에 대해서 당신이 책임이 있다는 뜻입니다.
이 자리에서 내가 이야기하는 '죄의식'이란 다음과 같은 뜻으로 말한 것입니다.

① '내가 취한 행동에 대해서는 책임이 있다.'는 것

② '그런 행동을 했으니 나는 그야말로 개 · 돼지만도 못한 인간이다.'라는 것

그런데, ②와 같은 정의를 내리게 되면 모든 죄의식이란 비합리적인 것이지요. 당신 행동에 대해서 당신이 스스로를 저주하니까요. 그리고 그건 무책임하지요. 그래서 부도덕한 것입니다.

그리고 그것이야말로 당신이 줄곧 빠져 있는 함정이라고 나는 생각합니다. 당신은 당신의 행위가 곧 인간으로서의 당신의 가치를 대변해 준다고 보고 있어요.

이와 반대로 실존주의적인 견해에서는 당신이 그저 살아 있다는 것 자체로 당신은 좋은 사람이라고 보는데, 그런 생각을 당신은 하지 못하고 있어요. 잘못을 저지르는 것이 인간이므로 잘못한 인간은 용서를 받을 수 있다고 하나님께서 말씀하셨는데요. 그건 당신의 종교관과도 반대되는 겁니다.

당신은 당신 자신을 용서하지 않고 있습니다.

그래서 '그 사건은 단지 애석한 일이다.'라는 생각을 가지고, 직면해야 합니다. 그것이 끔찍스러운 것은 아닙니다. 내가 아는 한 인생에서 어떠한 일도 실제로 끔찍스럽거나 소름끼칠 만하거나 또는 '난 견딜 수 없어. 난 얼마나 형편없고 짐승만도 못한 인간인가?'라고 말할 만한 것은 없습니다.

남 26: 그래요.

치 27: 그런 관념 때문에 당신은 반드시 성교를 해야만 한다고 골똘히 생각하면서 노이로제에 빠져 있는 겁니다.

남 28: 음.

치 28: 사실 섹스를 다른 방법으로도 얼마든지 즐길 수가 있는데, 당신은 그런 방법을 생각해 보지 못하는 거죠. 만일 당신이 성문제에 애로가 있다면 다른 방법도 시도해 볼 만합니다. 성교는 하지 않고 서로 애무하면서 만족을 주어 보십시오. 그런 방법도 써 볼 수가 있습니다.

그리고 당신이 이렇게 생각한다고 합시다.

① 섹스란 더럽다. 그리고 섹스를 생각하는 당신 자신도 역겹다.

② 당신 어머니가 그렇게 고약하니까, 모든 여성도 다 고약하다.

당신이 그렇게 생각한다면 어떻게 될까요? 아마도 여성과의 섹스가 역겹고 싫다는 생각이 들겠지요. 당신이 그렇게 느낄 때는 여성에 대한 원망의 마음도 생겼을 겁니다. 그것이 방금 당신이 말씀하신 뜻이 아닙니까?

남 29: 예, 섹스만 문제가 되는 것이 아니라, 여자라는 것에 대한 혐오감이 문제예요. 제 말은 이런 감정이 뒤섞여 있다는 겁니다.

치 29: 글쎄, 무엇이 역겹죠? 자, 여기에 어떤 여자가 있다고 합시다. 그러면 그 여자에 대해서 역겨운 느낌이 들게 되기까지 당신 스스로 무슨 생각을 하지요?

남 30: 그러니까 그녀가 내 옆에 있다는 것만으로도 그것이 불쾌한 추억과 정서와 감정을 불러 일깨워 줄 수도 있다는 겁니다.

치 30: 예, 그렇다면 그와 같은 불쾌한 정서나 감정은 어떤 것들이지요?
그녀가 옆에 있다는 사실에 대해서 당신이 스스로 독백하는 것이 있을 겁니다. 이 자리에서 한번 당신의 과거를 떠올려 보세요.

남 31: 예.

치 31: 과거 일을 회상하면서 당신은 구체적으로 어떤 말을 스스로에게 중얼거리게 될까요? 당신 부인과 어머니를 어떻게 비교하지요? 당신 어머니에게서 어떤 점을 싫어하였지요?

남 32: 어머니는 가족들을 쥐어흔들고 용서를 하지 않았어요.

치 32: 좋습니다. 당신이 부인과 관계를 갖는 데 대해서도 어머니에 대한 감정과 똑같은 감정을 가집니까? '자, 내 어머니가 쥐어흔드는 타입이었다. 만일 내 아내에게 내가 성적 접촉의 뜻을 보였다가는, 특히 내가 발기를 지속하지 못할 때는, 아마도 틀림없이 내 아내는 나를 쥐어짜고 힐책할 거다. 그렇게 된다면 큰일이다.'라는 거지요.

아 9: 제 탓도 있어요. 우리가 결혼했을 당시에 나한테는 성적인 공포가 나도 모르게 있었으니까요. 말하자면 저는 숫처녀였거든요. 아마도 어떤 의미에서는 내가 남편에게서 뒤로 한 발짝 물러섰다고 봐야 할 거예요. 그리고 나서부터는, 저이도 섹스에 대한 혐오감을 지니고 있었으니까, 내가 더욱이 저이를 혐오했던 것 같아요. 나에게도 책임이 있어요.

치 33: 물론 그렇지요. 당신 책임도 어느 정도 있을 겁니다. 그러나 남편의 문제는 주로 그의 머릿속에 있는 것이지, 당신이 문제가 되는 것은 아닙니다!

아 10: 잘 모르겠어요.

치 34: 사람은 생각하는 대로 느끼는 것입니다.

아 11: 우리가 성행위를 할 수 없었다는 사실보다도 더 나를 비참하게 만드는 것은, 내가 무언가가 부족하니까 저이가 나를 보고 성적인 욕망을 느끼지 않는다는 거예요.

치 35: 그런데 당신 남편은 정반대로 되어 있군요. 그이는 만일 성행위로 당신이 임신하게 되고 아이를 낳다가 당신이 죽게 되면, 그 원인은 바로 자기라고 생각합니다. 그렇지만 가장 중요한 것은, 남편분이 스스로를 책망하고 있다고밖에 말할 수 없는 것 같습니다. 남편분은 두 가지 생각을 하고 있어요.

① 아내를 성적으로 만족시켜 주지 못하는 사람이라는 실패의식
② 만약에 어떤 끔찍하고 소름끼치는 재앙이 아내에게 일어난다면 그것은 내 책임이라고 느끼기 때문에, 그런 위험한 일은 절대적으로 피해야 한다는 생각

그렇죠?

남 33: 그렇긴 하지만, 우리가 다른 일에 몰두하거나 바쁘게 되면, 그런 문제에 대해서는 잊어버리게 되거든요. 우리는 그런 식으로 살아 왔습니다.

치 36: 그러니까 합리화를 하지요.

아 12: 글쎄요. 우리는 서로 간에 가끔씩 질문을 해요. '우리가 정말로 아이를 낳고 알콩달콩한 가정을 꾸미고 싶은가? 아니면 자유를 만끽하며 자유롭게 살고 싶은가?'라고요. 어쩌면 이것이 우리들이 섹스에 대해서 별로 노력을 하지 않는 이유인 것 같아요.

남 34: 나는 종교적으로 아주 원리 원칙적이고 엄격한 교육을 받고 자랐습니다. 물론 지금은 그렇게까지 심하지는 않아요. 섹스에 대해서는 아주 병적인 태도를 취하는 종교지요.

치 37: 예. 이론적으로는 당신은 그렇게 심하지 않다고 생각하고 있지만, 실제로는 당신 머릿 속에 깊숙이 구식의 종교를 아직도 간직하고 있군요.

남 35: 예. 정말 그렇습니다.

아 13: 예. 음-흠

6회기

6회기의 상담은 1회기 상담이 있은 지 약 3개월 만에 이루어졌다.

치 1: 자, 어떻게 지내셨나요?

남 1: 글쎄요, 우리 문제가 지금은 다 해결되었다고 생각한답니다.(웃음)

치 2: 그래요? 잘됐군요.

아 1: 우리는 정말 좋았어요.

남 2: 예. 정말이에요. 이제 우리는 정상적인 궤도에 올라섰다고 생각합니다.

치 3: 그러면 몇 번이나 성공적으로 섹스를 했습니까? 대강?

남 3: 글쎄요. 몇 번 했는지 모르겠지만요. 할 수 있는 한, 다 했어요.

치 4: 예.

남 4: 그리고 요번 2~3일 동안은 섹스를 하지 못했어요. 이런저런 일 때문이에요.

치 5: 그럴 시간적 여유가 없었다는 건가요?

남 5: 일정과 해야 할 일들이 겹치는 것 때문이랄까? 그러나 우리는 가능한 한 정규적으로 섹 스를 하게 되었어요.

아 2: 네. 우리는 섹스에 대해서 과거와 똑같은 느낌은 안 가져요.

남 6: 예.

아 3: 여보, 그렇잖아요? 우리는 이제 섹스가 기다려져요. 예전에는 그게 정말 골칫덩어리였 는데요.

치 6: 음-흠.

남 7: 그래서 이젠 완전히 좋아요. 좋아진 것 같아요.

치 7: 성관계를 가질 때 오르가즘을 느끼나요?

남 8: (고개를 끄덕임) 그렇습니다.

치 8: 참 잘했습니다. 부인도 역시 만족합니까?

아 4: 예.

치 9: 그거 잘됐군요. 정말 잘됐어요.(웃음)

남 9: (웃음)

아 5: (웃음) 섹스할 때 대개는 만족감을 느껴요. 지난번엔 우리가 너무 서둘렀고 별로 즐기지
    못했어요. 그래도 괜찮았어요.

치 10: 음.

아 6: 하지만…….

치 11: 글쎄요.

남 10: 이제 우리는 아이를 가지고 싶습니다.(웃음)

아 7: (웃음)

치 12: (웃음) 혹시 불임증으로 고심하십니까?

남 11: 선생님께 우리가 아주 행복하다는 말을 들려주고 싶었습니다.(웃음)

아 8: 네.

치 13: 나도 행복하군요.

남 12: (웃음)

아 9: 맞아요. 그건 정말로, 정말로 조그마한 기적이에요. 정말 기적 같아요.

남 13: 선생님도 우리의 치료가 실패로 끝날 거라고 생각하시지 않았습니까?(웃음)

치 14: 아닙니다. 꼭 그렇게 생각하지는 않았지요. 그러나 이렇게 빨리 해결이 되고 보니 나는
    그저 기쁘기만 하군요. 두 분이 임신을 원한다면, 우선 한 달 동안 피임약을 사용해 볼
    수도 있어요. 일단 피임약을 끊은 다음에는 임신이 쉽게 되니까요.

아 11: 그럼 우리도 한번 피임약을 사용해 봐야겠네요.

남 14: (웃음)

아 11: (웃음) 무슨 짓이든지 다 해 볼래요. 에에, 우리는 진짜로 요번 마지막 노력에서 우리가
성공한 것이 진짜로 신났어요. 그리고 아주 기막히게 좋았어요.

치 15: 마치 신혼시절을 다시 맞은 것 같군요.

아 12: (웃음) 네!

남 15: (웃음)

아 13: 글쎄요, 우리는 갓 결혼한 것 같아요.(웃음)

치 16: 앞으로도 계속해서 즐거운 일이 일어날 것이고, 시간이 흐를수록 더 좋아질 겁니다.

남 16: 저어, 이제 우리에게 성에 대한 공포가 사라졌습니다. 그건 굉장한 변화지요, 선생님.
그리고 애초에 시작할 때부터 우리를 뒤로 물러서게 했던 것이 바로 그런 공포였거든
요. 특수한 공포! 이제는 그런 공포 따위는 생각하지 않습니다.

아 14: 이제 우리는 두렵지 않아요.

마지막 면접을 가진 이후로 이 부부는 성관계를 더 자주 하게 되었고, 점점
만족도도 높아졌다. 수개월이 지난 후 드디어 아내는 임신이 되었고, 두 사람
다 의기양양하였다.

상담 사례 4:
불효의식으로 괴로워하는 아가씨

−앨버트 엘리스(Albert Ellis, Ph.D.)−

마르타(Martha)는 대학을 졸업하고 나서 가정을 떠나 직장생활을 시작한 지 2년이 되었다. 어려서부터 부모가 원하는 대로 맞춰 착한 딸로 살아왔지만 이제는 자기의 인생을 개척해 나가야 하는 시점에 와 있다.

대학교의 학자금도 자기 힘으로 마련하였고 중·고등학교 시절부터 부모님에게 생활비도 보탬을 준 마르타가 이제는 병원 치료비와 대여 장학금도 상환해야 하는 등의 문제로 쪼들리고 있다. 그럼에도 불구하고 부모는 여전히 그에게 생활비를 보조해 달라고 압력을 가한다. 게다가 주말이면 집으로 와서 부모와 같이 시간을 보내기를 기대한다. 부모님의 기대를 저버리자니 불효하는 것 같아 죄책감이 든다. 부모의 요구에 응하자니 진정한 '자기'는 증발되어 마치 투명인간같이 무언가 잘못 살고 있다는 생각이 든다.

이 내담자의 문제의 발생 원인과 해결 방법은 REBT 이외에 여러 가지 이론적 접근으로 가능하다. 그에 대하여 간략하게 살펴보기로 한다.

(1) 에릭슨(Erikson)의 심리-사회적(psycho-social) 발달 이론으로 보자면 이 내담자는 유아기에 주도성의 발달이 저해되고 그 대신에 죄책감이 발달하였다고 풀이될 수 있다. 주도성이 부족하기에 자기 삶의 목표를 실현하려는 목적의식과 용기가 부족하다.

그 결과 청년기에 와서도 자신의 진로와 인생관을 추구하는 과정에서 자아정체성을 제대로 탐색하는 데 애로를 경험하고 있다.

부모가 자녀에게 착한 딸 노릇을 해야 한다고 강요할 때 어린 자녀는 부모의 뜻을 저버리면 부모가 자기를 사랑해 주지 않으며 버릴 것이라고 생각한다. 그리하여 순종적으로 살게 된다. 이제 그녀가 청년기에 와서 '자기'의 세계를 추구하려는 시점이 되자 갈등을 경험하는 것이다. 다른 말로 표현하자면 그녀는 부모와 미분화된 삶을 탈피하여 이제는 개성화된 자기의 세계를 찾아 부모와 분리된 삶, 곧 자기의 주체성과 독립성을 선언할 시점에 와 있다.

그녀가 느끼는 죄의식은 내담자의 어린 시절에 부모가 강요한 가치를 무비판적으로 수용했기 때문이다. 이제는 그녀가 성인이 되었으므로 강요된 효도의식은 부모의 협박에 의한 것이라는 점을 분별할 수 있다. 부모를 떠나 독립하며 부모의 부당한 요구에 "No"라고 말하는 것은 지극히 당연하다. 이 점을 치료자는 잘 설명해 주었다.

또 하나의 문제는 마르타가 어떤 것을 결정하는 일을 잘 수행하지 못한다는 점이다. 그래서 이성과 데이트를 할 때도 한꺼번에 두 사람과 데이트를 하게 된다. 또 거절을 잘 하지 못함으로 인하여 난잡하게 지낸 시기도 있었다. 자기에 대한 확신 부족은 열등감 내지 '나는 형편없는 존재다.'라는 핵심신념에서 비롯되었다고 치료자는 지적하고 있다.

'나는 쓸모없는 인간이야, 누가 나를 좋아하겠어?'라는 생각 역시 어린 시절의 양육 경험에서 비롯되었다고 치료자인 글로(Gullo)는 설명하였다. 이것이 에릭슨의 발달 이론이다.

(2) '상처받은 내면 아이'의 치료 개념으로 이 내담자의 사례를 살펴보자.

인간은 어린 시절에 양육자로부터 의존의 욕구가 충족되어야 한다. 그리고 아동·청소년기에 자기의 정체성을 찾는 과정에서 부모와 힘겨루기의 시기를 거친 다음에 드디어 성인으로서의 독립성을 획득하게 된다.

마르타의 부모는 힘들게 살았다. 그래서 마르타는 부모에게서 제대로 보호를 받지 못한 채, 오히려 아이가 부모를 보살펴 주는 역할을 부모화된 아이로써 담당해 왔다.

자기가 원하는 것을 한 번도 부모에게 요구해 보지 못하고 자기의 욕구와 감정을 포기해야 했던 '성인 아이'(adult child)로서, 힘들게 고생하는 부모의 눈치를 보아야 하는 아이는 마음이 공허하고 슬프다. '내가 어떤 부탁을 해도 괜찮은가?' '누군가가 나를 사랑해 줄 수 있을까?' '나는 사람을 믿어도 되는가?' 이런 생각을 하면서 자신이 공연히 수치스럽다고 느껴진다.

마르타의 내면에는 '상처받은 아이'가 존재한다. 그런데 신뢰에 대한 두려움과 수치심의 감정은 어려서부터 줄곧 느껴 왔기 때문에 어른이 되어서도 의식화되지 못한 채 역기능적인 행동장애로 표출될 뿐이다.

브래드쇼(Bradshaw)는 상담과 치료 시간에 아동기의 슬픔이 재경험되는 시간, 즉 잃어버린 아동기에 대한 애도 작업이 이루어져야 한다고 강조한다. 지금까지 억압되었던 욕구와 감정을 알아차리고 그것을 충분히 느껴 보는 것이다. 그리고 상담시간에 부모에게 미처 요구해 보지 못했던 말을 간접적으로 표현해 보는 기회를 가진 다음에야 내담자는 참된 성인으로서 성장할 수 있다는 것이다. 그렇게 되면 슬픈 감정을 극복하고 내면에 숨겨진 명랑하고 지혜로운 '선천적인 아이'가 살아난다. 그런 다음에야 내담자는 스스로 자기의 '상처받은 내면 아이'를 의젓하게 보호해 줄 수 있게 된다(오제은 역, 2004).

이런 정서적인 재경험은 REBT와 거리가 먼 치유 방법이다. 인간의 심리적인 문제는 복합적이기 때문에 어느 한 가지의 치료 이론으로 모든 내담자의 문제를 풀어 나간다는 것은 무리라고 생각된다. 이 세상에 만병통치약은 없다.

마르타에게는 잃어버린 아동기를 재경험할 수 있는 정서적 치료의 기회가 주어진 다음에, REBT를 위시한 인지적 치료가 주어지는 것이 바람직하다고 본다.

내담자가 자신의 성장과정을 정신분석학적으로, 또는 대상관계 이론으로 이해했다고 하더라도 그녀가 안고 있는 죄의식이나 혼란된 자아역할에서 빠져 나오기는 여전히 힘들다. 그러므로 정서적 치료의 접근을 경험한 이후에

'무엇이 참된 효도인가?'를 REBT 이론의 상담시간에 소크라테스적 대화법으로써 다루어 나갈 때 명쾌한 해답을 찾을 수 있다.

(3) 한편, 마르타의 우유부단하고 혼란된 마음을 보웬(Bowen)의 가족치료이론으로 설명해 보자.

고혈압, 당뇨병, 암 등의 신체적 질병에는 가족력이 있듯이, 알코올 중독, 가정폭력, 가정불화 등도 세내를 통하여 전승된다고 보웬은 말한다.

마르타의 아버지는 조실부모하고 어려서부터 가족을 부양하였다. 그러니까 할아버지, 할머니로부터 제대로 보호와 사랑을 받지 못하고, 어린 나이에 가장 노릇을 하는 부모화된 아이였다. 마르타의 어머니 역시, 아버지와 거의 비슷하게 고생하고 성장한 것같이 보인다. 그래서 딸인 마르타에게 그런 특성은 또 전승되고 있다. 마르타의 부모는 조부모로부터 양육될 때, 세상살이가 힘들고 세상이 무섭다는 것과 열심히 가족을 위해서 희생해야 한다는 것을 배웠다. 그런 가치관이 이제 손녀인 마르타에게 전수되었다. "마르타야, 너는 우리 집안의 버팀목이다. 우리 집안을 살려라. 그러니까 너는 무엇이든지 잘해야 한다. 인생은 호락호락하지 않아. 네가 무슨 일을 결정할 때도 여러 번 생각해 보고 나서 결정해라. 어떤 사람을 사귈 때도 여러 사람과 비교하고 사귀어라."

그 결과는? 마르타는 자기를 희생하고 오로지 부모와 가족을 위해서 살아왔다. 이제 부모를 떠나 독립된 자기의 세계를 찾으려고 하자, 부모에 대한 원망의 감정과 죄의식이 복합적으로 그녀를 혼란스럽게 한다. 성인이 된 마르타는 죄의식을 느끼지 않으면서 당당하게 자기의 인생길을 개척해 나가야 한다. 그와 동시에 부모에 대한 효도는 기꺼이 할 수 있는 한도 내에서 실천하여 부모와는 적당한 거리에서 좋은 관계를 유지하는 것이 바람직하다.

(4) 삼강오륜에서 '부자유친'(父子有親)이란, 부모는 자녀를 사랑으로 양육

하고 자녀는 부모를 효도로써 공경하라는 의미다.

부모는 자녀가 경제적, 사회적, 심리적 독립을 이룰 때까지 보호하고 교육시킨다. 서양의 경우에는 대개 고등학교 졸업 때(만 18세)까지 자녀와 부모가 같이 산다. 대학교에 가서부터 자녀는 집을 떠나 살고 경제적으로 독립하며, 경우에 따라서 부모가 약간의 지원을 하게 된다. 우리나라는 청소년 시기부터 자기의 용돈을 벌어서 쓰고, 대학부터 경제적으로 자립할 수 있는 사회적인 여건이 형성되어 있지 못하다. 따라서 자녀가 대학 졸업 때까지, 또 군 제대 시점(24~25세)까지는 부모가 대강 경제적인 지원을 하는 것으로 인식하고 있다. 그리고 부모가 연로하거나 병이 들 경우에 자녀는 부모를 보살펴 주는 정리가 있어야 마땅하다. 이러한 상부상조의 사랑이 인륜(人倫)이다. 우리나라에서도 30~40년 전에는 부모쪽에서 자녀의 효도를 강요하는 의식이 많았다.

그런데 요즈음 한국의 세태는 마르타의 경우와 정반대인 것처럼 보인다. 부모는 자녀를 위해서 끝없이 희생하는데, 자녀는 부모에게 끝없이 요구하며 의존적으로 되고, 효도나 의리는 증발된 듯한 사례가 많다.

유교(儒敎)의 삼강오륜은 효도의식을 강조한다. 인간의 도리로서 자녀는 부모에게 효도하는 것이 마땅하다. 그런데 어느 수준에서 어느 정도까지 효도를 하는 것이 바람직한가? 젊은이가 독립하여 자기의 가정을 꾸리고 자기의 세계를 살아감으로써 행복을 누리자면, 불가피하게 부모를 자주 찾아 뵐 수 없고 부모의 생계를 지원해 줄 수 없는 경우가 생긴다. 그것이 불효인가? 자기를 희생하여 나이가 늦도록 자기의 세계는 세우지 못하고, 오로지 부모와 밀착하여 마마보이(mamma boy)나 마마걸(mamma girl)로 살면서, 한편으로는 부모를 원망하고 눈치 보며 사는 것이 효도인가?

그렇다면 부모는 자식을 영원히 붙잡고 있어야 하는가? 참된 부모의 도리와 사랑은 어떤 것인가? 참된 '효도'에 대한 개념을 재정립하게 될 때, 내담자는 죄의식에서 벗어나 떳떳한 성인으로 살 수 있다. 이 장에 나온 사례를 읽으면서 바람직한 부모의 도리와 자녀의 도리에 대해 한번쯤 숙고해 보면 좋을 것 같다.

다음부터는 엘리스가 논평한 글이다.

이것은 23세의 매력적인 처녀인 마르타(Martha)와의 첫 번째 면접을 기록한 것이다. 그녀는 매우 자책적이고, 지나치게 충동적이며, 강박적이고, 위선적이라고 하였다. 또 남성을 두려워하고 인생의 목표도 없으며, 자기가 그 이상 더 신봉하지도 않는 신앙을 부모가 강요하기 때문에 억지로 부모와 함께 교회에 출석하였다. 그리고 부모와의 관계가 좋지 않았기 때문에 죄의식을 느끼고 치료를 받으러 온 것이다. 나(엘리스)는 재빨리 그녀의 중심 문제에 초점을 맞추었다. 그래서 비록 그녀에 대해서 부모님이 속이 상해 있다고 할지라도 그녀 자신이 인생에서 추구하고자 하는 것을 행하는 일에 대해서 죄의식을 느낄 필요가 없다는 점을 인식시켜 주려고 노력하였다.

1회기

내 1: 에-. 제가 대학을 졸업한 후 약 1년 반 동안 저에게 무언가 좀 문제가 있다는 느낌이 들었어요. 저는 제 자신을 처벌하는 경향이 있나 봐요. 저는 사고뭉치예요. 만날 머리를 어디에 부딪치고 다니거나 계단에서 굴러 떨어지든지 그러거든요. 그리고 아버지와의 관계가 아주 나빠요. 그 책임이 어디에 있는지, 또 부모와 어떤 관계를 맺어야 하는지 도무지 종잡을 수가 없어요.

치 1: 부모와 같이 사나요?

내 2: 아니요. 남동생이 둘 있어요. 한 명은 스무 살이고 막내는 열여섯 살이에요. 막내동생은 소아마비(polio)이고 바로 밑 동생은 심장이 큰 것이 문제예요. 제가 맨 처음 속이 상하게 된 것은, 열여섯 살 때 아버지가 폭음하기 시작했을 때부터였어요. 제게 있어서 아버지는 항상 완벽한 군자로 보였어요. 하시는 말씀마다 옳은 말씀뿐이었어요. 그리고 식구들이 나에게 무슨 요구를 하는데, 제가 그런 요구를 따르지 않으면 꼭 죄지은 사람 같이 느껴지거든요. 내가 식구들에게 어디까지 책임을 져야 하는지 정말 의문이에요.

치 2: 식구들이 당신한테 무슨 요구를 하지요?

내 3: 우리집 식구들은 제가 독립해 나가는 것을 바라지 않았어요. 저의 식구들은 처녀가 가족과 떨어져 사는 것은 옳지 않다고 여겼지요. 또 저는 아주 충동적이고 아주 강박적이에요. 또 솔직하게 말하는 것이 좋을 것이 없다고 판단되면 저는 말을 둘러대고 거짓말을 잘해요. 저는 근본적으로 남자를 꺼리고요. 남자들과 관계를 맺는 것도 두려워해요. 제가 데이트해 온 남자는 단 한 사람도 부모들이 마땅하게 여기지를 않았어요.

치 3: 지금 누구하고 사귀고 있습니까?

내 4: 네, 두 사람하고요.

치 4: 그럼 그 둘 중에 어느 한 사람하고 꽤 깊은 사이입니까?

내 5: 글쎄요, 그 점을 잘 모르겠어요. 정말 모르겠어요. 한 사람은 저에게 꽤 열중해 있다고 봐야겠지만, 우선은 저에게 바로잡아야 할 문제점이 있다고 생각하고 있는 모양이에요. 그리고 저도 여러 차례 난잡하게 놀았거든요. 저도 이제 그렇게 살고 싶지는 않아요.

치 5: 직업은? 어떤 일을 하지요?

내 6: 광고회사에서 문안 작성을 해요. 이 직업이 보람 있는 일인지는 모르겠지만요, 대학에 다닐 때도 저는 무슨 전공을 택해야 할지 항상 결정을 못 내렸어요. 전공과목을 네댓 개나 택했거든요. 대학 선택도 아주 충동적이었어요.

그래도 저는 우수 장학생(Phi Beta Kappa)이었어요. 우등생으로 졸업했죠. 전공을 결정하는 것에 애를 먹기는 했지만, 공부하는 것 자체에는 어려움이 없었어요. 저희 부모님은 항상 공부를 잘해야 한다고 강조했거든요. 그래서 항상 열심히 했어요. 제가 일단 무슨 일을 하기로 마음만 먹으면 정말로 파고들거든요. 그런데 저는 항상 사람들에게는 자신이 없었어요. 그러니까 자연히 데이트할 때는 두 사람 이상과 같이 나갔어요. 제 생각에 어쩌면 한 사람하고만 데이트를 하면 그 사람이 저를 거절할까 봐 두려워서 그랬던 것 같아요. 무엇보다도 저를 괴롭히는 또 한 가지는, 제가 문장 능력이 있다고 보는데요. 그런데 정작 책상 앞에 앉아 글을 쓸 만큼 엄격하게 단련이 되어 있지는 못한 것 같아요. 그저 '세월아 가거라.'라는 식이에요.

제가 글쓰는 재능이 있다는 확신은 꽤 강해요. 그런데도 막상 본격적으로 글쓰기 작업에 들어가는 것이 두려워요. 어머니는 항상 저더러 글을 쓰라고 격려했어요. 그리고 저더러 매사에 좀 더 나은 것을 찾도록 하라고 하셨어요. 그래서 제가 남자애들하고 교제를 하기 시작했을 때도, 어머니는 제가 어떤 한 사람에게만 흥미를 갖는 것을 절대로 좋아하지 않았어요. 항상 이디 다른 곳엔가 더 좋은 것이 있는 법이니, 좀 더 찾아보라는 거예요. 그래서 어떤 남자애가 모든 면에서 내 맘에 들지 않으면 다른 남자를 찾아보라는 거예요. 이런 것이 저에게 영향을 끼쳤다고 봐요. 그러니까 저는 어느 한 사람에게 사실은 상당히 흥미를 가지고 있을지도 모르지만, 항상 다른 사람을 찾고 있다는 느낌이 들었어요.

치 6: 그렇지요. 당신은 그런 부모의 영향을 받았을 겁니다.

내 7: 하지만 제가 찾고 있는 것이 무엇인지 모르겠어요.

치 7: 어떤 의미로 보자면 당신은 완전성을 찾고 있는 것 같군요. 결코 당신이 찾아낼 수도 없는 완전성을! 안정감과 확실성을 찾고 있겠지요.

내 8: 저는 삶의 목표를 상실한 것 같아요. 저는 곤경에 빠져 있어요. 식구들 걱정하랴, 돈 걱정하랴, 단 한 번도 마음이 편안한 적이 없었어요.

치 8: 왜 당신은 식구들 걱정을 하지요? 우선 그 문제부터 이야기해 봅시다. 무슨 일에 신경을 쓰지요? 식구들은 당신이 믿지도 않는 것을 꼭 믿어야 한다고 요구하는데…….
당신에게 효녀 심청이(희생적인 플로렌스 나이팅게일처럼)가 되라고 강요하니까, 그것이 혼란을 가져온 것 같습니다.

내 9: 저는 심봉사와 심청이(플로렌스 나이팅게일)처럼 희생적인 가정에서 자랐어요. 지금 우리 집안의 분위기를 몽땅 분석해 보니까 그렇군요. 저의 부모는 저를 임신했기 때문에 결혼한 거예요. 그래도 어머니, 아버지가 서로 진심으로 사랑했다고 생각해요. 제가 어렸을 때는 아빠의 귀염둥이였지요. 아무도 저에게 손가락 하나 건드리지 못했고, 언짢은 말 한마디 하는 사람도 없었어요. 그래도 제가 버릇없다고 생각하지는 않아요. 스무 살 된 제 동생 조(Joe)는 심장이 컸기 때문에 수술을 받았는데, 회복이 잘 되었어요. 이제 대학에 다니고 있지요. 열여섯 살 동생은 소아마비예요. 제가 열두 살 때 제 어깨뼈가 골절되었어요. 가족 중에 한 사람씩 병이 떠날 날이 없었어요. 그래서 부모님은 빚을 지지 않는 때가 없었죠, 항상. 그래서 저를 대학에 보낼 수도 없는 형편이었어요. 대학에 들어와서부터 저는 가족을 부양했어요. 아빠는 일생 동안 신세 한탄을 하면서 알코올 중독이 되신 적이 몇 차례나 되어요. 어머니는 작년에 유방암에 걸렸어요. 그래서 유방 하나를 제거했어요. 우리 식구 중에 아무도 건강한 사람이 없어요.

아빠는 신경안정제를 복용하면서 살아요. 하루라도 약을 거르시는 날이면 아버지는 엉망진창이에요. 어머니는 내가 집을 떠난 것이 잘못이라고 말씀하세요. 제가 어떻게 해야 할지, 이래야 할까, 저래야 할까, 미칠 지경이에요.

치 9: 왜 이래야 할까 저래야 할까 의문을 가져야 하나요?

내 10: '너는 항상 너 자신을 양보해야 한다.'는 식으로 자라 왔으니까 그런 느낌을 가진다고 봐요. '만일 네 자신만 생각한다면 너는 나쁜 아이다.'라는 식이지요.

치 10: 그건 신념이지요. 당신이 그렇게 믿기 때문에 그렇게 느끼는 거예요. 자, 당신이 대학을 졸업했고 이제는 성인인데, 왜 그런 사상을 가져야 하지요? 당신이 어렸을 적에는 많은 미신을 믿었지요? 이제 당신은 성인인데 왜 그런 미신을 아직도 믿어야만 하나요? 어린 시절에 주입된 사상이 당신에게 끼친 것은 모두 죄의식뿐이지요. 그리고 앞으로도 오로지 죄의식만 안겨 줄 뿐, 아무런 이득도 없는 거지요.

내 11: 엄마 아빠가 '왜 주말에 집에 오지 않니? 금요일이니까 오후에 집에 와라.'라고 전화를 걸어오거든요. 제가 '못가겠어요. 바빠요.'라고 하면 부모님은 아주 속이 상하시나 봐요. 그리고 제 속도 뒤집혀져서 금방 소화가 안 되어요.

치 11: 그것은 당신이 독백하기를, '난 부모에게 효도도 못하는 구더기 같은 인간이야!'라고 하기 때문이지요. '나는 나쁜 인간이야!'라는 당신의 신념을 당신 스스로가 독백할 뿐입니다. 그것이 바로 당신의 위장을 뒤집히게 하는 원인이지요. 그런 말은 그릇된 것입니다. 당신이 부모를 위하기보다는, 당신 자신을 더 위한다고 해서 왜 나쁜 사람이 되는 거지요? 누가 당신더러 나쁜 사람이라고 말했나요? 당신 부모님이 그런 말을 하니까,

당신도 그렇게 믿는 것이지요.

내 12: 맞아요. 우리 형제간은 부모님이 말씀하시는 것은 뭐든지 옳은 것으로 알고 순종해야 한 다는 식으로 자라 왔으니까요. 그래서 제 자신이 그런 생각에서 벗어날 수가 없었어요.

치 12: 당신이 결심만 한다면 그런 생각에서 벗어날 수도 있지요. 다만 당신쪽에서 스스로 벗어나지를 못했던 것이지요. 그리고 부모에게 전화를 걸 때마다, 당신은 스스로에게 말도 안 되는 소리를 하고 있는 거예요. 그러니까 지금부터 당신은 스스로가 허튼 소리를 하고 있다는 사실을 알아야만 합니다. 인간이 심리적 고통을 당하는 것은, 신체적 고통을 느낄 때를 제외하고서는, '자기가 고통을 느끼기 바로 직전의 순간에 얼토당토않은 말을 항상 독백'하기 때문인 것입니다. 대개 '이거 큰일났네!'라는 식의 말을 하는데, 당신의 경우에는 '내가 집에 가고 싶지 않다니 큰일이다.' '난 이기적인 사람이 되어서는 안 돼!'라고 중얼거리는 것이지요. 그런데, '이거 큰일났군!'이라든지 '내가 이래서는 안 되는데!'라는 말은 일종의 가정(假定)이요, 전제일 뿐, 과학적으로 확증이 되지 않는 말입니다. 그런데도 '그 말이 옳다. 너는 순종하라.'라고 부모님이 주입시켰기 때문에, 아무런 과학적인 증거도 없이 당신은 그 말이 옳다고 믿고 있어요. 당신이 성장과정 중에 그렇게 믿도록 교육을 받았다고 해서, 그 말이 정말로 진실한 것입니까?

'인간이 이기적이면 안 되고, 자신을 맨 먼저 생각해서는 안 된다.'는 말이 잘못되었다는 것입니다.

이것이 골자입니다. 당신은 '자기를 죽이고 희생해라.'는 것만 믿고 있습니다. 인간은 이기적인 필요가 있다는 것은 믿고 있지 않거든요.

내 13: 선생님이 말씀하신 대로 믿고 싶어요.

치 13: 많은 시간을 당신은 부모님이 주입한 생각을 아주 굳게 믿고 있어요. 그리고 그런 사상을 당신 자신이 더욱 주입시키고 있기 때문에 치명적입니다. 부모님이 당신에게 세뇌시킨 것만이 문제가 아니라, 또 당신이 스스로에게 이런 말을 계속해서 다짐하는 거지요.

내 14: 그것은 종교 탓도 있어요. 저는 엄격하고 완고한 기독교를 믿고 자랐거든요. 지금은 기독교를 독실하게 믿지는 않고 있어요.

그런데 내가 기독교를 믿지 않노라고 부모님께 탁 터놓고 말을 할 수가 없어요. 아무튼 그것도 죄의식을 느끼게 해요.

치 14: 당신이 신앙심을 잃은 지 오래되었다는 사실을 부모님께 말씀드리지 않는 것은 괜찮습니다. 왜냐하면 부모님이 그것을 허용하지 않을 뿐만 아니라, 또 속상해 하시니까요. 부모님에게 당신이 기독교를 믿지 않는다고 공표해 봤자 아무런 이득이 없겠지요. 그러나 필요하다면 부모님께 '이제 나는 더 이상 기독교의 교리는 믿지 않아요.'라고 말할 수도 있는 것입니다. 그리고 그것 때문에 시끄러운 소동이 일어날 테면 일어나라는 거지요. 그 말을 했다고 해서 당신이 실제로 부모에게 피해를 주는 것은 없는 거예요. 누구를 야구방망이로 때리기 이전에는, 어떤 사람에게 피해를 준다는 것은 있을 수 없는 일입니다! 사실상 부모님이 좋아하지 않는 일을 당신이 할 수도 있습니다. 부모님이 속상해 하는 것은 그들이 당신 말을 너무 심각하게 받아들여서 부모 스스로가 속이 상하는 것입니다. 그러니까 당신이 부모님에게 피해를 준 것은 아닙니다. 설령 부모가 '네가 우리에게 어떻게 이렇게 할 수 있니?'라고 말한다고 해도 그 말이 사실입니까? 당신이 부모에게 무슨 해로운 짓을 하고 있는 것입니까?

내 15: 제가 해로운 행동은 하지 않지요.

치 15: 그런데도 당신이 부모를 상심시켜 주고 있다고 믿고 있거든요. 그건 잘못된 생각이에요.

　　나는 마르타에게 그녀 자신을 먼저 위하고 나서, 두 번째로 부모를 위하는 것이 오히려 윤리적이라는 점을 보여 주려고 노력하였다. 또한 그녀와 그녀의 부모를 위시해서 모든 사람들이 속을 상하는 것은 어떤 말이나 제스처나 태도(A지점)에 의해서 속이 상하는 것이 아니라는 것과 그들이 어떤 말의 의미를 되새기면서 자신들에게 당치도 않은 말을 계속 독백(B지점)하기 때문에 속이 상하는 것이라고 설명하였다.

내 16: 또 엄마는 제가 식구들과 함께 집에서 살아야 한다고 생각하고 계셔요. 그동안 제가 받는 월급을 몽땅 집안 경제에 보탰거든요. 지금은 부모님께 약간씩 돈을 보태 드려요.

이젠 그 이상 더 많이 드릴 수가 없어요. 왜냐하면 그동안 내가 두 번이나 아팠고, 이빨을 뽑아내고 위쪽 이를 전부 갈아 넣어야 했어요. 학비 융자금도 갚아야 하고, 그래서 저는 경제적으로 쪼들리고 있어요.

어려서부터 저는 항상 아버지의 몫을 메꾸어 주어야 한다고 느꼈어요. 우리 집에서는 매번 식구들 중에 누군가가 꼭 아팠거든요. 어떤 때는 한 사람만 아픈 게 아니라, 두 사람이 한꺼번에 병이 났어요. 항상 그런 일이 일어났어요.

아빠는 어려서부터 사수싱가하여 어린 나이에 아빠 집안을 먹여 살렸고, 또 엄마와 결혼한 후에도 아픈 아이들 때문에 아빠가 고생만 했어요.

치 16: 어쩌면 당신이 가족 중에서 비교적 신체적으로 건강한 유일한 식구였으니까, 당신은 '내가 이렇게 건강하니까 다른 사람 몫까지 해야만 한다!'라고 느꼈겠지요.

내 17: 저의 어머니가 항상 그렇게 말씀하셨어요, 선생님. 저는 항상 건강했었는데요. 엄마 말씀은, 제 어깨뼈가 자꾸 탈골되어 저마저 아파 눕게 되자, 아버지는 거의 실성하다시피 하셨다고 해요. 유독 저 하나만이 항상 아버지를 안심시켜 주는 지주였거든요.

치 17: 바로 그 점이 골자입니다. 당신 문제의 해답이 되겠습니다. 당신 아버지는 당신에게서 안정감을 찾았거든요. 당신의 아버지는 당신이 자기와 가족을 보살펴 줄 수 있을 거라는 기대를 걸었고, 또 당신은 항상 그런 기대에 어긋나지 않으려고 노력해 왔지요.

내 18: 저는 항상 부모님의 기대에 어긋나지 않으려고 노력했어요!

치 18: 아직도 당신은 당신의 인생을 사는 것이 아니라, 부모님의 인생을 대신 살아 주려고 노력하고 있습니다.

내 19: 그걸 이제 깨달았어요. 그리고 저는 부모님의 인생을 살아 주고 싶지는 않아요.

치 19: 좀 야박하게 들릴지 모르지만, 내 생각에 당신은 당신 부모에게 잔인하리만치 매정해야 될 것 같군요. 왜냐하면 당신이 매몰차지 않고서는 부모가 항상 당신을 착취할 테니까요. 그래서 당신은 오래 묵은 늪 속에서 헤어나지 못할 겁니다.

내 20: 제가 대학에 다닐 때도 실제로는 제 힘으로 다녔어요.

치 20: 당신이 이제부터 늪에서 벗어나기 위해서 해야 할 일은, 비교적 간단하기는 합니다만, 막상 해 보려고 들면 쉽지 않습니다.

내 21 : 어떻게 벗어나지요?

치 21 : 무엇보다도 당신이 속이 상할 때마다, 그러니까 죄책감을 느끼거나 우울해지거나 불안하거나 할 때마다. 그런 감정을 느끼기 바로 직전에, 당신은 스스로에게 무언가 미신적인 신조랄까, 무언가 말도 안 되는 소리를 다짐하고 있다는 것을 알아차려야 합니다. 예를 들자면, 당신이 어떤 일을 성공적으로 잘해 내지 못하니까, 자기는 나쁜 사람이라고 생각한다고 합시다. 그때 '왜 나는 꼭 사랑받고 숭배되어야만 하는가? 누가 그런 말을 했지?'라는 식의 질문을 스스로에게 던져 보아야 합니다. 당신이 꼭 그와 같이 되어야 한다는 법은 없는 겁니다. 당신은 우리 사회의 모든 사람들이 무턱대고 믿고 있는 이런 말도 안 되는 소리를 앵무새처럼 건성으로 따라 외우고 있는 것입니다. 그리고 당신 부모들만이 당신에게 그런 사상을 가르쳐 준 것이 아니고, 당신이 듣고, 읽은 모든 동화책이나 당신이 보는 TV쇼가 다 그래요. 이 모든 것이 쓰레기 같은 그런 생각을 주입시키고 있지요.

내 22 : 저를 항상 묶어 놓고 있는 것은 부모님들이에요.

치 22 : 좋습니다. 그렇다면 누군가가 '당신 자신의 이익에 앞서서 먼저 부모님의 이익을 고려해야 한다. 그렇지 않으면 당신은 나쁘다.'라고 말한다고 합시다. 왜 그런 말로 당신은 고민하지요?

내 23 : 그런 관념을 교육받아 왔으니까 괴로운가 봐요.

치 23 : 당신이 그 말을 믿으니까 괴로운 것입니다. 당신은 꽤 병적인 가정에서 자랐어요. 그래서 일생 내내 그런 부모들의 사상에 머리를 조아리며 엎드려 승복해야 한다는 생각을 가지고 있어요.

내 24 : 아뇨. 저는 그런 사상을 떨쳐 버리고 싶어요. 이제는 제 자신의 인생을 살고 싶어요. 그리고 저는 또, 근본적으로는 똑같은 이치라고 생각하는데요, 내가 난잡한 생활을 해 오고, 거짓말을 하는 내 자신을 용납할 수가 없어요.

치 25 : 그러니까 지금까지 당신은 자기를 받아들이려고 노력해 보지 않았지요. 사람들의 인정을 받으려고 죽을 힘을 다 했을 뿐이고요. 첫 번째로 부모의 인정을 받으려고 했고, 두 번째로 남들의 인정을 받고자 했던 거죠. 그것이 당신으로 하여금 난잡하게 된 이유이고, 또 거짓말하는 이유가 되지요. 그리고 당신 스스로가 자기를 받아들이는 일은 전혀 하지 않고 있어요. 진정한 자존감을 얻으려면 사람들이 당신을 어떻게 생각하는가에 대해서 신경을 쓰지 않는 것입니다. 이 길 외에는 별다른 도리가 없습니다. '자기 수용'이란 의미는 바로 그런 것입니다.

내가 만약에 내담자의 행동에 대한 '진짜' 원인을 발견하기 위해서 정신분석학적 입장에서 과거사를 청취했더라면, 다음과 같은 결과를 초래했을지도 모른다.

- 그 진짜 원인이 과연 무엇인지 결코 알아낼 수 없을지도 모른다. 왜냐하면 그런 원인이 없을 수도 있으며, 또 수년간에 걸쳐 조사를 해 보았자 규명되지 못하는 수가 있기 때문이다.
- 내담자를 곁길로 인도한 결과가 되어서, 근본적으로 내담자를 고민 속에 빠트린 스스로의 인생관이 무엇인지를 결코 발견해 내지 못하며, 따라서 그런 인생관을 바꾸어 보려는 시도는 엄두도 내지 못할 수가 있다.

이러한 이유 때문에 나는 마르타에게 매우 직접적인 접근방식을 사용하였다.

내 26: 그러니까 '너는 다른 사람들에게 냉정하게 굴어라.' 그 뜻인가요?
치 26: 에- 반드시 '냉정하라.'는 뜻은 아닙니다. 그것은 '진실로 당신 자신의 목적과 당신 자신의 자존감을 마음껏 발전시켜서 다른 사람들의 견해나 욕망이 당신을 침식하는 것을 용납하지 말라.'는 뜻이지요. 만일 당신이 자기의 삶의 목적과 자신감을 가지고 살면서, 타인의 뜻에 따라 당신의 인생이 좌우되지 않는다면, 기실은 다른 사람들에게 더 친절하고 더 부드럽게 대하게 될 것입니다.
당신은 어느 정도 부모로부터 감정적으로 거리를 두고 멀리 해야 할 것 같습니다. 당신 자신에게 진실하기 위해서 말이지요. 왜냐하면 당신 부모는 당신에게 군국주의자요, 정서적인 협박자인 것 같으니까요.

내 27: 네, 바로 그래요. '정서적인 협박자'라는 말이 맞아요. 나도 그 점을 알고 있어요. 저는 일생 내내 죄의식을 느끼도록 감정적인 협박을 받아 왔으니까요.

치 27: 맞습니다. 당신은 협박을 항상 받아들였습니다. 어린아이였을 때부터. 그때는 부모에게 의존해야 했으니까 별다른 도리가 없었지요. 그러나 성인이 된 지금까지도 부모의 협박을 받아들여야 한다는 법은 없습니다. 이제는 조용히 저항을 하십시오. 모든 문제는 당신의 인생관입니다. 당신의 철학은 사실상 부모들의 인생관을 내재화한 것이고요.

2회기

　　마르타는 2회기부터 약간의 진보를 보여 주었고, 복잡했던 마음도 상당히 진정되었다.

치 1: 어떻게 지냈어요?

내 1: 어머니는 아직도 고생하고 계셔요. 유방을 절제했거든요. 별로 말씀을 안 하세요. 어머니는 복잡한 사람이라 도무지 속을 알 수가 없어요. 자기가 아픈 것을 구실 삼아 모든 식구들을 꼼짝 못하게 잡아 흔들고 있어요. 그날 밤도 어머니는 마치 희생양과 같은 태도였어요. 그날 밤에 저는 '엄마, 그렇게 희생의 제물인 척하지 말고 그냥 들어가서 주무세요.'라고 말했거든요. 어머니는 저를 마치 외계에서 온 사람을 대하듯이 놀란 눈초리로 쳐다보았어요.

치 2: 그렇게 해 주면서 속이 상하지 않았겠지요?

내 2: 네. 그랬어요. 제가 해야 할 일을 처음으로 잘하고 있다는 느낌이었어요. 그리고 그것이 지난 며칠 사이에 이룬 가장 큰 성과라고 생각해요.

치 3: 예, 아주 좋은 성과입니다.

당신 부모가 무슨 행동을 취하든, 또 아무리 크게 상심해 있든지 간에, 그것에 휘둘리지 말라는 말은, 당신이 일부러 부모들의 심정을 모른 척하라는 말이 아닙니다. 다만 그럴 경우에도 '당신 자신의 권리를 찾아보라.'는 것입니다.

내 3: 저는 지난 일 년 반 동안 또 다른 일로 마음이 괴로웠거든요. 과거처럼 제 자신을 말로 잘 표현할 수 없다는 느낌이 들어요. 왜 그런지 모르겠어요. 막연히 그런 감이 든다고 할까, 사실 말을 안 하는 것도 아니거든요.

치 4: 그러니까 직장에서나 사회생활을 하면서 사람들과 이야기를 할 때 당신은 과거에는 이야기를 잘했는데, 지금은 당신을 잘 표현할 수가 없다는 말입니까?

내 4: 네, 정확히 할 말이 생각나지 않는 것 같아요.

치 5: 그래요, 당신 말이 어느 정도는 맞습니다. 과거에는 당신은 거의 의식하지 않고서 아무렇게나 말을 했었는데, 이제 와서는 당신 자신을 어떻게 표현하느냐에 대해서 훨씬 더 의식을 하고 있습니다. 우리는 모두가 자기 표현하는 데 있어서 실수를 범하기 마련이지 않습니까? 그런데 유독 당신만은 자기가 하는 말에 대해서 너무 심각하게 생각하고 있거든요. 재미있는 예를 들어 보겠습니다. 말더듬이를 한 명 데리고 와서, 정말로 아주 심하게 말을 더듬는 사람을 말이죠. 그 사람의 귀에 이어폰을 끼워 놓고 소음을 틀어 주어서 자기가 말하는 것을 들을 수 없게 만듭니다. 그리고 그 사람한테 읽을거리를 주면 전혀 말을 더듬거리지 않고 술술 잘 읽어 내려가는 거예요.

내 5: 와!

치 6: 왜냐하면 그는 소음 때문에 다른 걱정을 할 수가 없거든요. 자기가 얼마나 형편없이 글을 읽어 가는지, 혹은 얼마나 잘 읽어 내려가는지 알 길이 없거든요. 그런데 그에게서 이어폰을 떼면, 그는 곧바로 다시 말을 더듬게 됩니다. 왜냐하면 이제는 자기 목소리를 들을 수가 있으니까요. 그래서 맨 처음 두세 마디를 시작할 때 약간 더듬거리게 되고, 이어서 '아차! 이것 참 큰일이군!'이라고 독백을 하게 됩니다. 그다음부터는 더듬, 더듬, 더듬거리기 시작하는 거예요. 지금 당신은 자기를 얼마나 표현하는가에 지나치게 많은 관심을 쏟고 있습니다. 그리고 지나친 관심을 쏟고 있는 까닭에, 막상 당신 자신을 잘 표현하지 못하게 되는 것입니다.

내 6: 학교 다닐 때도 항상 그랬어요. 어떤 한 가지 일에나, 또 어느 시험에 제가 잘못하는 날

이면, 저는…….

치 7: 그래요. 당신은 자기 머리통을 두들겨 주지요?

내 7: 네.

치 8: 왜 그렇죠? 이유가 무엇입니까? 왜 꼭 완전해야만 되나요? 인간이 실수를 범하고 불완

전하면 왜 안 된단 말입니까?

내 8: 아무래도 사람이란 항상 완전하기를 기대하지 않겠어요?

치 9: 그렇지요. 하지만 그게 건전합니까?

내 9: 아뇨.

치 10: 왜 그런 비현실적인 기대를 버리지 않습니까?

내 10: 그런 기대를 버리게 되면 제 자신을 받아들일 수가 없어요.

치 11: 그것은 당신이 '실수하는 것은 수치스럽다.'라고 생각하니까 그렇지요. 왜 수치스럽습

니까? 당신이 실수를 할 때 누구에겐가 '그래요. 제가 잘못했어요.'라고 말할 수는 없다

는 겁니까? 왜 실수를 인정하는 것이 그렇게도 무섭습니까?

내 11: 잘 모르겠습니다.

치 12: 그것은 다만 당신이 실수하는 것을 두려워한다는 뜻일 겁니다. 최근에 내가 전문 학술

지에 논문을 기고했는데, 내 논문이 수락되고, 또 다른 심리학자는 내 논문을 비평하게

되어 있었습니다. 그 심리학자가 비평문을 썼는데, 상당히 야비하게 썼지요. 그가 지적

한 점에 대해서 나는 의견이 다르지요. 그래서 나는 해답서에서 이런 견해의 차이를 썼

습니다. 그러나 또 그가 지적한 것 중에는 그의 의견이 옳은 것도 있었어요. 즉, 내가

다룬 사례를 지나치게 과장하였다는 거지요. 그래서 나는 답변서를 통해서, '당신 말이

옳다. 이 대목에서 내가 실수를 범했다.'라고 간단히 말한 적이 있습니다. 자, 무엇이 무

섭지요? 왜 내가 실수해서는 안 된다는 거지요? 나는 도대체 어떤 사람입니까? 예수

그리스도? 성모 마리아? 왜 당신은 모든 사람들이 하는 것처럼 행동해서는 안 되며,

또 실수를 범해서는 안 된다는 겁니까?

내 12: 그 이유가 인정을 받으려는 욕구 때문인 것 같아요. 만일 내가 실수를 범하지 않으면

사람들이 나를 우러러 볼 것이다.

치 13: 그렇습니다. 그게 부분적인 이유가 되겠는데, 사실은 틀린 신념입니다. 만일 당신이 실수를 하지 않으면, '모든 사람들이 당신을 사랑할 것이고, 또 사람들이 당신을 사랑해 주어야 한다.' 그거죠? 그게 주 원인이지요. 그렇지만 그 말이 과연 옳습니까? 당신이 절대로 실수를 한 적이 없다고 칩시다. 사람들이 당신을 사랑할까요? 사람들은 가끔씩은 당신이 너무 철저하게 빈틈없는 것을 오히려 미워하지 않을까요? 그래요. 왜 자기가 불완전하다는 것을 받아들여서는 안 됩니까? 그것이 당신의 진짜 문제입니다. 불완전한 것이 어째서 수치스럽다는 것이지요?

당신은 '착해라. 완전해라.' 또 '가치 있는 인간이 되기 위해서 나는 완전해야 한다. 만일 내게 결점이 있으면 나는 나쁜 사람이다.'라고 생각하고 있는 거지요. 그런 사리에 맞지 않는 사상이나 전제를 당신은 믿고 있어요. 당신이 그런 말을 믿게 될 만도 합니다. 사회가 그런 소리를 하고 있기 때문입니다. 또 분명히 당신 부모가 그런 사상을 주입시켰겠지요.

그래서 당신도 그렇게 생각하고, 어리석게도 두려움을 느끼고 있지요. 부모가 당신은 성적 욕망이 없는 천사와 같아야 한다고 생각하니까, 당신도 그래야 된다고 생각하는 거지요.

내 13: (침묵)

치 14: 누구든지 완전주의적 경향이 있는 자는 고민이 많게 되어 있어요. 그리고 불행하고 끝내는 미쳐 버리게 됩니다.

당신은 실수를 범하는데, 당신이 보기에 부모는 실수를 하지 않습니다. 그런데 당신은 실수를 합니다. 그러고 나면 당신은, '나는 나쁜 사람이다. 아이고, 끔찍해! 나는 효녀 심청이(나이팅게일)와 같은 희생정신도 없구나. 나는 남자애들과 잠자리에 들어간다. 나쁜 짓을 하고 있다. 큰 실수를 범했다. 얼마나 끔찍한가!'라고 중얼거리는 것입니다. 그게 바로 당신 부모의 인생관과 똑같은 것이 아닙니까? 그리고 그런 철학은 실현 불가능한 사상이지요. 왜냐하면 우리가 진실로 그와 같은 철학에 부합되게 살려면, 문자 그대로 천사처럼 되어야 하니까요. 이 세상에 천사 같은 사람은 없습니다. 당신 부모들조차 그렇지는 못합니다.

내 14: 제가 실패할까 봐 굉장히 두려워하기 때문에, 사실은 글을 써 보고 싶은 마음이 간절하면서도 선뜻 글을 쓰는 일에 나서지 못하고 있는 것 같아요.

가끔씩 저는 집에서 글을 쓰고 싶어요. 아직까지 뚜렷한 성과는 없지만 내 마음으로는 계속해서 작가가 되고 싶어요.

치 15: 그러면 두 가지 중에 한 가지 일이 일어나겠지요. 열심히 노력해서 글을 써 본 결과 훌륭한 작가가 되거나, 아니면 좋은 작가가 되지 못한다는 것이 판명되거나 하겠지요. 그런데 설령 당신이 좋은 작가가 되지 못하더라도 그것 역시 좋은 일이긴 합니다. 글을 쓰지 않고 있는 것보다는, 글을 써 봄으로써 당신이 훌륭한 작가가 되지 못한다는 사실이 판명되는 것이 훨씬 더 좋은 것입니다. 왜냐하면 만일 당신이 글을 쓰고 있지 않으면, 일생 내내 당신 자신을 계속해서 혐오할지도 모르니까요. 반면에, 당신이 매일매일 꼬박꼬박 글을 써 본 다음에 당신이 저술 분야에 소질이 없는 것으로 판명이 되면, 그건 참 서글픈 일이겠지만, 결국에 가서는 당신은 작가가 되는 길을 접고 다른 무엇인가가 되겠지요. 그러한 경험을 통해서 당신 자신을 잘 알게 되는 것이 더 좋습니다.

내 15: 과거에는 내가 글을 쓰고는 싶었지만 정작 글쓰는 일이 고통스러웠거든요.

치 16: 그래요. '에구머니나! 내가 실패하면 어쩌지? 얼마나 무서운 일인가!'라는 말을 중얼거리면서 당신은 글 쓰는 일을 고통스럽게 여겼기 때문에 마음이 괴로웠던 것입니다. 무슨 일이든지 그런 말을 독백하고 있는 한, 고통스럽지 않은 것이 없겠지요.

내 16: 그래요. 그리고 또 한 가지 저를 괴롭히고 있는 것은, 제 일생 중에 매사에 다 그랬어요. 뭐랄까, '무턱대고 해 봐라. 그러면 어떻게 잘 되겠지.' 하는 태도예요. 부모님이 항상 그런 식이었거든요. '돈이 없더라도 하여간 이걸 해 보자. 그러면 무슨 수가 생기겠지.'라고요.

지금도 그런 식으로 살아가고 있어요. 무슨 일을 계획을 짜서 하지 못하고요. 그리고 설령 계획을 짜더라도, 사소한 일까지도 웬일인지 계획대로 실천이 되지 못해요. 아직도 저는 주먹구구식으로 하고 있거든요. '무턱대고 한번 해 보자. 어떻게 잘 되겠지.'라는 생각이에요.

그리고 '어리석게 굴지 마라. 넌 우왕좌왕 헤매면 안 돼, 얌전히 있어.'라고 다짐하지만, 그래도 좌우간 저는 충동적으로 해 버려요.

그러고는 저의 그런 행동에 화가 나거든요. 그리고 더 긴장되어요.

치 17: 바로 그렇습니다. 모든 자기 비난을 끊어 버리세요. 그렇다고 해서 모든 비평이나 평가를 다 끊어 버리라는 뜻은 아닙니다. '내가 잘못하고 있다. 얼마나 형편없는 인간이냐! 나는 나쁜 사람이다.'라고 비난 섞인 독백을 하는 대신에, '내가 잘못하고 있다. 그러니까 앞으로는 어떻게 잘못을 하지 않도록 할까?'라는 말을 하라는 것이지요.

내 17: 제가 어떤 일로 특히 걱정을 많이 할 때는 대단히 이상한 꿈을 꾸게 되거든요. 문제가 무엇인지 연관을 지을 수 없는 꿈을 꾸거든요. 일주일에 서너 번씩이나 꿔요.

치 18: 이상할 것이 없지요. 아마 불안한 꿈일 것입니다. 모든 꿈은 다 낮 동안에 당신 스스로에게 자문자답한 것과 똑같은 내용을 보여 주는 것입니다. 다만 꿈속에서는 애매하고 좀 더 추상적인 형태로 나타날 뿐이지요.

내 18: 어젯밤에 꿈을 꿨는데, 그 꿈을 꾸고 나서 제 마음이 심란하게 되었어요. 제가 저의 회사 사장과 어디론지 도망을 갔는데, 사장 부인한테 우리가 한 침대 속에 누워 있는 장면을 들키고 말았어요. 그러고는 그 꿈을 꾸고 나서 몹시 속이 상했어요. 정말로 속이 상했어요. 제가 의식적으로 저의 사장을 성적으로 연관시켜서 생각해 본 적은 단 한 번도 없었으니까요.

치 19: 그 꿈이 나타내는 것은 그런 뜻이 아닙니다. 그 꿈은 당신이 당신 회사의 사장을 성적으로 연관해서 생각하고 있다는 것을 표상해 주는 것이 아닙니다. 그 꿈이 진실로 의미하는 바는, 당신이 잘못을 저질렀고, 그 과오가 발각되었다는 의미일 것입니다.

내 19: 전 그렇게는 한 번도 생각해 보지 않았어요.

치 20: 그 꿈은 아마도 그런 의미일 것입니다. 우리 사회에서 당신이 저지를 수 있는 최악의 일 중 하나가 무엇이겠습니까? 당신 회사의 사장과 섹스를 하고 그 부인에게 들키는 일이지요. 어쩌면 그 꿈은 성적인 문제와는 전혀 관련이 없는 것일 겁니다. 그리고 당신은 무의식적으로도 당신 회사의 사장에게 관능적인 욕망을 느껴 본 적이 없을 것입니다.

내 20: 저는 그런 감정을 전혀 느껴보지 않았어요.

치 21: 물론 그럴 리가 없겠지요. 그러나 만일 당신이 사장과 성관계를 맺는다면, 그건 잘못된 방향으로 나가는 것이 되겠지요. 그래서 당신의 꿈이 의미하는 바는 바로 이런 겁니다. '만일 내가 잘못된 일을 하면 나는 나쁜 사람이다. 내 직장을 놓칠지도 모른다. 그래서 엄청난 피해를 받을지도 모른다'. 아마도 이런 것일 거예요. 그게 당신이 낮 시간 내내 자기독백한 것이 아니겠습니까?

내 21: 그 꿈을 꾸고 나서 걱정이 생겼어요.

'글쎄, 나는 단 한 번도 의식적으로 사장에게 그런 감정을 느껴보지 않는데……'라고 생각했거든요. 그런 다음에는 '어쩌면 무의식적으로는 내가 사장에게 육체적인 매력을 느끼는지도 모른다.'라고 생각했어요.

치 22: 그래서 설령 당신이 그렇다고 친다면? 당신이 무의식적으로 사장에게 관능적인 매력을 느낀다고 합시다. 그것이 왜 걱정되지요?

왜 그게 나쁠까요? 당신이 발견한 것은 '글쎄, 내가 사장에게 성적인 매력을 느끼고 있었군. 그건 끔찍한 일이지? 나는 얼마나 형편없는 인간이냐!'라고 생각하는 거죠. 사실을 말하자면, 수백만의 아가씨들이 무의식적으로는 자기네들의 사장에게 관능적인 매력을 느끼고 있는 것입니다. 글쎄, 그게 무엇이 나쁘다는 겁니까? 그 처녀들이 정신적으로 건전해서 별일이 일어나지 않는다면, 그러니까 사고를 내지 않는다면 말이지요. 그러나 당신은 '아니 안 되지. 내가 그것을 모르고 있다니 끔찍스럽지 않은가! 내가 감당해 낼 수 없는 짓을 하고 있다니!'라고 중얼거리는 것입니다.

내 22: 선생님께서 말씀하시니까 정말 어리석게 들리는군요.

그래서 사람들이 괴로워하는 많은 문제가, 사실은 어리석게 보이는 것들이네요.

또 한 가지 문제가 저를 괴롭히고 있어요. 제가 남자들을 두려워한다고 예전에 말씀드렸다고 생각하는데요. 그렇지만 제가 사귄 대부분의 친구들은 다 남자들이에요. 저는 여자들과 친구를 맺는 것이 항상 힘들거든요. 특별히 여자들을 좋아해 본 적이 없어요. 이와 반대로 저와 친구가 되어 준 남자들하고 있을 때가 마음이 매우 편했어요. 그런데도 제가 누구하고 얼마 동안 사귀거나 데이트를 할 때면 정말로 그 사람과의 관계에 대해서 확신이 생기지 않아요. 그리고 두려워요.

치 23: 당신이 잘못을 범하게 되고 그 남자가 당신을 좋아하지 않을 것 같아 두렵다는 것입니까?

내 23: 네, 그런 것 같아요.

치 24: 그것도 똑같이 허튼 소리 아닙니까? '만일 내가 그릇된 짓을 하면, 내가 실수를 범하면, 그는 나를 좋아하지 않을 거다. 그건 끔찍스러운 일이 아니겠는가? 그가 나를 거절하게 되는 날이면 나는 살아갈 희망을 전부 잃는 거다.'라는 식이지요.

설령 당신이 그릇된 일을 하였고, 그가 당신을 좋아하지 않는다고 합시다. 그가 당신에게 '우리 절교합시다.'라고 선언한다고 합시다. 왜 그것이 끔찍스러울까요?

내 24: 글쎄요. 내가 정말로 그 사람을 좋아했다면, 그건 정말로 끔찍한 일이라고 생각할 거예요. 저는 제가 데이트하는 남자에게 감정적으로 의존하는 경향이 강해요.

치 25: 그러니까 당신 말은 '나는 내 발로 독립해서 설 수가 없다. 그래서 이 사람에게 기대 설 필요가 있다.'라는 뜻이 아닙니까?

내 25: 이건 저의 어머니가 항상 일러 주신 말씀인데요, 사람은 자기 힘으로 일어서야 한다고요. '만일 네가 한 남자에게 너무 의지하고 있으면 조만간 그 자는 너를 버리게 될 것이다.'라고요.

치 26: 예, 당신 어머니 말씀은 그것보다 조금 더 깊은 뜻이 있지요. '그 남자는 너를 버릴 것이다. 그리고 그것은 두려운 일이다!'라는 말씀인 것으로 들리네요.

그런데 '너는 버림받을 것이고, 네 자신을 돌볼 능력도 없다'고요? 그래, 좋습니다. 그 말이 맞습니까?

내 26: 제가 만일 결혼해서 어린애들까지 있다면, 그 말이 맞고 말고요.

치 27: 예, 그렇습니다. 그러나 설사 당신이 결혼하고 두세 명의 아이까지 있는데, 당신 남편이 당신을 버렸다고 합시다. 분명히 그런 일이 있어서는 안 되겠지만, 그렇다고 친다면, 왜 당신은 망했다는 것입니까?

내 27: 경제적 문제가 가장 곤란하겠지요. 어린애들을 어떻게 먹여 살리느냐 하는 문제 말이에요.

치 28: 좋습니다. 그런데 요즈음은 굶어 죽는 사람은 없습니다. 그러니까 일시적으로 얼마 동
안 당신은 시청 사회복지과의 신세를 지게 되겠지요.

당신은 매사를 재앙시하고 겁부터 먹고 있습니다. 당신 어머니가 끄떡만 해도 마치 큰
난리가 난 것처럼. 항상 가장 나쁜 면만 바라보려고 하거든요. 설령 당신이 버림받고,
동전 한 푼도 없이 되었다고 칩시다. 그렇게 되면 분명히 말할 수 없이 불편스러운 처
지가 되겠지요. 그러나 지난 10년 동안 버림을 받은 여자들의 수를 헤아려 보십시오.
그들이 모두 다 굶어 죽었나요?

내 28: 아뇨.

치 29: 그렇다면 뭐가 그리도 큰 난리지요?

내 29: 그러고 보니 큰 난리가 난 것은 아닌 것 같군요.

치 30: 그러게요. 그렇지만 당신 어머니는 만약 무슨 일이 제대로 되지 않으면 큰 난리가 났
다고 생각하고 있습니다. 그리고 당신은 어머니의 그런 사상에 대해서 아무런 판단도
하지 않고 무조건 받아들이고 있습니다. 어머니의 재앙시하는 태도에 대해서 당신은
전혀 의문을 던져보지 않으니까요.

내 30: 그러고 보니 저는 제 사고방식을 상당히 많이 고쳐야겠네요.

나는 한 남자에게서 버림을 받는 것이 '끔찍하고, 무시무시한' 일이라고 그
녀가 믿고 있는 한, 다음과 같은 현상이 일어날 것이라는 것을 보여 주었다.

• 그녀는 그와 같은 '비극적인' 운명에 대해서 강박적으로 생각하기 쉽다.

• 그런 일이 일어날 확률이 높다는(단순히 그럴 가능성이 있을 수 있다고 보는
것이 아니라) 그릇된 확신을 가지기 쉽다.

• 그 결과 매력을 느끼는 있는 남자친구에게도 겁에 질린 자세로 임하게
될 가능성이 높을 것이다. 그래서 그녀의 안절부절못하는 자세 때문에
오히려 남자친구가 그녀를 버리고 떠나가도록 부추기는 결과를 가져오
기 쉽다.

그리하여 REBT는 그녀에게 일생 내내 따라다녔던 고질적인 문제에 대해서 철학적으로 높은 차원의 해답을 주는 것이다. 이것은 월피(Wolpe)의 탈감법(desensitization)과 같다. REBT에서는 내담자가 이것이냐 저것이냐에 대하여 지나치게 관심을 쏟을 필요가 없다는 것과, 어떠한 것에 대해서도 겁부터 내며 재앙시할 필요가 없다는 것을 가르쳐 주고 있다.

설령 실제로 어떤 불운이 불어닥친다손 치더라도(어떤 질병으로 인해서 그녀가 죽을 가능성이 있는 것과 같이), 그녀는 다음과 같은 것을 깨달을 수 있다.

• 어쩌면 그녀가 상상한 것과 같은 최악의 고통은 받지 않을 것이다.
• 설령 그와 같이 최악의 고통을 당하게 된다 하더라도, '자기만은 절대로, 반드시 최악의 고통을 당해서는 안 된다.'는 원칙이나 법칙은 지구상에 그리고 하늘나라에도 없다.
• 실제로 자기에게 불리한 조건이 수없이 많고 또 실제로 불행하다 할지라도, 자기가 살아 있는 한 자기의 삶을 어느 정도는 즐길 수가 있다.

치 31: 맞아요. 당신의 사고방식을 상당히 개혁해야 합니다. 그리고 당신은 아주 명석한 사람이니까, 해낼 수 있습니다. 지금까지 일주일 동안 당신은 그런 면에서 꽤 잘해 왔군요. 당신이 해야 할 일은 꾸준히 사고의 개혁을 계속하는 것입니다. 당신은 대학을 우등생으로 졸업했으니까 분명히 자기 스스로에 대해서 어떤 생각을 해 볼 수 있지 않겠습니까? 비록 지금까지 스스로 판단하거나 어떤 생각을 해 보는 식으로 성장하지는 않았지만요. 당신은 당신 자신을 위해서 사는 방식으로는 생각해 보지 못했습니다. 그럼에도 불구하고 당신의 신앙에 대해서 당신은 다소 독립적으로 의문을 던져 보았고, 당신 소신대로 꽤 많이 의심을 했습니다. 그러니까 나머지 썩어 빠진 인생관에 대해서도 당신은 똑같은 의문을 제기할 필요가 있습니다.

내 31: 네, 제 생각에 대해서 일단은 의문을 품어 보아야 할 것 같아요. 왜냐하면 겁부터 먹는 버릇을 이야기하자면, 제가 이런 식으로 계속 나간다면 다른 것에 대해서도 정말로 실수를 범할 테니까요.

치 32 : 그렇습니다. 그것이 당신이 나아갈 길입니다. 당신 자신을 위해서 자기 생각을 검토하는 일에 신경을 쓰세요.

내 32 : 제가 무슨 일 때문에 아주 아주 속이 상할 때면, 글쎄요, 항상 그러는 건 아닌데요. 그러나 비극과 같은 상황이 벌어지고 제가 그 상황을 직면할 수 없을 때, 그리고 내가 무엇을 해야 할지 모를 때, 특히 돈 때문에 고민이 많을 때면, 가끔씩 저는 '모든 것이 엉망진창이구나. 내 생활을 가다듬어야겠다. 교회에 나가 볼까?'라고 생각하는 때가 있어요. 그리고 나서는 '아유, 바보같아!'라고 중얼거리게 돼요.

치 33 : 맞습니다.

내 33 : 내 생활을 가다듬는 유일한 길은 내 자신의 내면에서부터지요.

치 34 : 바로 그거예요.

내 34 : 외부에 있지는 않아요.

치 35 : 그렇습니다. 교회가 무작정 당신을 도와주는 것이 아닙니다. 당신이 당신 스스로를 위해서 명철하게 생각해야 합니다. 당신이 엉망진창이 되었던 것은 당신 자신을 위하는 생각은 아예 포기하고, 당신 부모의 생각을 무조건 인수받았을 때였습니다. 그래도 부모님의 생각을 몽땅 인수받지 않은 게 천만다행이군요.

내 35 : 이제 저는 나에게서 그와 같이 잘못된 신념들이 무엇인가를 깨달았어요.

치 36 : 그래요.

내 36 : 저는 그 점에 대해서 좀 더 많이 노력해야겠어요.

치 37 : 그렇고 말고요.

　나는 마르타에게 보다 더 현명하게 사고하고, 현명하게 행동하는 방법을 가르쳐 주었고, 그러한 행동을 그녀가 실천해 보도록 하였다. 그리고 그녀의 행동을 인정해 줌으로써 그녀를 강화(强化)하고자 시도하였다. 그러나 순수한 행동치료에서처럼 단순히 그녀의 행동만 강화하려고 하는 것이 아니고, 나는 그녀의 독립적인 사고를 강화하려고 하였다. 이 말은 역설적으로 들릴지 모른다. 왜냐하면 강화란 보통 어느 개인을 좀 더 암시적으로 만들기 때문이다. 다시 말해서, 강화를 받는 사람은 다른 사람의 인정을 얻기 위해서 다른 사람이 원하는 방침대로 따라가는 것이다. 그런고로, 순수한 의미의 강화는 독립적인 사고를 약화시킬 수도 있다. 아무튼 내가 마르타에게 강화의 원리를 몇 가지 사용한 것은 사실이다.

그러나 나는 그녀가 자기의 부모나 다른 사람이나 심지어는 나에게까지도 암시를 덜 받는 방향으로 변화하도록 강화의 원리를 사용하였다. 다시 말해서, 그녀가 결단성 있는 행동을 취하고 심리적인 독립을 얻도록 돕기 위해서 나는 강화를 사용하였다. 또 그녀가 결국에 가서는 강화에 의해서도 덜 좌우되고, 덜 조건형성되고, 보다 더 자기지시적으로 되도록 도와주기 위해서 강화를 사용하였다.

내 37: 오늘은 제가 과거 상태로 원상 복귀되었다고 선생님이 보셔도 될 것 같아요. 한꺼번에 두 사람하고 데이트를 하기로 되어 있었어요. 그중 한 사람, 빌(Bill)이 전화를 했어요. 자기는 저녁에 할 일이 있다고 그러더군요. 그런데 저는 그가 어제 저녁에 나를 만나러 올 것이라고 생각했거든요. 그래서 기분이 확 잡쳐 버린 거예요. 이어서 저는 '왜 내가 기분이 언짢아야 되지?'라는 생각에 사로잡혔지요. 그러고는 마치 앞뒤가 꽉 막힌 바보처럼 느껴졌어요.

치 38: 유독 당신만 바보처럼 갑갑한 것은 아니에요. 우리는 모두 '과오를 범하는 인간'일 뿐입니다. 우리 모두 다 그렇지 않습니까? 자나깨나 오로지 지성적인 사람은 한 명도 없습니다. 우리는 모두 실수하기 마련이지요.

그래서 새로운 사고방식대로 변화한다는 것은 마치 피아노 교습과 같은 것입니다. 피아노 선생이 오면 당신은 그날 레슨을 받고, 당신이 얼마나 진보했는가를 보여 주지요. 또 어떤 대목을 당신이 틀리게 쳤는지를 보여 줘요. 그리고 선생은 당신을 교정해 주고, 당신은 또 다음 주까지 다시 연습을 하는 식으로 나가서, 더 이상 틀린 대목을 다시 고칠 필요가 없을 때까지 그런 과정이 반복되는 거지요. 그러노라면 피아노를 연주하는 법을 익히게 되는 겁니다. 그와 같이, 여기서도, 당신은 새로운 인생관을 배우고 새로운 사고방식을 배우는 겁니다.

내 38: 어제 저녁에 또 다른 남자, 벤(Ben)이 전화를 했어요. 저는 벤에게 흥미가 없는데 그가 저더러 같이 놀러 나가자고 했어요. 내가 전에 그와 함께 시간을 보낸 적이 몇 번 있었거든요. 벤에게 솔직히 말을 해야 할 것 같다는 것은 알고 있어요. '나는 당신에게 별로 관심이 없다.'든지, 아니면 '나는 사귀는 사람이 있다.'든지, 저는 그런 말을 안 했거든요.

치 39: 왜 그런 말을 안 했지요? 당신이 솔직히 그런 말을 하지 못할 만한 사정이라도 있는 겁니까?

내 39: 모르겠어요. 만약에, 가령 빌과 같이 다른 남자가 조만간 나를 떠나 버리게 되면, 이 남자와 끊지 않고 놔두는 편이 더 낫다는 것이겠지요.

치 40: 그렇지만 그게 사실입니까?

내 40: 아뇨. 사실이 아니에요.

치 41: 그게 사실이라면, 미친 짓은 아니겠지요.

내 41: 그렇지만 그게 사실이 아닌 걸요. 그리고 제가 항상 이런 식으로 대하는 거예요.

치 42: 그러니까 당신이 말하기를, '나는 아주 썩어 빠진 사람이다. 그중에 한 사람은 내가 형편없다는 것을 알아차리기 마련이고, 언젠가는 나를 버릴 것이다. 그렇게 되면 이 남자하고 사귀어야겠다. 이 남자가 사실은 귀찮은 존재지만, 나같이 부족한 사람한테는 이런 못된 놈이나 어울리게 마련이지. 그 남자가 내 옆에 남아 있으니까 결국에 가서는 그가 나를 얻게 되겠지.' 당신의 마음이 이런 건가요?

내 42: 네. 그래요.

　　제가 그런 생각을 할 때마다 그런 터무니없는 생각에 도전해 보는 것이 좋겠지요?

치 43: 그렇습니다. 만약 빌이 당신을 버린다면 그것은 큰 난리가 난 것도 아닌데, 당신은 무슨 큰일 난 것처럼 독백하거나 당신 자신을 책망하고 있습니다. 그럴 때면 당신은 '이게 어째서 큰일이라는 거야? 만일 XX한 일이 일어나면 왜 끔찍스럽다는 것이지?'라고 반문하십시오. 그렇게 도전해 보고 의심을 던져 보고, 반박하십시오. 그러한 과정을 거치게 되면, 당신의 근거없는 생각은 지속될 수가 없는 것입니다. 비합리적인 생각이 지금은 당신의 진짜 생각으로 되어 있거든요. 부모들의 사상을 이제는 당신 것으로 내재화했습니다.

4회기

4회기 상담은 3회기 상담이 끝난 지 9개월 만에 이루어졌다. 그동안 그녀는 여러 사람들과 꽤 잘 어울릴 수가 있었고, 반드시 심리치료를 계속 받아야 하겠다는 마음이 절박하게 느껴지지는 않았던 것이다. 그런데 최근에 구체적인 문제를 상의할 일이 생겨서 나를 다시 찾아왔다. 지금 찾아온 것은 남자들과의 관계에 대한 고민 때문이다.

치 1: 그동안 어떻게 지냈어요?

내 1: 별일 없었다고 할까요? 제가 선생님께 상담 받으라고 위탁한 사람들이 선생님을 아주 호평하는 것을 들었어요. 특히 매트(Matt)가 선생님을 좋게 이야기했어요. 매트는 선생님이 자기에게 굉장한 힘이 되어 주셨다고 생각하더군요.

치 2: 매트가 그렇게 생각하고 있다니 반갑군요.

내 2: 선생님 표정은 항상 편안해서 부담을 안 느끼게 해요. 지난번에도 그랬어요. 자세도 느긋하고요.

치 3: 응. 나는 대개 편안한 자세를 취하지요.

내 3: 제가 지난번에 선생님과 상담했을 때는 글을 창작하는 데 도움이 필요해서였고, 또 부모님을 대하는 방법도 잘 몰라서였지요.

그 두 가지 문제는 꽤 잘 풀렸다고 생각해요. 요즈음은 부모님과 상당히 관계가 좋아졌어요. 제 부모님과 인간 대 인간으로서의 관계를 수립했다고 할까요? 그리고 또 새로운 일을 착수했어요. 소설의 착상이 떠올랐어요. 그래서 출판사와 계약했어요. 지금은 소설을 쓰고 있습니다.

치 4: 아, 그래요? 참 잘한 일입니다.

내 5: 그래서 그쪽 일은 아주 잘 풀렸습니다. 그런데 저를 괴롭히는 일이 한 가지 있어요. 저는 결혼해야겠다고 생각하고는 있었어요. 제가 과연 사람을 사랑하는 방법을 확실히 알고 있는지가 의문이에요. 저는 항상 남자를 다소 두려워해 왔거든요. 또 한 가지는, 저에게 결혼하려고 하는 사람이 생겼어요.

치 5: 계속 말씀하십시오.

내 5: 저 자신을 분석해 보자면, 그러니까 곰곰이 헤아려 보자면, 문제는 모두가 애당초 아빠에게서 시작한 것 같아요. 저의 아버지는 참 좋은 분이셨어요. 그런데 제가 열두 살 때부터 알코올 중독이 되어 가지고 작년에 제가 선생님을 만난 이후부터는 중독이 더 심해졌어요. 제가 어렸을 때는 아빠를 절대적으로 숭배했어요. 그러다가 차차로 아버지 역시 인간이라는 것을 깨달았지요. 그리고는 더 이상 숭배의 대상으로 떠받들지는 않았어요. 제 문제의 원인이 과연 아빠에 대한 태도와 얼마나 많이 연관되는지는 알 수 없지만, 하여튼 저는 남자를 믿지 않아요. 만약에 어떤 남자에게 진실로 내 마음을 주고 완전히 제 자신을 바친다면, 그리고 그 남자가 나를 소유했다고 생각하게 된다면, 조만간에 그 남자가 나를 버리지나 않을까 하고 두려워하나 봐요. 저는 항상 그런 생각 때문에 겁이 났어요. 그래서 언제든지 저는 남자들보다 한 단계 더 앞질러서 선수를 쳐요. 내가 관계를 먼저 끊어요.

치 6: 알겠습니다. '그들은 내가 무가치하다는 것을 알고 나면 결국에는 나를 버리고 떠나갈 것이다.'라는 말을 당신 자신에게 독백하게 되면 겁이 나겠지요.

그리고 당신이 그런 공포심에서 벗어나게 되면, 진심으로 남자를 사랑할 수가 있겠지요. 당신이 '아이고 맙소사! 나는 형편없는 사람인데, 그이가 이것을 알게 되면 어떡하지?'라는 생각에 사로잡혀 있지만 않는다면, 틀림없이 당신은 남자를 사랑할 수 있는 능력을 가지고 있다고 봅니다.

당신이 그런 공포심을 극복하고 나서, 또 때가 되면 결혼하지 말라는 법은 없지요. 나는 당신이 결혼할 수 있다고 믿어요.

그와의 성관계는 어떻습니까?

내 6: 아, 관계가 상당히 좋아요.

또 한 가지가 있어요. 제가 누군가를 좋아할 때마다 그 사람 이외의 다른 남자들을 또 쫓아다니거든요. 그런데 제가 다른 남자들에게 정말로 관심이 있어서 쫓아다니지는 않는다고 봐요. 어쩌면 제가 좋아하는 사람과의 관계를 직시하지 않으려고 한다는 것일까요? 또 남자들을 두려워하고 있다는 사실을 직시하지 않으려는 심산인 것 같아요.

치 7: 예, 그럴 수도 있지요. 그렇지만 당신이 어떤 남자를 결혼 대상으로 생각하면서도 또 다른 남자한테 관심이 간다면, 반드시 첫 번째 남자와 과연 결혼해야 하는 것인지 확신이 서지 않았기 때문이라고 볼 수도 있습니다. 그러니까 다른 남자들도 좀 더 알아보고 싶은 거지요. 지금까지 살아오는 동안에 뭇 남성과 교제한 경험이 풍부한 것은 아니니까, 결혼하기 전에 좀 더 많이 사귀어 보고 또 실컷 놀아 보고 싶은 것인지도 모르지요. 그래서 당신이 느끼는 감정 중의 일부분은 극히 정상적입니다. 그러나 또 일부분은 한 남자와 진짜로 깊은 관계로 들어가는 것에 대한 공포심일 수가 있겠습니다. 어쨌든 근본적인 문제는 당신이 두려움을 느끼지 않고 사람을 사귀고 싶다는 것이지요. 즉, 어떤 것에 대해서든지 두려워할 필요가 없다는 것을 깨닫는 일이 필요합니다.

지금 당신은 당신이 결점이 많다는 것을 알고 있기 때문에 그로 인해서, 당신이 사귀는 사람이 당신을 싫어할까 봐 두렵다는 것 아니겠습니까? 당신한테는 분명히 결점이 있습니다. 그런데 당신에게 결점이 있다는 사실이 곧 당신은 가치 없는 사람이라거나 나쁘다는 것을 어떻게 증명해 주는 겁니까?

내 7: 그것을 증명해 주지는 못하지요.

치 8: 그렇고 말고요! 그런데도 당신은 '그에게 버림받는 것은 곧 당신한테 무엇인가가 부족한 것이 있다'는 것을 의미한다고 단정해 버리는 것입니다. 그것이 바로 당신 부모들의 인생관이지 않습니까?

내 8: 그런 것 같아요.

REBT 치료자는 내담자를 무조건적으로 수용하려고 한다. 즉, 내담자의 과오가 무엇이든 간에 상관하지 않고, 전적인 관용을 베풀고 일체의 비난을 삼간다.

　이 면접의 기록을 면밀하게 읽어 본다면, 내가 마르타에게 사랑과 온정은 거의 표현하고 있지 않지만, 그녀를 전적으로 수용하고 있다는 것을 발견하게 될 것이다.

내 9: 그런 저의 생각이 잘못되었다는 것을 어떻게 확신할 수가 있을까요?

치 9: 제일 먼저 당신이 해야 할 일은, 당신이 그런 신념을 강하게 가지고 있다는 것을 전적으로 인정하는 일입니다. 그런 신념을 가지고 있다고 자인하지 않고서는 그런 생각과 씨름해서 변화될 도리가 없지요. 그것을 깨달은 다음에는, 두 번째로, 그 강도를 알아보는 일입니다. 사실 당신은 굉장히 강하게 믿고 있습니다. 그래서 당신이 버림받는 것에 대해서 공포심을 느끼든지, 아니면 방어적인 행동으로 나타날지도 모릅니다.

내 10: 예, 제 행동은 대부분 방어적이에요.

치 10: 당신이 쓰는 문장이나 신념은 비논리적이니까요. 당신은 여러 면에서 결점이 있습니다. 그러나 그런 결점이 있다고 해서 당신이 무가치하다는 것이 증명됩니까? 천만의 말씀입니다!

당신이 방어를 하게 되는 배후에는 공포심이 있으며, 그 공포심의 배후에는 무가치감이 있다는 것을 인정하십시오. 또 당신이 독백하는 자책의 문장을 찾아내고, 그 뜻에 도전해 보세요. 그러면 당신은 극복할 수가 있습니다.

당신은 결국 결혼을 하게 될 텐데, 그 공포심의 문제는 항상 따라다니게 될 것입니다. 그러니까 당신이 맨 먼저 불쾌한 감정이 들 때는, 그것이 과연 직접적인 공포심인가, 아닌가를 자세히 반문해 보십시오. 당신이 '정말 아무개가 나를 좋아하지 않으면 어떻단 말이지? 다른 사람을 찾아보면 될 거 아냐?'라고 독백하게 될 때는, '잠깐! 내가 정말 그런 뜻으로 말한 것인가? 아니면 그가 나에게서 떠나가는 것이 두려워서 자기방어적으로 내뱉은 말인가?'를 반문해 보십시오. 또 당신이 다른 남자를 바라보고 있다는 것을 깨달을 때는 '내가 정말로 저 남자에게 관심이 쏠리는가?'라고 반문해 보십시오. 왜냐하면 당신이 정말로 그 남자에게 흥미를 느낄 수도 있으니까요. '아니면 내가 마치 다른 남자에게 관심이 있는 척하고 눈길을 돌리는 제스처를 함으로써 아무개를 잃을까 봐 두려워하는 내 본심을 감추고 있는 것인가?'라고 반문해 보십시오. 당신이 방어적으로 나오는 것처럼 느껴질 때는 그저 조용히 당신 자신의 생각과 행동에 의문을 던져 보십시오. 그런데 당신이 하는 모든 행동이 방어적인 행동이라고는 생각하지 마십시오!

나는 또 자기가 하는 모든 행동을 나 병적으로 간주하는 것도 바람직하지 않다고 경고하고 있다. 왜냐하면 어떤 남자에게 마음이 끌리는 것은 그 남자가 매력이 있기 때문이지, 자기의 애인에게 너무 깊이 빠져들까 봐 두려워서 그러는 것은 아니기 때문이다.

내 11: 글쎄요. 제가 그렇게 자라 온 것이 문제예요. 여러 가지로 저는 부족한 점이 많았어요. 제 인생의 목표가 없는 것 같았어요. 그리고 또 '내가 엄마 아빠에게 얼마나 못된 딸인가!'라는 식으로 한탄했거든요. 그런데 선생님은 내가 내 자신을 너무 낮춰 보는 거라고 말씀하시는군요.

치 11: 그렇습니다.

내 12: 이 문제도 그런 사고방식의 연장이네요.

치 12: 그렇고 말고요. 그게 핵심 문제입니다. 당신은 부모와의 관계가 아주 큰 관심사였는데, 당신이 죽는 날까지 부모와 함께 사는 것은 아니지 않습니까?

내 13: 저는 이 문제로 수년 동안 고민했어요.

치 13: 그래요. 사실상 일생 내내 고민했겠지요. 실은 근본적인 문제는 사회적이며 동시에 생물학적이에요. 당신이 자기 책망의 습관을 미련없이 내팽개쳐 버리지 않는 한, 앞으로도 계속해서 자책만 하고 살아갈 것입니다. 왜냐하면 타성의 원리에 의해서 사람들은 과거에 한 행동을 계속해서 반복하기 마련이니까요. 그리고 사실상 모든 사람들이 '나는 불완전하다. 고로 나는 무가치하다.'라고 확신하는 경향이 있습니다.

내 14: 실제로는 우리 형제들이 어려서 나쁜 짓을 하면 부모님이 방구석에 세워 놓고 벌을 주고, 저녁식사도 굶기고 때렸거든요. 그러면 사람들이 '저런 쯧쯧. 나쁜 짓을 한 게로구먼. 그건 좋지 않아!'라는 말을 던졌어요.

치 14: 맞습니다. 부모가 아이를 때리기만 하면 차라리 더 낫지요. 그건 징벌에 불과하니까요. 그러나 '너는 나쁜 놈이야.'라고 말을 하거든요. 그리고 부모가 자녀를 훈육할 때 잔뜩 화가 난 얼굴을 하는데, 그게 문제입니다. 화가 난 표정이 내포하는 것은 '너는 쓸모없는 놈'이라는 것이지요. 사람들이 그런 방법으로 자녀지도를 하는데, 아주 어려서는 이것이 매우 효과적인 방법입니다. 그렇지만 그 결과가 얼마나 엄청난 해독을 끼치는가를 보십시오. 따라서 우리가 자책하는 경향을 없애려고 노력하는 것도 이유가 있어요. 당신이 결혼해서 아이들을 기를 때 당신도 부모님과 똑같은 식으로 자녀를 훈육할 가능성이 높습니다. 어린 시절에 당신이 교육받은 영향을 똑똑히 알고 넘어가지 않으면, 당신도 당신 부모처럼 똑같이 자녀에게 겁을 주게 됩니다.

내 15: 그래서 저는 장차 어머니가 된다는 사실이 죽도록 겁이 나는 거예요.

치 15: 자, '내가 훗날 어머니가 되어서 내 아이를 엄격하게 길렀다.'고 칩시다. 그게 당신이 염려하는 것이니까요. 그다음에는 무슨 말이 뒤따라올까요?

내 16: '큰일이다. 아이고 나는 망했다.'

치 16: 그렇습니다. 자, 그것은 사실대로 관찰을 하고 나서 얻은 논리적인 귀결입니까? 설령 그것이 사실이라고 칩시다. 당신이 아기를 심하게 때렸다고 칩시다. '그러니까 당신은 망했고 쓸모없는 인간이다.'라는 뜻으로 결론이 나는 겁니까?

내 17: 아니요. 그렇지 않지요. 제가 무조건 그렇게 단정을 내리거든요. 제가 어떤 일을 잘못하거나 나쁘게 하면, '나는 형편없다.'라고 못을 박아 버려요.

치 17: 그렇지요. '나의 결점＝나의 무가치'라는 방정식이지요. 자, 그런 단정적인 정의가 올바른 정의입니까?

내 18: 아니지요.

치 18: 만일 당신이 옳다고 주장한다면 옳은 것이고, 당신이 보기에 정확한 정의가 되는 것이지요.

내 19: 반드시 옳은 것만은 아니에요.

치 19: 그렇습니다. 그리고 당신이 그런 식으로 단정을 하고 나면 마음이 어떻습니까?

내 20: 그렇게 되면 내가 무가치하다고 느껴져요. 내 자신을 쓸모없는 인간이라고 단정하니까요. 그리고 모든 사물을 부정적으로 보게 돼요.

치 20: 그렇습니다. 모든 사물을 객관적으로 보게 하는 것이 아니라, 부정적으로 보게 합니다.

치료과정 중에서 REBT 치료자는 중간중간에 멈춰 서서 내담자에게 질문을 던져 보고, 또 대답을 들어 보아야 한다. 그렇지 않고서는 치료자의 요점을 내담자가 진실로 이해하고 있다는 증거가 없기 때문이다. 내담자가 고개를 끄덕이고 '그래요'라는 말로 수긍하면서 치료자가 말하는 모든 내용을 따를지는 모르나, 그것으로 효과가 있었다고 보기는 힘들다. 치료자가 가르쳐 준 사상에 대해서 내담자가 일단은 멈춰 서서 한번쯤은 생각해 보아야 하고, 또 내담자가 자신의 말로 REBT의 중요 개념을 인용해 가며 치료자에게 대꾸해야만 제대로 치료가 이루어졌다고 볼 수 있다. 그런고로 치료자가 이따금씩 내담자를 점검해서 진실로 치료자의 이야기를 이해하고 있는지, 아니면 건성으로 '예, 예' 하는지를 알아보는 것이 아주 중요하다.

치 21: 그런데 '그래, 나한테는 이런 결점이 있다. 그런 결점을 지니고 있는 것은 바람직한 일이 아니니까 내가 고쳐 볼 수 있는 방도가 없는지 알아보자.'라든가, '비록 내 결점을 바꿀 수는 없지만, 부족한 대로의 나 자신을 받아들일 수 있는 방법이 있는가 알아보자.'라고 객관적으로 말을 하는 것이 필요합니다.

'설령 내가 A, B, C, D에서 잘못하고, 또 X, Y, Z까지도 실수를 했다고 하더라도, 그것은 내가 결함이 많다는 뜻인 거야. 그래, 너는 「레오나르도 다 빈치」가 아닌 거야. 그래서 어쨌다는 거지? 체'라고 말이지요.

당신이 남들보다 우수하지 못한 것은 객관적으로 볼 때 불편하고 불리한 일이지요. 그리고 계속해서 실패를 하게 되면 결과도 좋지 않은 일이 생기겠지요. 그렇기는 하지만, 당신이 우수하지 못하다는 사실이 곧 한 인간으로서 당신의 개인적인 성품이 어떻다는 것을 말해 주는 것은 아닙니다. 다만 당신이 실패가 많은 사람이라는 거지요. 당신이 스스로 '썩어 빠진 인간'이라고 단정하니까 '썩어 빠진 인간'이 되는 것이지, '실패자'라는 사실이 곧 썩어 빠진 사람이라는 말은 절대로 성립될 수 없습니다.

내 21: 그러니까 저는 치료가 절실해요. 남성과의 관계에서 느끼는 감정이 제게는 큰 장애물이 되고 있어서요. 이것만은 꼭 극복하고 싶어요.

내담자는 그 후에도 개인치료를 한 회기 더 받았고 집단치료를 서너 차례 받았다. 이제는 잘 적응해 가고 있고, 혼자의 힘으로도 자기의 문제는 꾸려나갈 수 있다고 느끼게 되었으므로 치료를 종결하였다.

그녀는 행복하게 결혼하여 귀엽고 건강한 아이들이 둘 있다. 남편과도 무난히 지내고 있으며, 창작 활동에 커다란 만족을 느끼고 있다.

그녀는 불과 몇 회기의 REBT를 받았을 뿐인데, 자기의 인생관 때문에 불안과 적개심이 심했다는 점을 인식하였다. 그리고 REBT 덕분에 재빨리 자신을 변화시킬 수 있었다는 사실에 대해서 아직도 감탄을 금하지 못하고 있다.

상담사례 5:
말더듬도, 콤플렉스도
멀리멀리 가거라!

−홍경자−

K씨는 초등학교 3학년(만 8세) 때부터 말을 더듬기 시작하여 나에게 상담을 받으러 온 대학교 3학년 때까지 무려 20년간을 고생한 학생이다. 그동안 수차례 언어교정소 등을 전전하였으나 뚜렷한 효과를 얻지 못한 K씨는 나에게 약 3년 동안 상담을 받았다.

그간의 상담과정에서 K씨가 진보를 나타내기 시작한 결과를 살펴보면 다음과 같다. 즉, 지금까지 20년 동안 학교에서 단 한 번도 책을 읽거나 발표를 해 본 적이 없는 K씨가 자기 인생에서 처음으로 대학교의 수업 시간에 자기 의견을 발표하는 대사건이 발발한 것은 5회기의 상담을 마친 다음이었다. 이어서 10회기의 상담시간에는 또 수업시간에 두 번째로 발표를 했다고 보고 하였다. 또한 14회기 상담시간에는 하루 동안에 무려 세 차례나 수업 중에 발표를 시도하여 급우들로부터 열렬한 박수까지 받았다고 술회하였다. 4학년 1학기에 접어들어 교생실습을 나간 K씨는 연구수업을 성공적으로 마쳤고, 사은회에서도 자진하여 노래를 불러 박수를 받게 되었다(26회기). K씨는 처음으로 교수들에게도 인사를 하면서 말을 걸 수가 있게 되었다(27회기). 이처럼 K씨는 꾸준한 향상을 보이면서 드디어 얼어붙었던 입이 열리고, 말더듬 증상은 많이 호전되었다. 그러나 아직도 누군가에게 쫓기는 사람처럼 말을 서두르며 청중 앞에서는 정신을 잃고 횡설수설하는 모습을 보여 여전히 고민하고 있었다. 게다가 졸업 후에 교사 발령을 받지 못한 채 무직자 생활을 하던 중 K씨는 아르바이트 공사판에서 노동자들과 싸움을 벌여 상해사건에 휘말리게 되었다. 우리는 말을 서서히 잘하기 위한 노력을 꾸준히 계속하면서

☆ 내담자 개인상의 정보에 대한 보호를 위해 한두 군데 표현상의 변용이 있음을 알려 둔다.

VTR과 TV, 녹음테이프, 집단상담 등을 활용하였다. 과거의 '벙어리 아닌 벙어리 신세'를 면하는 것이 성취되었으므로 앞으로는 '보통 사람'의 일원이 되어 말을 논리적으로 더욱 잘하는 것이 K씨의 꿈이었다(홍경자, 1987, 1998).

저자는 약 3년에 걸쳐 48회의 상담을 K씨와 함께 하면서 인본주의적, 정신역동적 접근, 역설적 의도와 게슈탈트 치료, 심리극 등도 활용하였다. 또한 스피치(Speech) 기법에 대해서도 가르쳐 주었다.

K씨에게는 다음과 같은 REBT 기법이 사용되었다.

- ABCDE 모형
- 1차적, 2차적 문제 다루기
- 사고 일지 기록하기
- 합리적-정서적 심상기법(REI)
- 지그재그 형식의 반박문 써보기
- 실행적 탈감법
- 유추하기
- 주장훈련(속 시원한 대화)

1회기

K씨 부모님의 말씀에 의하면 K씨가 어려서는 말을 아주 잘했다고 한다. 초등학교 2학년 때까지 K씨는 학교에 무난히 다녔는데, 3학년에 올라가서부터 교실에서 교사가 책을 읽으라고 시키면 책을 읽지 못하는 현상이 나타났다. 말을 더듬기 시작한 시초는 동네에서 말을 더듬는 아이의 흉내를 내면서부터였는데, 이것이 고질병처럼 고착된 것이다. 가족들은 K씨가 더듬거리고 말을 해서 주위의 학생들에게 비웃음거리가 되었다는 사실과 학교에서 교과서

를 읽거나 발표를 전혀 하지 못한다는 사실을 K씨가 중학교에 들어갈 때까지 눈치채지 못하였다.

S시의 중학교에서는 외톨이로 지내다시피 하며 수많은 고민 속에 쌓여 3년의 중학과정을 겨우 마쳤다. 그 뒤에 K씨는 말더듬 때문에 고등학교 진학을 포기하고 시골에 남아서 부모님과 함께 2년간 농사일을 거들었다.

2년 후에 B읍의 상업고등학교에 입학하였다. 말더듬 증상을 고쳐보려고 고등학교 1학년 때는 웅변학원에 나가게 되었다. 그 결과로 웅변은 아주 잘하게 되었다. 그러나 말더듬은 여전하였다. 웅변을 하고 있을 때는 말을 더듬지 않기 때문에 K씨는 군대생활 중에 중대에서 있었던 웅변대회에서 수상까지 하게 되었다.

학교에서는 K씨가 아예 수업시간에 발표나 책 읽는 것을 하지 못하는 사람으로 인정되어 급우나 교사들도 K씨를 더이상 귀찮게 굴지 않게 되었다. 말을 잘하지 못하는 괴로움을 잊기 위해서 고향 친구들과 K씨는 한두 잔의 술을 마시게 되었고, 술을 먹고 이야기하면 말이 유창하게 나왔기 때문에 술 마시는 일이 점점 더 많아졌다. 그래서 K씨의 별명은 '술꾼' 또는 '주선생'(酒先生)으로 통하게 되었다.

말더듬는 것에 대한 괴로움 때문에 K씨는 대학 진학을 포기하고 군대에 입대하게 되었다. 3년간의 군대생활을 마치고 경상도의 어느 언어 교정원을 찾아갔다. 거기에서 40일간 숙식하면서, 교정원생들과 함께 언어실습을 받았다. 교정원에서는 이야기가 막힘 없이 잘 나왔는데, 교정원 밖으로 나오면 또다시 말을 더듬게 되어 고민하였다. 재수학원에서 1년간 입시 준비 후에 대학을 입학했다. M시의 언어 교정원을 찾아가 강한 훈련을 받았으나 효과를 얻지 못했다. 대학 2학년 때 3개월간 상담을 받았고, 그 뒤 G시의 언어 교정원에 등록하여 언어교정 훈련을 받게 되었다. 이 교정원에서도 M시의 교정원에서와 똑같은 현상이 나타났다. 즉, K씨와 같은 말더듬이끼리 모여서 말을 할 때는 거리낌 없이 말이 잘 되었는데, 학교에서 책을 읽거나 여러 사람

앞에서 말을 하려고 할 경우에는 사정없이 더듬었다.

드디어 대학 3학년에 올라와서 상담자인 나에게 찾아오기에 이르렀다.

K씨는 신체적으로 혀가 짧지 않았다. K씨의 가장 큰 어려움은 이야기의 서두를 끄집어낼 때 말이 막혀서 처음부터 더듬게 된다는 것이다. K씨는 상담을 시작할 때부터 시종일관 말을 더듬으면서도 이야기는 열심히 하였다.

2회기

K씨는 상담 시작 때부터 말을 몹시 더듬었다. 특히 가정사를 이야기할 때는 심하게 더듬거렸다. K씨는 초등학교 시절에 특히 국어시간에 글을 읽지 못하여 선생님이 시키면 눈물만 흘리게 되었다. 부모님은 무심한 편이어서 공부가 왜 중요한지 등에 대하여 별로 말씀해 주지 않았다. 그러나 중학교 2학년 때까지도 반에서 3~5등을 유지하였다. 부모님이 심부름을 보낼 때 심하게 말을 더듬는 것이 나타나서 그때부터 부모님은 K씨의 말 문제에 대하여 몹시 걱정하게 되었고, 웅변학원, 언어 교정원 등에 다녀 보라고 권하시며 막대한 돈을 주기에 이르렀다고 한다.

1년 후에는 교생실습도 나가야 하고, 또 직장생활도 해야 하는데 이렇게 20년 동안 고질적으로 말을 더듬고 있으니 과연 잘 해낼지 걱정이 앞선다고 한다.

K씨의 가정생활은 원만하지 못한 것으로 보였다. 부모님은 큰댁에서 분가할 때부터 빈손으로 나와 일곱 남매를 다 학교에 보내느라고 말할 수 없는 고생을 하였다. 부모님과 형은 불화하게 되었다. 형은 중 · 고등학교 때부터 술만 마시고 오면 집에 와서 행패를 부렸다.

아버지와 형과의 싸움은 K씨가 초등학교 2~3학년이 될 때부터 줄곧 계속되었다. 온 가족이 오순도순 모여 앉아 웃어 본 적이 한 번도 없었다. 그때부터 K씨는 집에 대한 공포증이 생겨 집에 들어가려고만 하면 가슴이 울렁거리고 잠을 잘 수가 없었으므로 동네 친구 집에 전전하며 잠을 잤다. 초등학교 시절에 집에 오면 항상 불안하니까 가슴이 답답하며 무슨 말을 하려면 말이 막히게 된 것밖에는 달리 원인을 찾아볼 수가 없다는 것이다. 특히 K씨가 부모나 누나에게 돈을 달라고 할 때 단 한 번도 좋은 얼굴로 주신 적이 없었다. 꼭 필요한 돈을 달라는 말을 할 때 말이 더듬거리고 숨이 막혀서 울화만 치밀어 올랐다고 하였다. 가족상황을 보자면, 시골에서 부모님과 동거하는 형의 가족이 있고, 결혼한 세 누나와 여동생과 직장에 다니는 남동생이 있다.

내1: 이-이-이상하게 또 말-말-말-말이 잘-잘-잘 안-안-안 나오는데요. 하-하여튼 형-형-형님과 아-아-아-아버지는 돈-돈-돈 때문에 무-무지하게 싸-싸-싸운 것은 저-저-저하고도 별-별-별 차이가 없습니다. 그래서 저-저-저는 또 형님과 싸-싸-싸움을 하지요. '형님은 왜 자기만 생각하고, 고생하는 아버지는 몰라주느냐?'고요. 그-그-그-그리고, 저는 숨-숨-숨이 넘어가기 전에는 아-아-아예 돈-돈-돈을 달라는 말을 하지 않습니다.

상1: K씨는 참 효자군요.

내2: 아-아-아닙니다. 이-이-이렇게 말을 더-더-더듬는데 제-제-제가 어-어-어-어떻게 효자가 됩니까? 지금 이-이-이런 상태에서 말-말-말이 제일 안 나옵니다.

상2: '이런 상태'라니 구체적으로 어떤 상태를 말하는 거지요? 지금 마음이 불안한 상태란 말인가요?

내3: 아-아-아닙니다. 어-어-어-어떻게 표현할 수가 없습니다.

상3: 꼭 말을 해야 하겠다는 압박감을 느낀다는 뜻입니까?

내4: 아-아-아닙니다. 호-호-호-호흡이 정-정-정-정상적으로 안-안-안-안 되는 것 같아요. 말-말-말을 더듬을 때에는 숨-숨-숨이 막혀서 흉-흉-흉식 호흡이 되는가 봐요. 보-보-보통 사람은 보-보-복식 호흡을 하는데, 말-말-말더듬이는 가-가-가슴으로 호흡을 많이 해요.

상4: 글쎄, 어떤 때 말이 잘 안 나오는지 좀 더 알고 싶은데요?

내5: 제-제-제가 서-서-서히 이-이-이-이야기를 해-해-해 보겠습니다. 교정원에서도 저더러 말-말-말이 빠-빠-빠-빠르다고 합-합니다. 그-그-그래서 더-더듬는 것 같아요. 저는 말-말-말이 빠르다고 느끼지를 못해요. 그-그-그-그리고 서-서-서-서서히 말-말-말을 하면은 어색하니깐 서서히 잘 안 돼요. 교정에 다니는 수강생이 30~40명 정도 되는데 3~4일간 언-언-언어 훈련을 받으면 벌써 말-말-말을 하기 시작합니다. 모두가 다 말을 너듬는 사-시 사람들끼리니까 부담감이 없지요. 그래서 말-말-말-말을 잘하게 되는가 봅니다.

상5: (웃으면서) 그럼 나도 K씨와 이야기할 때는 같이 더듬어야 되겠군요.

내6: (웃으면서) 교-교-교정원에서는 첫-첫-첫마디를 길게 빼-빼-빼-빼라고 합니다. 그리고, 그게 확-확-확-확실히 효-효-효과가 있-있-있는 줄은 알지, 저는 자주 잊어 버려요. 첫-첫-첫 글자를 길게 뺄 정신적인 여유가 없어요. 참 이상해요. 참 이상하단 말입니다. 지금 이 순간에는 말이 조금 잘 나옵니다. 그런데 조금 전 분위기에서는 말을 길게 뺄 수가 없었습니다.

상6: 조금 전에는 긴장되었던 모양이지요?

내7: 내 마음은 불안하거나 긴장되었다는 것을 못 느끼는데, 다만 이야기가 막혀 버려요.

상7: 지금 상태는 심리적으로 어떻지요?

내8: 좋습니다. 편안해요.

상8: 왜 편안하게 되었지요?

내9: 잘 모르겠습니다. 마음이 차분하게 안정되었어요. 하여튼 20년 동안 앓은 고질병입니다. 이 말 때문에 수백만 원쯤은 들었을 것입니다.

상9: 그래요, 부모님도 걱정이 많으시겠네요?

내10: 예.

상10: (웃으면서) 벙어리한테 장가나 가면 말더듬이가 나올까요?

내11: (웃으면서) 저는 '쌩쌩한 병신'이라니까요.

3회기

우리는 ABCDE 모형을 가지고 다음과 같은 비합리적 신념체계에 대하여 반박해 보았다.

- 만일 내가 벙어리라면 반드시 불행해야만 하며 무가치한 인간인가?
- 대학생이 되어 가지고 말을 더듬다니, 내 인생은 끝장인가?
- 내가 여러 사람 앞에서 말을 더듬기 때문에 나는 병신이고, 바보인가?

그리고 내담자가 두려워하고 있는 어떤 행동(가령 교수님께 말을 거는 것)이 현실적으로 과연 공포를 유발할 만한 충분한 근거가 있는가를 확인해 보도록 실행적(in vivo) 탈감법의 과제를 내주었다.

〈과제물〉
① 엘리스의 『이성을 통한 자기성장』(1984, 홍경자 역)을 독서해 오기
② REBT의 ABCDE 모형에 입각하여 자기 문제에 대하여 반박문 써 오기

4회기

K씨는 말을 서서히 하는 것이 좋은 줄은 알고 있으면서도 아직도 서두르는 습관에서 벗어나지 못하고 있음을 크게 한탄하며 아쉬워하였다. 즉, REBT를 통하여 머릿속으로는 자기를 학대할 필요가 없다고 생각하면서도, 아직도 마음속으로는 성급하게 말을 서두르는 자신을 나무라며 수용하지 못하고 있었다. 그리하여 우리는 이 문제에 대하여 검토하였다.

4회기 상담의 후반부 대화 내용을 발췌하면 다음과 같다.

내1: REBT가 정말로 맞는 것 같아요. 말을 빨리빨리 할 필요가 없고, 서서히 하는 것이 좋은 줄을 2주 전에 알았거든요. 그리고 약간 더듬거리는 것이 괜찮다는 것도 알았거든요. 그렇게 알고 있으면서도 왜 그것을 실천 못하는지 모르겠어요. 참 미치겠어요.

상1: 그러니까 K씨는 '자학도사'로군요.

내2: 예. 그래요. 그래도 지금은 옛날처럼 하-하-하-하-루 종일 자학하는 일은 어-어-없어졌어요. 가-가-가-가끔씩은 자학하지만.

상2: 몇 년 동안이나 말을 서두르는 습관이 있었지요?

내3: 그러니깐 20년이 되겠지요.

상3: 20년의 긴 세월 동안 굳어 있는 습관인데, 불과 2주일 전에 깨달았다고 해서 어찌 곧바로 고쳐질 수가 있겠어요? 그러니까 K씨는 앞으로 계속 반복해서 REBT 방식으로 자기를 세뇌해야 합니다. 1년은 더 걸릴 것 같고……. 한 3~4년 걸린다고 생각하고 그렇게 노력해야 할 것 같네요.

내4: 예. 그래야 할 것 같아요. 집에 가서도 제가 REBT의 문제를 내서 반박을 해 보겠어요. 그런데 과거에는 내가 말을 잘하지 못하니까 못난 놈이라고만 생각했지. 나에게 어떤 잘난 점이나 장점이 있다는 생각을 한 번도 해 보지 못했어요. 선생님께서 자기 장점이나 능력을 있는 대로 다 생각해 내서 써 보라고 하니까 이번에 처음으로 곰곰이 생각해 본 것입니다. 지금까지 사람들 앞에서 단 한 번도 내 자랑을 해 본 적이 없어요.

상4: K씨는 너무 겸손하군요. 그런데 사람은 다 자기 잘난 맛에 사는 거예요. 자기의 능력과 장점을 스스로 인정하고 즐기면서 사는 사람이 행복한 사람이지요.

내5: 그-그-그런데 그게 잘 안 돼요.

상5: 혹시, K씨는 '교만'과 '자기수용'이나 '자존감'에 대해서 생각해 본 적이 있나요? 다른 사람 모두 형편없고 못났다고 생각하면서 오로지 나 혼자만 잘났다고 으스대는 것은 '교만'이지요. 그런데 상대방을 잘났다고 인정해 주고, 또 나의 장점에 대하여 남에게 즐겁게 이야기할 수 있는 것. 이것이 아주 바람직한 태도예요. 이것은 '자존감' 있는 사람의 '자기수용'이라고 말할 수 있어요. 교만과 자존감은 다른 것이지요. 내가 말하는 뜻을 알아듣겠지요?

내6: 예. 무-무-무조건 자-자기 자랑하고, 교-교-교만하지는 말고, 다만 내-내-내가 가지
　　고 있는 장점이나 느-느-능력을 인정하고 자학하지 말라는 말씀이지요? 그런데 저는
　　워낙 못난 점만 생각나지, 잘난 면은 전혀 생각이 나지 않아요. 줄곧 제가 그런 식으로
　　살아왔으니까요.

　　이어서 나는 유추하기(referenting)의 기법을 소개해 주었다. K씨는 말을
빨리하는 것이 곧 말을 잘하는 것이라고 굳게 믿고 있었다. 그래서 말을 빨
리할 때의 장점과 단점을 손익계산표처럼 객관적으로 적어 보도록 하였다.

상7: 이제는 유추하기의 기법을 가지고 말을 천천히 하는 것의 장점과 단점을 대차대조표로
　　살펴볼까요?
내7: 글쎄요. 말을 잘하지 못하고 서서히 한다는 것이 무슨 이득이 있겠어요? 그-그-그건 말
　　이 안 되는 것 같아요.
상8: 그래요. 이득이 하나도 없는 것같이 보이지요? 그러니까 K씨는 말을 서서히 하는 것을
　　싫어하고 말을 빨리 했지요. 그런데 말을 천천히 하는 데에도 분명히 어떤 장점이 있을
　　거예요. 이 자리에서 한번 생각해 보기로 합시다.
내8: (K씨는 한참 생각한 다음에 종이에 적고 나서 읽는다)
　　① 천천히 이야기를 함으로써 듣는 사람이 내가 말한 이야기 내용을 다 이해할 수 있게
　　　된다.
　　② 안정감이 있어 보인다.
　　③ 친밀감을 형성하게 한다.
　　④ 겸손하게 보인다.
상9: 그렇지요? 천천히 말을 하다 보면 숨이 고르게 쉬어져서 또 마음도 편안해지지요.
내9: 참 굉장한데요.

　　우리는 20년간 말을 더듬었던 고통스러운 체험이 자기에게 끼친 손해와

이득에 대해서도 유추하기로써 생각해 보는 시간을 가졌다. 자기는 '병신같이 실패해 온 인생'인데 그것이 자기에게 어떤 유익함이 있는가를 K씨가 처음으로 유추해 보고 나서 커다란 희열을 느꼈다. K씨는 이번의 상담시간에는 시종일관 말을 더듬지 않고 이야기를 계속하고 있는 자기 자신을 발견하고 깜짝 놀랐다.

5회기

K씨는 용돈 관리하는 누나와 자꾸 화를 터뜨린다는 이야기를 하였고 따라서 이 시간에는 누나와 싸움을 벌이는 일이 일어나지 않도록 '합리적 정서적 상상(Rational Emotive Imagery)'의 기법으로 '자기암시'하는 방법을 가르쳐 주었다. 상상 속에서 K씨가 천천히 자신의 의견을 자연스럽게 누나에게 표현하는 모습을 떠올리도록 하였다.

6회기

K씨는 수업시간에 대학신문에 실린 XX논단을 평해 보라는 질문을 받았다. 교수의 질문을 받고 K씨는 난생 처음으로 여러 사람 앞에서 대답을 잘하였다. 이것은 K씨가 초등학교 3학년 이후부터 시작하여 지난 20년 동안에 처음 말문을 연 사건이다. 급우들도 K씨가 유창하게 대답하는 것을 보고 깜짝 놀랐다고 한다.

K씨는 한 20분 정도 상담 약속 시간에 지각을 했는데, 상담실에 들어온 때부터 다소 흥분되어 있었고 또다시 말을 심하게 더듬었다. 그는 '수업시간에는 그렇게 말을 잘했는데 왜 상담시간에 이렇게 말을 더듬거리는가?'를 자문

하였다. 그리고 자기가 불안했기 때문인 것을 발견하였다. 그것은 아마도 수업이 20분쯤 늦게 끝나서 상담자인 내가 자기를 기다릴 것이라고 줄곧 생각했기 때문이라고 했다. 그리고 행여나 상담자인 나를 위해 자기가 준비해 온 도시락을 가지고 가는데 내가 벌써 점심식사를 시작해 버린 다음이 아닐까 하고 걱정해서 그런 것 같다고 했다(1980년대에는 휴대폰이라는 것이 없었기 때문에 K씨는 나에게 자기가 늦게 온다는 사실을 알릴 길이 없었다).

K씨에 의하면 일단 말을 더듬기 시작하면 자기 마음을 통제할 수 없게 되어, 계속해서 끝까지 더듬을 수밖에 없다고 하였다.

상담을 시작하고부터 K씨는 30분 동안을 계속하여 더듬거렸다. 그리하여 나는 말을 더듬기 시작한 다음에도 불안한 심정에 압도되지 않고서 자기의 마음을 진정시킬 수 있는 방법에 대하여 '**역설적 의도**'를 소개해 주고 그것을 연습해 보았다. 그리고 다음과 같은 행동 숙제를 부과하였다.

- 사람들에게 칭찬해 보기
- 사람들에게 먼저 말 걸기
- 역설적 의도: 일부러 더욱 더듬거리면서 말하기

9회기

두 달간의 여름방학을 마치고 나서 2학기에 K씨는 교수와 급우들 앞에서 엉망진창으로 영어를 읽고 해석한 사건이 발생하여 우리는 이 문제를 ABCDE 모형으로 다루어 나갔다.

나의 제안에 따라 K씨는 상담자인 내 앞에서 약 3분 동안 영어책을 읽고 해석해 보는 시간을 가졌다. K가 몹시 힘들었음을 인정해 준 다음에 한두 사람 앞에서 책을 읽거나 발표하는 것과 40~50명의 급우들 앞에서 발표하는 것의 차이점이 무엇인가를 논의하였다. 이 대목에서 우리가 주고받은 이야기는 다음과 같다.

상1: 한두 사람 앞에서 K씨가 발표하는 것과 여러 사람 앞에서 발표하는 것은 어떻게 서로 다르지요?

내1: 우-우-우-우선 여러 사람 앞에서는 숫자에 압도되는 거지요. 마-마-마-많은 사람 앞에서 저 혼자 발표를 하니까 떨릴 수밖에요.

상2: 그래요. 많은 청중 앞에서는 누구든지 다 떨려요. 이것은 K씨뿐만이 아니에요. 스피치(speech) 불안은 모든 인구의 90%가 다 경험한다고 보고되고 있어요. 그런데 우리가 여기서 곰곰이 따져볼 것이 있어요. K씨가 한두 사람 앞에서 발표하는 이야기 내용과 40~50명의 급우들과 교수 앞에서 발표하는 이야기 내용은 어떻게 다르지요?

내2: 그-그-글쎄요. 이야기하는 내용에서는 별 차이가 없지요.

상3: 응. 그렇지요? 다만 한쪽은 숫자가 많다는 것뿐이지, K씨가 발표할 내용에는 하등의 차이가 없는 거예요. 그리고 곰곰이 따져보면 40~50명의 급우들은 넓은 강의실에 우연히 함께 앉아 있다는 것뿐이지, K씨가 이야기를 할 때 귀담아듣는 것은 각자가 혼자서 하는 일이에요. 그러니까, 각자가 K씨와 비슷한 수준의 이해력으로 이야기를 듣고, 또 질문도 하는 것이지, 40명의 학생이 똘똘 뭉쳐 있다가 그들의 머리를 모두 합친 막강한 지적 수준으로 K씨의 발표 내용을 비판하고 질문하는 것은 아니에요.

내3: 와! 정말 그렇군요.

상4: 그렇지요. 비록 K씨가 청중 앞에서 발표는 하더라도 마음속으로는 이 점을 유념하고, 마치 나는 청중 하나하나와 일대일로 이야기를 하고 있다고 생각하라는 거예요. 그리고 실제로 일대일로 마주 보며 이야기하듯이 가끔씩 청중 속에 있는 친구나 인상이 편안한 사람을 주로 쳐다보면서 이야기를 한다면 어떨까요? 그것이 가장 편안하고 자연스러운 스피치 기법이 되는 거지요.

내4: 예.

상5: 사실 '명연설'이나 '명강의'를 하는 사람은 아주 쉽고 재미있게, 청중과 대화하듯이 하는

거예요. 미국의 대통령이 TV 연설을 할 때 보면 마치 친숙한 사람과 대화하듯이 얼마

나 자연스러워요?

내5: 아! 그렇군요. 저도 한번 그-그-그렇게 해 보겠습니다.

14회기

　　K씨는 지난주부터 말이 더듬어지지가 않아서 편안한 마음 상태로 발표하
였고, 급우들로부터 열렬한 박수를 받았다고 하였다. 이런 일들이 자주 일어
나자 K씨는 가슴속에 항상 먹구름처럼 짓누르고 있던 압박감이 가신 것 같은
느낌을 갖게 되었다.

　　그런데 오늘 아침부터 마음이 불안하거나 떨리는 기분은 느끼지를 않는
데, 웬일인지 자꾸만 말하기가 부담스럽고 말을 다시금 더듬거린다는 것이
다. 가만히 생각해 보니까 자기 마음속에 아직도 말을 잘해야 되겠다는 강박
관념과 또 말을 더듬는 일은 창피스럽다는 생각이 남아 있어서 그런 것 같다
고 이해하였다. 그래서 K씨는 REBT에 의한 정신무장을 더욱 강화해야 할 것
같다고 생각하였다.

　　상담자인 나는 K씨가 창피스럽게 여기는 자기의 마음을 알아차리고 그 마
음을 있는 그대로 수용하라고 하였다. 심성이 착한 K씨는 장애인이나 저능아
나 실패한 인간에 대하여 너그러운 마음을 가지고 있지 않은가! 모든 인간은
실수하고 부족한 면이 있다. 그러므로 부족한 자기 자신도 너그러운 마음으
로 수용하는 것이 필요하다고 알려 주었다. 즉, 자기수용과 자기용서를 촉구
하였다.

16회기

이 시간의 상담 후반부에 주고받은 대화 내용은 다음과 같다.

내1: 요 근래에 와서 한 가지 느–느–느낀 점이 있는데 저는 언제나 감정이 먼저 앞선다는 거예요. 이 과제물을 읽을 때도 감정이 먼저 앞섰어요.

상1: 어떤 감정이 앞섰나는 건가요?

내2: 과–과–과제물을 읽으면서 가슴속에서 뜨거운 김이 나고 열이 올라오는 거예요. 꼭 그렇게 되면 별수 없이 더듬어져요. 어떤 고통이나 고–고–고민도 느끼지 못하는데 이상하게 '그–그–그런 분위기'에 휩싸이게 되면 말이 막혀 버려요.

상2: '그런 분위기'라니 그게 무슨 말이죠? K씨는 '분위기'라는 말을 자꾸 쓰는데, 분위기라는 표현은 상당히 추상적이니까, 다른 말로 표현을 바꾸는 것이 좋겠어요. 가령, '이 시간이 마지막 상담시간이니까 잘 해야겠다.'는 생각이 들어서 부담감을 가지고 상담에 임하니까, 말을 더듬게 되었다고 구체적으로 표현하면 자기 자신을 잘 알 수 있게 돼요.

내3: 예. 제–제–제–제 생각에도 말을 잘할 자신감이 없으니까. 사–사–상담실에 들어서면서 괜히 어색한 감을 가지고 왔거든요. 자–자–자꾸만 다른 학생들과 제–제–제가 비교가 되고 이런 비–비–비교의식을 가지고 왔거든요. 교수님께서도 제 이야기를 듣고 '얼마나 답답해하실까?' 하는 생각이 들고 괜히 미안하고 어–어–어색하다는 생각을 느꼈어요.

상3: 응. 그래요. K씨가 그렇게 어색하다든지 미안하다고 감정 표현을 해 주니까 정말 고마워요. 지금도 어색한가요?

내4: 아니요.

상4: 그렇지요. 이렇게 '어색하다'거나 '창피하다'고 느낀 대로 그런 감정을 다 말로 표현해 버리면 이상하게도 그다음부터는 어색하다거나 창피하다는 느낌이 들지 않게 되지요. 참 이상하거든. 그렇게 마음속에 품었던 부정적인 감정이 사라지는 원리는 글쎄 ……. 마치 방 안에 가득한 연기를 창문을 열어서 밖으로 내보내면 방 안에 가득 찼던 연기가

다 사라져 버리고 어느새 없어진다는 원리와 똑같다고 할까요? 아무튼 그런 원리예요.

내5: 참 그런 것 같아요.

상5: 그런데 K씨가 남들과 비교를 하게 되면 말이 더 잘 나올까요, 막혀 버릴까요? 어느 쪽이 더 유리할까요?

내6: 그-그-그야 물론 남들과 비교를 하고 있으면 긴장이 되니까. 말이 더 잘 나오지 않아요. 비-비-비교 의식이 없어야 자연스럽게 말이 막힘없이 잘 나오게 되겠지요.

상6: 응, 그렇지요? 지난번에 우리가 이야기했듯이 K씨가 이야기를 계속하면서 동시에 자기 자신과 남들을 비교하는 두 가지 일을 하는 것이 말을 더 잘하게 하는가요? 아니면, 자기 할 일에만 정신을 집중해서 하는 것이 더 효과적인가요?

　나는 현재의 순간에 머물러 현재의 삶에 전념하기, 즉 'here & now'를 K씨에게 설명해 주었다. 그것은 수용전념치료(ACT)의 개념과 일치한다. 그리고 불안할 때 신체적으로 열이 오르면서 말문이 막히는 현상을 게슈탈트 기법으로 다시금 체험해 봄으로써 그것을 자각하도록 인도하였다.

28회기

　K씨는 계속해서 발전된 모습을 보고하였다. 지난주부터는 한두 마디쯤 더 듬는 것은 신경 쓰지 않기로 작정하고 말을 하였더니 말이 아주 잘 되었다고 하였다. 그러면서 시골에 내려가 고향 친구와 만나 이야기를 하였고, 어머니와 함께 K씨의 진로문제를 놓고 새벽 2시까지 이야기를 하였다고 한다.

　K씨는 원래 아버지와 이야기를 거의 하지 않고 지냈는데, 이번에는 아버지와 가정사를 이야기하였다. 과거에는 형님과 이야기를 할 때 가장 말이 막혔는데, 이번에는 형님과 함께 K씨 자신의 교사 발령 문제를 놓고 이야기하였고, 막힘없이 잘 하였다고 보고하였다. 웬일인지 상담만 받고 나면 말이 잘

나오게 되므로 상담자는 마술을 사용하는 '요술사'나 '최면술사'인 것 같다고
하였다.

48회기

K씨는 눈에 띄게 진보하였다. K씨는 사람들이 자기가 이야기를 아주 잘한
다고들 말했고, 객관적으로 볼 때 자기는 말을 잘하는 축에 들어간다고 보고
하였다. 이처럼 주관적으로나 객관적으로 K씨는 자신을 보는 관점이 긍정적
으로 변해 가고 있었다.

이제 우리는 약 3년간 지속해 온 우리의 상담관계를 곧 종료하게 될 것이
다. 그렇다고 해서 K씨의 말이 유창하고 발전했다는 것은 아니다. 그는 여전
히 가끔씩 말의 서두에 막히는 적이 있고 자기가 뜻하는 것을 제대로 표현하
지 못하는 때가 있다. 그러나 3년 전과 지금의 자기를 비교해 보자면 요즈음
에 와서 K씨는 소위 '보통 사람'의 수준에서 자기 소견을 피력할 수 있게 되었
다는 것이다. K씨는 감정 표현이나 행동이 말보다 앞서는 급한 성격으로 인
하여 말더듬이가 되었다는 사실을 깨닫게 되었다. 그가 걸핏하면 사람들과
시비를 거는 원인이 말더듬으로 인한 열등의식이 폭발하기 때문이라는 것도
알게 되었다.

48회기 상담을 마치고 나서

그는 먼저 저자를 만나게 해 주신 하나님께 감사드리며, 3년간 지도해 준
나를 인생의 은인으로 생각하고, 그 은혜를 잊지 않겠다는 감사의 편지를 보
내 왔다.

K씨가 대학을 졸업한 지 어언 10년여의 세월이 흘렀다. 그는 결혼하여 1남 1녀를 낳았고 아내와 오순도순 살며 XX읍에서 상업에 종사하고 있었다. 저자가 그를 수년 만에 만났을 때 그의 말더듬이가 아주 호전되었을 것으로 기대했던 저자의 소망과는 달리, 아직도 말을 조금씩 더듬고 있었다. 그리하여 우리는 2~3회의 고양회기를 가지기로 하였다. 고양회기 중의 상담 내용은 다음과 같다.

1회 고양회기

　어엿한 대학 출신으로 자기 동창생들처럼 마땅히 공직생활을 해야 하는데, 소읍(小邑)에서 개인사업을 하고 살아야 한다는 것에 마음이 몹시 위축되었던 K씨는 지적인 대화 상대도 별로 없는 시골에서 염세적인 생각이 점점 강하게 작용하여 4년 전에는 심지어 자살할 생각이 들 정도로 비관하였다. 그러다가 '이래서는 안 되겠다.'고 생각하고 G시로 출입하면서 상담과 관련된 각종 연수, 세미나와 사회교육과정에 참석함으로써 지성인들과 대화할 수 있게 되었다. 그리고 저자가 보급하고 있는 '적극적인 부모역할'(AP) 지도자 과정에 참가한 것도 '말' 문제를 해결하기 위한 목적에서였다. 그리하여 지난 1~2년간은 어느 정도 심리적으로 안정되고 명랑성을 회복할 수 있게 되었다. 그간 꾸준히 저자가 번역한 REBT 서적을 읽은 것이 그에게 보약과 같은 자양분을 주었고 위안이 되었다고 한다.

상1: 오랜만에 이런 자리를 갖는가 봅니다.

내1: 정말 그-그-그런 것 같습니다.

상2: 우리가 말더듬 문제로 오랫동안 상담했지만, 아직도 조금 더듬고 완전하게 마음이 정리되지 않아 성가신 면이 있지요?

내2: 그렇습니다. 상담받은 뒤로는 일상생활에서 말-말에 대한 신경은 거의 쓰지 않았고 말도 잘 나오고 그-그러한 상황이었습니다. 장사하면서 그-그-그러한 생각이 들지 않고 생각도 하지 않으니까 말이 잘된다고 느꼈습니다. 지-지-지금까지는 말에 대한 생각을 거의 잊고 살았습니다.

상3: 응, 그랬군요.

내3: 일상생활에서는 말더듬에 대한 생각이 전혀 생기지 않고 말을 잘할 수 있어 좋은데, 내가 무-무-무슨 말을 진달해야 한다거나, 의미 있는 말을 해야겠다고 생각할 때는 아직도 어려움이 있는 것 같아요. 제 자신도 생각하기에 말에만 너무 억-얽매이기 때문에 더 말이 잘-잘 안 나왔고…….

상4: 응, 그러니까 장사할 때나 일상시에는 말을 간단하게 하니까 말더듬을 잊어 버리게 되고, 또 말더듬을 잊어 버리니까 말을 더듬지 않고 편안하게 말이 잘 되는데. (함께 웃음)

내4: 예…….

상5: 그런데 의미 있는 이야기를 여러 사람 앞에서 할 때는, 말을 잘하려고 마음을 먹게 되니까 신경을 쓰는 거죠. '잘해 보자'라고 신경을 쓰게 되면 어떻게 되죠?

내5: 바로 그냥 더듬어지죠.

상6: 그러니까 정반대죠. 아직도 그 문제가 계속해서 습관적으로 남아 있네요?

내6: 예. 참 AP 부모교육 지도자 훈련을 받으면서 느낀 점은 그-그-그 전에는 발표를 하려고 생각을 하면 가슴부터 두근거리고 걱정이 되었는데, 그때 APT 지도자 훈련 시간에 발표할 때는 발표하는 순간까지 떨리거나 긴장감이 없었습니다. '나는 잘할 수 있다.'라는 자신감이 있었는데, 막상 바-바-발표를 하면서 말을 더듬는 상황이 자주 반복되는 것을 느꼈어요.

상7: 그랬군요.

내7: 과-과-과거에는 떨리고 말을 더듬을 거라는 '예견된 공포'가 엄습하고, 그 장면이 떠오르고 괴로웠는데, 요즈음은 미리서 떨고 두렵거나 하는 면은 없는 것 같아요. 가령 가게에서도 어쩌다가 내가 계속 말을 더듬는 수가 있어요. 그러면 손님들이 왜 그러냐고 그래요. 그래도 나는 그-그-그 말을 무시해 버리고 아무런 감정도 안 느끼거든요.

그러면 또 그다음에는 말이 술술 나오니까 손님도 나도 그것을 다 잊어버려요. 그런데 APT 지도자 과정 때 내가 발표 준비해 온 내용이 교재 내용과는 다르더라고요. 그-그-그래서 그 자리에서 급하게 준비를 하려고 하니까 조급해 가지고 '아이고, 또 틀렸구나.' 그런 생각이 번개같이 들고 옛날에 말을 더듬던 장면이 눈앞에 막 떠올랐어요. 이렇게 상황이 돌아가면 마-마-말이 틀림없이 또 횡설수설하게 되고 말아요.

상8: 응. 그래요. K씨가 말한 것처럼 그 장면이 떠오르면서 자동적으로 말을 더듬을 것이라는 예감이 들지요? '난 안 될 것이다.'가 부정적이잖아요. 이것을 '부정적 사고'라고 해요. 마치 수도꼭지를 틀자마자 자동적으로 물이 나오듯이 전문 용어로 **부정적인 자동적 사고**'라고 해요.

내8: 예.

상9: 자기가 발표한 내용에 대한 철저한 준비도 없이 발표에 임하면 마음속으로 '아이고, 난 안 될 것이다.'라는 부정적인 평가를 내리게 되면, 곧바로 말을 더듬어 버리는 결과를 가져오게 되지요.

내9: 예.

상10: '조금 틀려도 괜찮고, 준비가 안 되어도 괜찮고, 발표하는 내용이 별 볼 일 없어도 괜찮다.'라고 생각을 바꾸는 연습이 좀 필요하네요. 그전보다는 많이 발전했는데, 그래도 아직 뿌리가 남아 있군요. 그 문제를 우리 이 시간에 한번 다루어 볼까요?

내10: 예. 그렇게 하지요. 그것이 참 좋겠어요. 저-저-저도 말 문제를 뿌리째 시원하게 좀 뽑아버리고 싶어요.

　K씨가 APT 지도자 연수 시간에 다시 말을 더듬으면서 발표했기 때문에 몹시 괴로워했던 내용을 가지고 우리는 REBT이론으로써 다루어 보았다.

　또한 아직도 말이 횡설수설하기 때문에 자신 있게 대학원 진학의 결단을 내리지 못하여 고통스럽다고 호소한 K씨의 문제를 가지고 '지그재그(Zigzag) 대화 형식'을 활용하여 합리적 신념→비합리적 공격→합리적 방어의 방식으로 풀어 보도록 하였다.

그리고 행동연습으로 ① 말을 시작할 때 첫 단어를 묵음(默音)으로 서너 번 먼저 더듬어 보고 나서 천천히 리듬과 억양을 넣어 발음하기를 시작해 볼 것, ② 곧바로 대답하지 말고 의식적으로 심호흡을 먼저 한 다음에 이야기하기를 과제로 부과하였다.

1주일 후에 K씨는 상담자가 부과한 모든 숙제를 철저하게 다 해 가지고 왔다. ABCDE 모형을 활용하여 '아이고, 이거 큰일 났다. 아유, 병신'이라는 자기 언어가 사라지고 맘이 편안해져서 사람을 대하기가 더 편안하게 되었고, 말더듬 증상도 더 호전되었다고 했다.

K씨의 비합리적 사고의 요소에서 가장 집요하게 K씨를 괴롭히는 것은 '나는 존경받을 만한 공직생활을 해야 한다.'와 '나는 처갓집 근처에서 살지 않아야 한다.'는 내용이었다.

K씨는 1회 고양회기에 상담한 녹음테이프를 집에서 다시 듣고 풀어 적었다. 그 과정에서, 자기는 그동안 현저하게 좋아졌다고 생각했던 것과는 달리 상담시간에 실제로 목소리까지 떨려서 '억장이 무너졌다.'고 하였다. 그래서 K씨 스스로가 이 문제를 가지고 ABCDE 모형으로써 풀어 가지고 왔다. 즉, 자기 내면에 '내 인생의 은인이며 버팀목이 되어 주신 교수님(상담자)을 결코 실망시켜서는 안 된다.'는 생각을 은연중에 가지고 나를 만났기 때문에 자기 의지와는 반대로 말더듬이 더 악화되었다는 것을 발견하였다. 즉, 그는 '아직도 이렇게 말을 더듬거리고 서두르고 있으니 나는 배은망덕한 놈이다.'라고 생각하였다. 그리고 K씨 내면의 목소리가 '너는 참으로 웃기는 놈이다. 인생의 은인이신 교수님 앞에서 그 꼴이 뭐냐? 그 정도의 말밖에 하지 못하는 주제에 교수님을 또 만날래? 나 같으면 부끄러워서 못 만나겠다.'라고 그를 비

난하는 말을 들었다. 그래서 K씨는 반박하였다. '네 말도 일리는 있다. 교수님은 진정 고마우신 분인데 왠지 만나 뵙기만 하면 몸 둘 바를 모르고 말을 더듬게 되어 괴로웠다. 그러나 이렇게 생각해 보자. 자기가 진정 존경하고 사랑하는 사람 앞에서는 말을 더듬는 정도가 아니라 말문이 막혀 아예 말을 하지 못하고 마는 경우도 많지 않을까? 아마 나도 그런 경우일 것이다. 나는 운이 좋아 말 문제를 가지고 지금도 교수님을 다시 만나고 같이 웃으면서 뿌리를 뽑고 있지 않느냐?' 그렇게 합리적으로 방어하는 말을 글로 적어봄으로써 그 문제에 대하여 정리해 보았다고 하였다.

이번 상담에서 K씨는 자신의 성격이 급하다는 것을 다시 한번 확인하였다. 거기에 강한 도덕의식과 흑백논리의 경직된 사고방식 때문에 열등감과 자기학대가 심했다는 것을 깨달았다. 그리고 아내가 몹시 기뻐하고 있다는 것을 보고하였다.

이 시간에는 '보람 있는 공직생활도 해 보지 못하고, 미미한 장사꾼으로 일생을 마쳐야 하는가?'의 생각에 대하여 풀어 나갔다. 그리고 대학원 입학시험을 치르기로 결심하기에 이르렀다.

그는 1차적 문제인 말더듬이 현상이 2차적 문제인 대학원을 진학할 수 없다는 부정적인 생각과 자기학대를 야기하였다는 것을 발견하였다. 그것을 도식화하면 다음과 같다.

〈1차적 문제〉

A: 나는 말을 몹시 더듬는다.
iB: 대학교 졸업한 남자는 말을 조리 있게 잘해야만 한다. 그런데 내가 말을 이렇게 30년 이상이나 더듬고 있으니 나는 못난 인간이다.
C: 창피해 죽을 지경이다.

〈2차적 문제〉

> A: 나는 창피스럽다.
>
> iB: 내가 이렇게 못난이로 창피한데 어떻게 대학원에 가겠느냐? 대학원생은 사회지도
> 자급인데 나처럼 열등감이 심한 사람은 지도자가 될 자격이 없다.
>
> C: 그러니까 대학원에 갈 수 없다. 이렇게 생각하니 더욱 괴롭고 죽고만 싶다.

K씨가 지그재그 형식으로 그의 비합리적인 신념에 대하여 논박한 내용은
다음과 같다.

〈지그재그 형식으로 논박하기〉

합리적 신념

이 세상에 완벽한 사람은 없다.
나도 불완전한 인간이다.
내가 말을 더듬는 것은 있을 수 있는 일이다.

비합리적 공격

대학원생이라면 사회지도자다.
네가 사회지도자가 되어 가지고 그렇게 말
을 더듬는 것은 정말 수치스럽지 않느냐?

합리적 방어

모든 사회지도자가 말을 다 잘하는 것은 아니다.
나는 말 문제 이외에는 장점도 많다.
그리고 나는 좋아지려고 노력하고 있다.

비합리적 공격

그래도 그렇지. 너는 20년이나 말더듬 치
료를 했는데, 그리고 또 세월이 흘렀는데
아직도 그 모양 그 꼴이냐?

합리적 방어

20년 동안 내가 얼마나 심하게 말을 더듬어 왔는
지를 생각해 봐라. 이제는 내가 거의 90%까지 좋
아졌지 않느냐? 해묵은 골칫덩어리를 뿌리 뽑는
데는 시간이 걸리는 법이다. 나는 잘하고 있다.
앞으로도 더욱 노력할 것이다.

비합리적 공격

글쎄, 그러고 보니 네 말이 맞는 것 같다.
그래도 어쩐지 마음에 들지 않는다.
넌 자신감이 없는 표정이야.

합리적 방어, 합리적 신념

네 말이 맞아. 내가 소심한 성격이다.
그래도 이렇게 용기 있게 도전하니까 나는 좋아
지고 있다. 나는 말을 잘할 때나 실수할 때나
내 자신을 모두 수용하겠다.

K씨는 2회기 동안에 시종 말을 단 한 번도 더듬지 않고 천천히 조리 있게 잘하게 되어 1회기의 상담과는 극적인 차이가 있었다. 상담의 후반부만 소개하면 다음과 같다.

내1: 오늘은 이렇게 말이 잘 나오고 한 번도 더듬지 않잖아요. 사실 평소에도 제가 가게에서 손님들하고 이런저런 세상살이 이야기를 할 때는 말을 더듬는다는 생각은 전혀 하지 않거든요. 그런 생각은 잊어버리고 살아온 지가 아주 오래 되어요. 그리고 내 딴에는 이야기도 어느 정도 잘한다고 생각했거든요.

상1: 그런데 지난번 시간에 너무 더듬었고 녹음기를 틀고 자기가 한 말을 들어 보니까 큰 충격을 받았다는 거지요?

내2: 네. 저는 그날 저녁 죽고 싶더라고요.

상2: 지금까지 죽지 않고 살아왔는데(함께 웃음). 기왕이면 나에게 잘 보이고 싶었는데, 말더듬이 시작된 지 벌써 30년이나 지났건만 아직도 그런 습관이 붙어 있어서, 사실은 많이 좋아졌지만, 실제로는 완전하지 않다는 것 아니에요?

내3: 그게 맞겠습니다. 지금은 이렇게 마음이 편하게, 또 차분하게 잘 나오는데…….

상3: 그걸 불교적 용어로는 '습'(習)이라고 하고, 습은 습관이란 말이지요. 자기학대하는 습관이 굳어있는 것이 다 '습'이거든요. 여러 번 세뇌작용을 하여 반대 방향으로 생각을 고치는 것이 필요하지요. 그걸 '훈습'이라고 해요. 기독교적으로 말하면 '옛사람은 없어지고 새 사람으로 거듭난다.'라는 거지요. 옛날 습관을 고치려면 매일 거듭나야 되고요. 성경에 '담대하라. 두려워 말라.'가 366번 쓰여 있다고 하잖아요. 그러니까 매일 새 사람으로 거듭나려면 매일 다시 한번씩 새 마음으로 담대해져야 한다는 뜻으로 받아들여야 할 거예요.

내4: 그렇군요. 날마다 연습을 다시 해 보려고 합니다. 집에 가서 숙제를 해 보는데 그중에 지그재그 형식의 논박하기가 참 좋았거든요. 자신과의 대화를 먼저 연습장에 한번 써 보면서 새로움을 느끼고, 다시 옮기면서 새로워지고, REBT가 저에게 참 좋은 것 같아요.

상4: 어떻게?

내5: 이렇게 말이 부드럽게 잘 나오잖아요(함께 웃음). 마음이란 게 이렇게 복잡한지 몰랐어
요. 생각의 차이! 진즉부터 내가 약간만 생각을 바꾸어 먹었더라면, 이렇게 좋았을 텐
데, 참⋯⋯.

3회 고양회기

이 시간은 마지막 시간으로서, K씨가 나에게 점심식사를 대접하였다. K씨
는 처가의 도움을 받아 처가살이를 하는 것도 아니면서 단지 처가 근처에 산
다는 것에 대한 콤플렉스가 그를 종종 괴롭혔다. 따라서 이 문제를 REBT로
써 풀어나갔다.

K씨는 이번에 자기 인생의 문제와 REBT적 사상을 확연하게 정리할 수 있
어서 너무도 뿌듯하다고 하였다. 그리고 K씨와 같이 말더듬으로 괴로워하는
사람과 심리적으로 고통받는 사람들을 돕는 일을 하여 나에게서 받은 은혜에
보답하고 싶고 그런 사명감 때문에 더욱 대학원을 진학하겠다는 결심이 굳게
섰다고 말하였다.

그 이후에 K씨가 내게 보내온 편지는 다음과 같다.

> 홍경자 교수님께
>
> 제가 만약 교수님과 인연이 없어 상담을 받지 않았다라면 지금의 나의 모습은 생각도 하
> 기 싫은 추한 모습으로, 그 누구도 알아주지 못하는 마음의 고통을 안고, 나의 참모습을 알지도 못하
> 고 살고 있으리라는 것은 너무나 자명한 일입니다.
>
> 먼저 그 동안 저의 인생길에 너무나 많은 도움을 베풀어 주신 교수님께 진정으로 감사를 드립
> 니다. 어떤 때는 부모님보다 더 큰 은혜를 입었다는 느낌도 많았지만, 그 은혜에 보답을 하지 못

해 죄송스럽기만 합니다. -중략-

이번에 교수님과 이야기하는 가운데 대학원에 대한 확실한 목표로 매진할 수 있게 마음이 정리되어 홀가분하고 좋습니다. 그리고 결혼하고 나서 처가 곁으로 이사 온 다음 8년간의 세월 속에 항상 마음을 움츠리게 했던 처가살이의 개념이 90% 정리되었고, 긍정적으로 떳떳한 마음으로 살 수 있게 되었습니다. 지금까지 제 인생에 가장 크게 영향을 미쳤던 것은 어려서부터 기독교 가정에서 자랐고, 4세부터 교회를 다니면서 흑백사고로 일관했던 영향으로 경직된 사고라는 것을 발견한 것입니다. 완벽주의적인 사고로 자신을 닦달하고 윤리적, 도덕적으로 착한 인간으로만 살아야 한다고 자신에게 벌을 주고 스스로 무덤을 판 결과를 가져와 나의 모든 문제가 내 스스로 초래했다는 걸 진정 깨달았습니다.

이번에 교수님과 만난 지 10여 일밖에 되지 않지만 내 스스로가 말을 통제할 수 있다는 게 크나큰 소득입니다. 즉, 말을 시작해서 말이 빨라지면 '아, 내 말이 빠르구나.'라고 알아차리게 되면 그다음부터 말을 부드럽게 할 수 있게 되었습니다. 10번 말을 한다면 3~4번은 미리 서서히 부드럽게 말을 시작해야겠다고 생각하고 조심스레 말을 시작하는 경향도 생겼습니다. 설령 말이 잘 나오지 않더라도, 과거처럼 곧바로 자포자기하지도 않고, 이제는 '첫술에 배부르지 않는다. 좀 더 연습해 보면 좋아질 거야. 최악의 경우에 다시 더듬거리게 되면 그러라는 거지.'로 의식 전환이 되기 시작했습니다.

또한 자신이 조금만 잘못해도 부정적으로 생각하고, 자학하고, '못난이, 병신'으로 여겼는데, 이제는 긍정적으로 사고하고 나의 장점도 생각해 내어 장점을 살리는 데 노력합니다.

틈나는 대로 나의 조그만 문제에도 REBT를 적용해 나를 성찰하는 데 힘쓰겠습니다.

마음의 검은 구름이 걷히면서 희망찬 밝은 햇살이 내 몸 안의 세포 속에 스며들어 가는 것을 느끼면서…….

교수님, 정말 감사합니다.

-K 올림-

K씨는 저자와 상담을 받고 나서 얼마의 시간이 흐른 다음에 교사 발령을 받고 중학교 교사가 되었다.

어려서부터 말을 잘하던 K씨가 초등학교 때 갑자기 말을 더듬기 시작하여 그 증상이 중년의 나이가 되도록 장구한 세월 동안 고착된 것을 분석해 보자면 다음과 같다.

(1) 초등학교 3학년 때 어떤 아이가 말을 더듬는 것을 보고 흉내를 낸 것이 그 증상의 발단이다. 어린 K씨가 선생님과 급우들 앞에서 말을 더듬자 모두들 낄낄거리고 이상하다는 표정을 할 때 그 사건이 마음이 여린 K군에게는 충격으로 다가왔을 것이다. 그래서 '내가 왜 말을 더듬지? 앞으로는 말을 더듬지 않아야 하겠다.'는 생각을 무수히 되뇌었을 것이다. 그것은 '내가 말을 더듬는다.'는 사실을 두뇌 속에 강한 인상으로 각인시킨다. 어떤 인상이 마음에 새겨지면(imprint), 오히려 그것으로 강렬하게 끌리는 효과가 있다. '화를 내지 말아야지.'라고 되뇌일수록 더욱 화가 나는 것과 같다. 그래서 K씨가 입을 열어 말을 하게 되면 '말더듬' 증상에 자동적으로 휘말리게 되는 효과가 있다.

(2) K씨의 가정은 경제적으로 쪼들려 큰 형과 부모가 크게 언쟁을 벌이는 일이 많았다. 살벌한 가정 분위기가 무서워 밤이면 동네의 친구 집을 전전하면서 K군은 잠을 잤다. 그래서 어려서부터 중학교 때까지 만성적인 불안과 공포심에 시달렸다.

K씨는 학교의 공과금을 달라고 부모와 누나에게 말씀드릴 때마다 단 한번도 제대로 돈을 받아 본 적이 없었다. 특히 자신을 배척하고 의심하는 누나와 언쟁하면서 어리고 마음이 착한 K씨가 얼마나 억울하고 화가 났을지 충분히 짐작이 간다. 감정적으로 격앙된 상태에서 울면서 항변을 하다 보니 말문이

막히는 것은 너무도 자명하다.

K씨는 금전 문제로 가족과 실랑이를 벌이면서 용건만 재빨리 말하고 그 자리를 피하려고 하는 습관이 생겼고, 또 빨리 말하는 것이 말을 잘하는 것이라고 생각하였다. 긴장된 상태에서 재빨리 요점만 말을 하려고 하면서 K군은 더욱 버벅거렸을 것이다.

K씨가 큰형과 부모와의 불화 장면을 수없이 목격하면서 그것은 어린 K씨에게 간접적인 트라우마(trauma, 심리적 외상)가 되었다고 본다. 부모와 형이 큰소리를 낼 때마다 가슴이 철렁하고 '위험' 신호로 인식하게 되면 K군은 긴장되어 몸이 움츠러들고 몸 안의 세포 속에 공포, 불안, 긴장감이 계속 남아 있게 된다. 그런 처리되지 않은 감정을 몸 속에, 가슴 속에 담아 둔 채 K씨는 움츠러진 상태로 살아왔다. 그러다가 어쩌다가 말에 실수를 하게 되면 급우들이 비웃는다. 두뇌는 그런 사소한 스트레스 경험도 마치 큰형과 부모와의 싸움과 똑같은 강도의 커다란 '위험 신호'로 받아들이게 된다. 그래서 몸은 자동적으로 위축되고, 말은 통제력을 잃은 채 자동적으로 계속 버벅거리게 된다. 그 결과 수치심과 말더듬 증상이 영구화된 것이다.

(3) K씨는 어려서부터 독실한 기독교 가정에서 자랐다. 그런 신앙심 때문에 무의식적으로 자기는 모범적이고 실수해서는 안 된다는 생각이 투철했다. 그런 기대와는 달리 자기가 말을 더듬게 되자, 크게 충격을 받고 열등감에 시달렸다. 그리고 '어유, 창피해. 큰일 났다. 내가 왜 더듬지? 말을 더듬으면 안 되는데 어떻게 하지?'라고 끊임없이 생각하게 되었다. 이렇게 골똘하게 그런 생각을 반추하기 때문에 더욱 강박적으로 말더듬 현상이 고착되는 결과를 가져왔다. '××을 하지 말아야지'라는 생각 자체가 '××'에 대한 생각을 내포하고 있다. 그래서 '말을 더듬지 말아야 한다.'고 여러 번 다짐할수록 더욱 말을 더듬게 되는 결과를 가져온다. 수용전념치료(ACT)에서는 이와 같은 현상에 대하여 잘 설명해 주고 있다.

(4) 농사일이 바쁜 부모님은 아들을 무관심하고 방임적인 태도로 양육하였다. 그래서 그가 중학교에 들어가서야 K씨가 학교에서 말을 더듬고 일체 발표를 하지 못한다는 사실을 알게 되었다. 그 당시 대부분의 부모들은 이상적인 부모역할에 대한 지식이 없었다. 만약에 K씨의 부모가 현대교육을 받은 지식인처럼 관대하고 수용적으로 K씨를 양육하면서 아들의 말더듬 문제에 대해서 적절한 조처를 취했더라면, 그 증상이 고질적으로 고착되지는 않았을 것이다.

(5) 그 당시에는 요즈음 세상처럼 놀이치료나 전문적인 심리상담의 기회가 없었다. 특히 REBT나 수용전념치료(ACT)나 심리도식치료 등의 이론이 소개되지 않은 시절이었다. 또 K씨 주변에 대화가 통하고 그를 격려해 주고 이끌어 주는 선배나 친지가 있었더라면 좋을 텐데, 그런 지지 집단도 없었다.

그렇다면 K씨는 어떻게 말더듬 증상을 극복하게 되었는가?

K씨는 말더듬 때문에 절망한 나머지 중학교 졸업 후에 2년간 시골집에서 농사 일을 하였다. 그러나 끝내는 실업계 고등학교에 진학하였다. 고등학교 졸업 후에도 역시 곧바로 대학을 진학하지 못하고 1년간 쉬었다. 하지만 끝내는 국립 대학교에 들어갔고 말더듬교정소와 웅변학원 등에서 열심히 노력하였다.

그런 불굴의 의지를 가지고 K씨는 대학교 4학년때 상담자인 저자를 찾아왔다. 저자와 상담하면서도 그는 성실하게 과제를 수행하였고 상담한 내용을 녹음기로 다시 듣고 적어 보면서 최선의 노력을 경주하였다. 그 결과 그가 표현한 대로 '쌩쌩한 병신'에서 '보통 사람'으로 돌아왔다.

무엇보다도 순수하며 근면 성실한 K씨에 대하여 저자는 옛날과 변함없이 마음에서 우러나오는 존경과 애정의 마음을 보낸다.

K씨는 그의 타고난 성격대로, 인정이 많고 겸손하므로 자기 주변의 고통

받는 사람들에게 따뜻한 도움을 주는 존재로 살아갈 것이다. 그가 말했듯이 자신이 경험했던 심리적인 고통이 나중에 귀중한 정신적인 자산이 되었을 것이므로……

내가 그를 만난 것은 1980년대다. 요즈음 시절에 내가 그를 만나 상담했더라면 REBT 이외에도 수용전념치료(ACT)와 마음챙김 등을 적용했을 것이다.

인지치료와 이완훈련을 병용할 때 불안, 강박증의 치유에 탁월한 효과가 있기 때문에 나는 그에게 호흡명상과 거리두기와 같은 방법을 매번 실시했을 것이다. K씨는 자기가 말을 더듬는 것을 알게 되었을 때 '큰일 났다, 창피하다.'라고 판단하고 불안하게 되었다. 그리고 그런 불안으로부터 성급하게 도망치려고 노력할수록(회피 전략), 말더듬 현상을 영속시키는 악효과를 가져왔다.

수용전념치료(ACT)에서는 일체의 판단 작용을 중지하고 그저 자신을 수용하라고 강조한다. 그러니까 불안한 감정이 들면, 불안한 그대로의 자신을 받아들이는 것이다. '아, 나에게 불안한 감정이 있구나.' 그리고 말을 더듬는 자신을 있는 그대로 바라보는 것이다(觀). '아, 내가 말을 더듬거리고 있구나, 그리고 내 얼굴에서 식은땀이 나고 있구나.' 이처럼 '지금, 여기에서의' 자기를 허심탄회하게 응시하게 되면 신기하게도 말을 더듬는 현상이 사라지게 된다.

그리고 무엇보다도 K씨는 자기 몸 전체의 세포 속에 각인된 공포감, 긴장감과 억압된 분노의 에너지를 알아차리고 그것을 밖으로 털어 내는 작업이 필요하다. 요즈음에 내가 K씨를 상담했더라면 몸을 털고 소리 지르기 활동, 게슈탈트 치료, TRE, 각종 표현예술치료 등으로 몸 속에 갇혀 있는 트라우마의 흔적을 털어 내는 작업을 하였을 것이다.

그리고 나서 나는 K씨에게 자신을 하나님의 귀한 존재로서 무조건적으로 수용하라고 강조했을 것이다. 그렇게 되면 그의 신앙인 기독교적인 관점에서 확고한 자존감이 좀 더 빠른 시간 안에 다져졌을 것이라고 사료된다.

"K선생님! 우리는 누구나 실수하기 마련이고, 인생에는 필연적으로 시련과 역경이 따라옵니다. 세상적인 성공이나 실패와는 상관없이 우리 모두는 본질적으로 소중한 사람입니다.

K선생님! 어느 하늘 아래에 어떤 모습으로 살고 있든지 간에 당신은 수정처럼 빛나는 소중한 사람입니다. 선생님이 가진 자원(資源)과 복(福)을 헤아려 보십시오.

그리고 행복하세요. 당신을 축복합니다."

                                                                    —홍경자

상담사례 6:
한국 남자들을 보면
화가 나고 때려 주고 싶어요

-홍경자-

Tom(가명)은 30대 초반의 외국인으로서 한국에서 수년간 영어를 가르치는 학원 강사다.

그는 자기나라(B국)에서 10년 전에 수개월간 상담을 받은 적이 있다. 그리고 한국에서도 7~8년 전에 수개월간 20회기의 상담을 받았다. 그런데 상담을 통하여 만족할 만한 효과를 거두지 못하였다고 한다. 지금까지 자기관리에 관한 무수한 책을 읽었고 심리학에 대한 이해가 있으며, 명상도 1주에 3~4회씩 실천해 오고 있지만 큰 변화를 보지 못하였다고 한다.

그는 외모가 준수하고 날씬한 미남이며 예의가 아주 바르다. 상담시간을 어겨본 적이 없고 상담료는 언제나 예쁜 봉투에 넣어 가지고 왔다. 그는 상담 신청서에 갈등 해결, 우울감의 해소와 자존감 높이기 및 자기 주장적으로 되기를 원한다고 기술하였다. 구체적으로 그는 고등학교 때 따돌림을 당한 적이 있고 대인공포와 적대감으로 시달려 왔다고 하였다.

저자는 Tom과 1주 1회 또는 격주 1회로 7개월간 상담을 진행하였고, 앞으로도 당분간은 상담이 지속될 전망이다.

저자는 Tom에게 가계도를 그려 보게 하였다. 그의 할아버지는 과격한 기질로서 시골에서 작은 가계를 운영하였고, 할머니는 조용하신 분으로 지금은 모두 고인이다. 그의 아버지는 미남이나 전제적이고 성질이 무서워서 Tom과는 지금까지도 서먹서먹한 사이다. 그리고 외도 사건이 두어 번 있어서 어머니와 불화하였다. 그의 어머니는 착하고 조용한 성품이며 외도한 남편을

☆ 이 사례에 대한 공개는 내담자의 허락을 받은 것이며, 여기에 나오는 인물들의 이름은 모두 가명이다.

매번 용서하고 함께 살고 있다. 부모(60대 중반)는 모두 전직 교사로서 지금은 은퇴하였다. 외조부는 작은 섬에서 살았고 조용하고 착한 인상이라고 알고 있고, 외조모는 무뚝뚝한 성격이었으나 두 분은 지금 고인이다. 조용한 성품의 큰 외삼촌은 초등학교 교사로 은퇴하였다. 막내 삼촌은 젊어서는 경찰이었으나 그 후에 정신적인 장애가 있어서 우울, 불안증으로 고립된 생활을 하고 있다. 두 외삼촌 사이에 태어난 어머니는 착하고 조용한 분이다. Tom에게는 여동생(28세)이 있는데 아버지를 닮아 변덕이 심하고 이기적이어서 Tom과는 사이가 좋지 못하다. 2~3년 전에 여동생이 한국을 방문했을 때 아주 사소한 일로 시비를 걸어서 크게 싸움을 벌였고 지금은 Tom과 연락을 하지 않는다.

Tom은 2년 전에 한국 여자와 결혼하여 처갓집 근처에서 살고 있다. Tom의 일생 중에 유일하게 싸우거나 불편감을 주지 않는 사람은 그의 어머니와 아내다.

1. 최근의 인간관계의 애로점

상담을 시작하고부터 몇 회기 동안 호소한 문제는 다음과 같았다.

(1) 사건 1: Tom과 같은 B국 출신의 영어학원 강사인 Daniel과는 7~8년간 좋은 관계로 지냈다. Tom은 그의 홍보 업무를 도와준 적이 있다.

Tom이 2년 전에 한국에서 결혼식을 올릴 때 유일한 친구인 Daniel을 초대하였으나 그가 오지 않았고 그 뒤에 연락이 두절되었다. 수개월 전에야 그에게서 카톡이 왔다. Tom은 그의 우정에 회의감을 느끼고 얼마 전에 카톡을 끊어 버렸다. Tom은 Daniel과의 우정이 끊어진 것에 대해서 상심하고 외로움을 느끼면서 화가 났다.

(2) **사건 2**: 약 2년 전에 한국인 한×× 사장이 자기와 협력하여 영어 비디오를 제작하자고 제안하였다. Tom과 한 사장은 50%씩 이익을 배분하기로 하였다. 그러나 2~3개월을 동업한 다음에 한 사장은 임의적으로 약속을 지키지 않고, Tom에게 50%를 주지 않았다. 그에 대한 배반감으로 손이 떨리고 몸이 떨렸지만, 정작 그에게 노골적으로 항의하지 못하였다.

이런 대인공포증은 어려서부터 시작되었다. Tom은 공부를 잘하는 우등생이었다. 그럼에도 불구하고 초등 5~6학년 때 아버지는 Tom이 공부를 많이 하지 않는다고 Tom에게 소리를 지르고 다리를 때리고 멱살을 잡고 Tom을 벽에 내동댕이치며 짓이겼다. 그리고 여동생 Melody와 사소한 다툼을 하게 되면 매번 Tom을 야단쳤기에 억울하게 당하기만 하였다. 그가 10~11세경 아버지가 허락하여 아버지의 자전거를 탔는데 Tom의 발이 자전거에 끼이게 되는 사고가 일어났다. 그럴 때도 아버지는 Tom이 자신의 자전거를 훼손했다고 큰 소리로 야단을 치면서 주먹으로 때려주겠다고 협박하였다. 집에 가서 이 사실을 어머니에게 말씀드리자 아버지는 또 Tom을 야단쳤고 어머니는 가만히 계셨다.

(3) **사건 3**: 최근에는 고향 B국에 있는 부모와 SKYPE를 통해서 한 달에 한 번 꼴로 대화를 나누고 지낸다. 대화 도중에 아버지가 어쩌다가 표정이 어둡거나 굳어지면 자기도 모르게 겁이 나서 가슴부터 시작하여 온몸이 움츠러들게 된다. 아버지가 화를 내고 자기를 위협할 때 어떻게 주장적으로 자기 의사를 표현해야 할지 알 수 없다.

아버지에게 자기 느낌을 말하게 되면 아버지가 더 크게 화를 내고 더 위협적으로 나올 가능성이 많기 때문이다. 그래서 SKYPE로 아빠와 대화할 때 어린 시절에 느꼈던 무력감에 사로잡힌다.

(4) **사건 4**: Tom의 아파트에서 멀리 떨어지지 않은 곳에 장모님이 사는데,

장모가 Tom과 아내랑 같이 있을 때(예 : 식사시간) Tom에게 명령조로 말을 하신다. 그러면 Tom은 긴장되고 불쾌하나 그에 대해서 직면화하지 못하고 있다.

(5) 사건 5: Tom의 출신 국가와 인접해 있는 국가에서 온 Levy와 수년간 가까운 편이다. 그런데 Levy와 가끔씩 대화를 나눌 때마다 Tom은 몹시 불안해진다. '아마도 Levy는 나를 싫어할 거야. Levy가 나를 못난이라고 생각하겠지. 그러니까 그는 나를 떠나갈 거야.' 이런 생각이 자동적으로 떠오르면 자괴감으로 고통스러워진다.

저자는 처음 몇 주간은 Daniel과의 관계와 한 사장이나 아버지와의 관계에서 느끼는 비합리적인 생각과 부적절한 감정에 대해서 Tom에게 REBT 이론에 입각하여 설명해 주었다. 그는 REBT 이론을 잘 이해하였다. Tom은 우리가 상담할 때 녹음한 것을 풀어 보고 나서 요약해 오는 숙제와 소감문 써 오기를 잘 이행하였다.

Tom이 숙제로 REBT 축어록을 풀어 온 요약본은 다음과 같다.

Therapy script(상담 축어록)

K(저자): In REBT theory, there is an Activating event (Mr. Han not following the contract). As a result, the Consequence of A, you become very angry/upset and your body becomes tense. A led to C. It seems to be a very appropriate reaction. But Ellis disagrees. Between A and C, there is B, which is Belief system, you'r thought. You thought that he should follow his contract. But he didn't. Because of your thought and expectations that he should, you became upset.

Ellis says your thought that he should is a dogma. It seems like you demand him in your mind to follow his contract. But in reality, he may follow his contract as you wished, or he may not. In your thought, if you insist that he should, but when he didn't, you are likely to feel upset and tense. However if you just wished he'd follow his contract, instead of demanding, you are likely to feel frustrated, but not upset and tense. Therefore, there are two kinds of Belief system. One is irrational (iB) which leads you very uncomfortable feeling and maladjustmental behavior.

The other one is rational (rB), which leads you a mild frustration and worrying, which is quite normal emotion, and not so harmful to you.

(REBT 이론에서는 선행사건[예: 한 사장이 계약조건을 준수하지 않음]이 있습니다. 그 결과로 당신은 화가 나고 몸은 긴장되었습니다. A가 C를 가져왔지요. A가 C를 가져왔다는 것은 그럴듯하게 보이지만 엘리스는 그에 반대했습니다. A와 C 사이에 B가 있어요. B는 신념체계 내지 당신의 생각입니다. 당신은 한 사장이 계약을 준수해야 한다고 생각했는데 그가 준수하지 않았습니다. 그가 계약 사항을 준수해야만 한다고 생각하고 기대했기 때문에 당신은 화가 난 것입니다. 그가 계약 사항을 반드시 준수해야 한다고 당신이 생각한 것은 독단이라고 엘리스는 말합니다. 그것은 당신이 마음속으로 그에게 강요하는 것처럼 보입니다. 현실적으로 그는 당신이 원하는 대로 계약을 준수할 수도 있고, 준수하지 않을 수도 있습니다. 그가 계약을 준수해야만 한다는 당신의 생각을 고집한다면, 당신은 화가 나고 긴장이 되겠지요. 그러나 그렇게 강요하는 대신에 그가 계약을 준수하기를 오직 바란다는 생각을 하게 되면, 화가 나거나 긴장하지는 않고, 다만 좌절감을 느끼게 되겠지요.

그러니까 신념체계에는 두 가지가 있어요 하나는 비합리적 신념(iB)인데, 그것은 당신을 매우 불편한 감정과 부적응적인 행동으로 유도합니다.

또 하나는 합리적 신념(rB)인데, 그것은 약간의 좌절감과 걱정을 하게 합니다.

그런 감정은 아주 정상적인 정서이므로, 당신에게 해가 되지 않습니다.)

K: Let's go back to your interaction with your Dad. As soon as you see your Dad's expression change, even a tiny bit, you automatically become very tense and upset. You think his change of expression (Activating event) makes you feel tense and upset. You think it is right. According to Ellis, there is B between A and C. B is Belief System. When you saw him on the SKYPE, you have an expectation of his behavior that he should be more polite. Instantly, this thought in your head (B) affects your reaction. You have a basic assumption of people. What is your assumption of your Dad?

(당신 아빠와의 상호작용에 대해서 살펴봅시다. 아빠의 표정이 조금만 바뀌더라도 곧바로 당신은 자동적으로 긴장되고 화가 납니다. 아빠의 안색이 변화하니까(선행사건) 당신은 긴장되고 화가 나지요. 그리고 그것이 맞다고 생각합니다. 엘리스는 A와 C 사이에 B(신념체계)가 있다고 합니다. 당신은 SKYPE에서 아빠를 볼 때 아빠가 좀 더 부드러워야 한다고 하는 기대감을 가지고 있습니다. 당신 머리에 들어 있는 이런 생각(B)이 당신의 반응에 영향을 줍니다. 당신은 사람들에 대하여 기본적인 가정을 하고 있네요.

당신 아빠에 대한 가정은 어떤 것이지요?)

Tom: He shouldn't be so rude; he should be more polite and understanding.

(아빠는 무례해서는 안 돼. 좀 더 존중해 주고 이해성이 있어야 돼.)

K: Ellis said that the idea that my expectations must be met is not legitimate, nor rational. Instead, it's better you wish that 'he would be nice', but don't demand it. If you change 'should' to 'wish/want', your emotions and behavior will also be changed, and you won't feel so upset.

Can you change your thinking?

(엘리스는 그런 나의 기대가 충족되어야 한다는 생각을 합당하지도 않고 합리

적이지도 않다고 말했습니다. 그 대신에 '아빠가 좀 더 부드러웠으면 좋을 텐

데.' 라고 희망하고, 그것을 강요는 하지 말라는 거지요. 당신이 '~해야만 한다.'

는 생각을 '나는 ~을 원한다.'는 생각으로 바꾸면 당신의 감정과 행동도 바뀌

고, 당신은 크게 화가 나지 않게 됩니다. 그렇게 생각을 바꿀 수 있나요?)

Tom: Yes. I wish he could be more understanding and nicer. I wish he could be
more patient and kind.

(네, 아빠가 좀 더 이해성 있고, 더 인내심이 있고 친절했으면 좋겠습니다.)

K: Right. But there is no dogma or absolute philosophy that he shouldn't be rude.
You can only wish or want that he'd be polite. There are some very rude
and cruel people. Do you understand? Please say it in your words.

(그래요, 그러나 아빠가 무례하게 나와서는 안 된다는 강요적인 윤리 강령은

없습니다. '아빠가 좀 더 다정했으면 좋겠다.' 하고 원하는 것이 바람직합니다.

세상에는 무례하고 잔인한 사람들도 있어요. 이해가 되지요?

선생님의 용어로 그걸 표현해 보세요.)

Tom: I wish he were more patient, kind and understanding. But there is no dogma
or absolute philosophy that he should act in a particular way to be nice,
as I wanted. I'm very sorry that he is that kind of rude person, but there's
nothing I can do.

(아빠가 좀 더 친절하고 이해성이 있었으면 좋겠어요. 그러나 내가 원하는 대

로 아빠가 부드러운 방식으로 행동해야 한다는 절대적인 강령은 존재하지 않

습니다. 아빠가 그렇게 무례한 성격인 것이 나는 매우 안타깝지만, 내가 달리

어떻게 할 방도가 없습니다.)

K: How do you feel about that?

(거기에 대해서 어떻게 느끼나요?)

Tom: I feel good. This reminds me of how I feel about my mother-in-law. I think her so rude because of my expectations of her being nice. I should just understand that her way of speaking can't be changed.

(아주 좋아요. 장모님이 생각납니다. 장모님이 부드럽게 대해 주어야 한다고 내가 기대하기 때문에 장모님이 무뚝뚝하다고 느끼게 됩니다. 장모님의 언어 표현방식은 바꿀 수 없는 것이라고 이해해야 할 것 같습니다.)

〈Levy와의 우정에 대한 불안감〉

A – Meeting Levy (Levy를 만났다.)	Is my B rational? (나의 B가 합리적인 생각인가?)
B – I am not an interesting preson and cannot keep a good conversation. (나는 재미있게 이야기를 잘하지 못한다.)	No. (아니다.) I've had no problem with conversation so far, and I actually have many successful conversations everyday in my class. (지금까지 나는 대화에 문제가 없었다. 실제로 영어 수업시간에 나는 매일
C – I feel nervous and tense. (신경과민이 된다.)	이야기를 잘하고 있다.)

〈Y회사 계약 만료일에 겪은 좌절감〉

A - Y company didn't renew their contract, and didn't say "Thank you." to me, nor gave me a fare-well party.

(Y회사가 나하고 재계약도 맺지 않았고 나에게 고맙다고 송별연도 베풀어 주지 않았다.)

B - I have failed as a teacher. I am not as good as I thought.

(나는 무능한 교사다.)

C - Feelings of depression and low self-worth. (우울감과 낮은 자존감)

Is my B rational?

(나의 B가 합리적인 생각인가?)

No.(아니다.)

The partnership with Y has been a Success and it's just the culture difference that causes this difference in communication.

(Y회사와의 관계는 성공적이었다. 그들이 감사의 송별연을 해 주지 않은 것은 다만 문화적 차이 때문이다.)

2. 한국 사람들과의 관계에서 느끼는 Tom의 콤플렉스

Tom은 영어학원 강사로서 최선을 다하여 가르치기 때문에 사실상 그의 일정표는 빽빽하게 채워져 있고, 사업적으로도 성공을 거두며 생활하고 있다. 그런데 Tom이 경험하는 심리적인 불편감은 다음과 같다.

• 7년간이나 정해진 시간에 1:1 과외지도를 받아 온 J씨가 지난 3개월간 연락을 취해도 반응이 없다. J씨를 위해서 그 시간을 비워 두었기 때문에 Tom에게는 금전적 손해가 막심하다. 그래서 'J가 자기의 수업에 올 수 없다는 것을 알려 주지 않아서 자기는 무시 받은 느낌이며 손해가 크다.'는 편지를 간곡한 어투로 조심성 있게 쓴 다음에 Tom은 J에게 메일로 보

냈다. 그랬더니 다른 한국인 수강생을 통하여 J는 Tom이 너무 비정한 사람이라고 매우 분개하였다는 말을 전해 들었다. 도무지 이해가 되지 않는 행동이다. 그동안의 우정이 깨지고 배반 받은 느낌으로 상처가 크다.

• 영어반의 수강생들 중에 몇몇은 '선생님, 다음 달에 등록하겠습니다.'라고 말을 해 놓고 그 약속을 지키지 않는다. 왜 거짓말을 하는지? 또 매번 습관적으로 지각하는 학생들 때문에 자기가 시간적으로 손해가 나는데, 그들은 미안하다는 말도 하지 않는다. 그러한 한국 사람들의 무례함을 이해할 수가 없다.

• 대기업체 Y기관의 직원들에게 1년간 영어 연수하기로 계약을 맺고 계약 기간이 거의 끝나갈 시점이었다. Tom은 그 기업체에서 계약 만료의 사실을 확실하게 통고해 줄 것을 기대했다. 그리고 마지막 날에는 고맙다는 인사와 더불어 송별 다과회를 해 줄 것이라고 생각했다. 그런데 대기업체인 Y기관에서는 아무런 통고도 송별의 시간도 없었다. 자기가 무시받은 느낌으로 '나는 매력 없고 무능한 강사인가 보다.'라는 생각을 떨칠수가 없다.

• 한두어 달간 자기에게 영어를 배운 학생들은 영어로 번역할 일이 생기면 갑자기 친절한 척 다가와 도움을 받는다. Tom은 많은 시간을 할애하여 무료로 자원봉사해 주는데, 그들은 도움받고 난 다음에는 코빼기도 안 내민다. 자기는 이용만 당한다.

• 얼마 전에 M회사에 갔다. 거기서 매니저인 Mrs. Kim과 다른 직원과 함께 영어교육연수 의뢰에 대하여 상의하는 비즈니스 미팅을 가졌다. 이들은 자기네 이름도 소개하지 않았고 악수도 하지 않고 Tom의 눈을 제대로 쳐다보지도 않았다. 어떻게 그런 관계로 계약의 안건을 의논할 수 있을지 매우 의아스럽고 불편했다.

이런 사건을 경험하면서 Tom이 느끼는 감정은, 첫째 한국인은 신뢰할 수 없다는 것과, 둘째 자기는 무능하고 바보 같은 사람인 것 같아 자괴감이 든다는 것이었다. 나는 그의 생각이 어쩌면 비합리적일 가능성이 크다는 것을 ABCDE 모형으로써 발견하도록 도와주었다. 그리고 한국 문화에 대하여 알려주었다. 한국인 중에는 어느 모임에 참석 여부를 알려주지 않는 것이 무언가 잘못되었다는 것을 인지하지 않고 사는 사람이 많다. 또 다음번에 참석할 수 없음에도 불구하고 '다음번에 갈게요.'라고 '빈말'을 하는데 그것은 속임수가 아니라 상대방을 실망시키지 않으려는 배려에서 나온 말이다.

사회마다 문화가 다르고 세상 사람들마다 행동 준거가 다른데, 누군가가 Tom의 기대를 맞춰주지 않으면 어떻게 할 것인가? 화를 내고 자기학대할 것인지, 아니면 '아, 저 사람은 저런 특성이 있구나.'라고 인지하고 그것에 구애받지 않을 것인지? 그것은 Tom이 선택해야 한다. Tom은 그러한 자기의 생각이 문화적인 관습의 차이에 대한 이해성 부족 때문이었다는 점과, 또 어떤 면에는 비합리적 당위성이 많은 것을 발견하였다. 특히 Tom은 엄격한 아버지로부터 약속시간을 칼같이 지켜야 하는 것을 교육받고 성장하였기 때문에 많은 한국 학생들이 지각하는 것을 처음에는 용납하기가 힘들었다고 한다.

나는 Tom에게 상식적인 조언을 해 주었다.

첫째, 학생들에게 약속된 수강시간에 출석할 수 없을 경우에는 미리 연락하라는 것과 그것이 자기에게 손해를 끼친다는 사실을 계약서(동의서) 형식으로 적어서 싸인을 받도록 하라.

둘째, 한국인들이 일방적으로 약속을 지키지 않거나 허례적인 인사말을 하는 것은 국제 사회에서 불신감을 주는 행동이다. 그것은 한국인 자신의 이미지를 손상시킨다. 한국 사람들은 초면에 자기 이름을 반드시 알리고, 서로 눈을 응시하면서 대화하는 것이 예의라는 것을 잘 인지하지 못한다. 악수는 대개 먼저 초대한 사람이 또는 연장자나 여성이 먼저 하는 것이 올바른 매너라는 것도 잘 모른다. M회사의 Mrs. Kim과 젊은 직원은 영어는 잘했지만, 아마도 국제 매너를 알지 못했고 외국인 공포증이 있었던 모양이다.

이러한 사실을 영어수업 시간에 잘 설명해 주면 좋을 것이다. Tom은 어차 피 교사이므로 국제 매너 교육을 보너스로 재치있게 제공해 보라. 역할놀이 를 시켜도 좋을 것이다.

이런 나의 제의를 받고 Tom은 그런 매너 교육을 해 주는 것에 대하여 주저 하고 있었다. 소신 있는 자기표현(주장)을 할 마음의 준비가 아직 되어 있지 못했다.

여기서 우리 한국인이 유념해야 할 점을 언급하기로 한다.

한국인들은 어떤 모임에 초대받을 경우에 출석 여부를 확실하게 알리지 않 으면 주최기관에 불편을 주며 신뢰감이 실추된다는 점을 인식하자. 그리고 예의상 허례적인 말로 '다음에 만나자.'고 말하는데, 외국인은 다음에 만날 것을 기다리다가 연락이 없으면 그것은 외국인에게는 거짓말로 비치기에 불 성실한 인상을 준다. 또 한국인은 수시로 '감사합니다.'와 '미안합니다.'로 자 기 마음을 표시할 줄을 모른다. 그래서 무례하게 보인다. 글로벌 사회의 예절 상 이러한 한국인의 관행은 시정되어야 마땅하다.

3. 길거리의 행인들, 특히 한국 남자들을 보면 화가 나서 때려 주고 싶다

Tom은 길거리를 걷다가 우연히 마주치는 한국 남자들을 보면 화가 끓어 올라서 때려 주고 싶은 욕망이 항상 떠난 적이 없다고 하였다. 행인들이 자기 의 멱살을 잡을 것만 같은 느낌이 든다는 것이다. 그러면 자기가 그를 옆으로 재껴 얼굴에 한 방 날리고 싶은 충동을 느끼는 것을 지난 7~8년간 단 하루도 거른 적이 없단다. 실제로 남자 행인들이 자기에게 해를 주지 않는다는 것을 Tom은 잘 의식하고 있지만, 그들이 Tom에게 매우 무례하기 때문에 그런 충 동을 자제할 수가 없다고 한다. 지금까지 Tom은 누군가를 때려 주는 꿈을 반복적으로 꾸었다.

　나는 Tom의 생각이 50%는 타당하고, 50%는 왜곡되어 있다고 지적해 주었다. 서양에서는 낯선 사람들과 몸을 부딪치지 않으려고 신경을 쓰고 개인적인 경계선을 지킨다. 그리고 자기가 급하게 앞서 가야 할 때는 옆 사람에게 '실례합니다.'라고 먼저 말을 한다. 같은 동에 사는 아파트에서 엘리베이터를 탈 때 주민을 만나면 서로 눈인사를 하거나 빙긋이 웃거나 '몇 층이시죠?'라고 말을 건다. 그런데 많은 경우에 한국인은 서로 눈인사도 하지 않고 무표정하다.

　공공장소에서 한국 사람들은 타인에 대한 배려가 부족하고 예의와 공중도덕을 잘 지키지 않으며 무뚝뚝하고 무례하게 보인다. 다시 말해서 한국인들은 내심으로는 인정이 많은데, 겉으로는 경직되어 있고 배타성이 강하다. 그래서 옆 사람을 툭툭 치고도 '미안하다.'는 말도 하지 않고 앞서서 무찔러 간다. 한국 사람인 저자 역시 그런 경우에는 불쾌감을 느낀다. 그러므로 서양인인 Tom이 느끼는 불쾌감은 아주 타당한 감정이다.

　가령 비좁은 인도(人道)에서 내가 걸어가는데 마주 오고 있는 행인은 나의 존재를 의식하지 않고 바로 내 코 앞까지 와서야 길을 옆으로 비켜가는 일이 많다. 그러면서도 '죄송합니다.'라는 말도 하지 않는다. 과밀한 인구에 좁은 땅에서 살아온 한국 사람들에게는 이것이 아무렇지 않게 느껴진다. 그러나 개인의 사적인 공간(personal space)을 중시하는 서양 사람들에게 이것은 그 행인이 아주 무례하게 자기 공간을 침범하는 위협적인 행위로 지각된다. 개인의 인간적인 권리를 중시하는 서양 사회에서는 식사 매너도 깍듯하다. 가령 '그쪽 음식을 건네주시겠습니까? 이것을 드시겠습니까?'라고 반드시 상대방의 허락을 구한다. 그런데 Tom의 장모는 한국의 부모가 어린 자녀에게 말하듯이 '이것 먹어라.'라고 명령하는 방식으로 대하는데, 그것도 Tom의 인격을 무시하는 것으로 지각되었다. Tom은 어려서부터 부모에게 예절교육을 엄격하게 받았고, 또 융통성이 부족한 그의 성격 때문에 한국 문화의 차이점

을 수용하기가 매우 어려웠던 것 같다.

　그런데 낯선 행인이 자기를 때릴 것 같으므로 Tom은 화가 나서 얼굴에 한 방 날리고 싶다는 생각은 비현실적이다. 그런 생각이 어디에서 연유되었는 가를 발견하기 위하여 저자는 Tom에게 심상작업을 시켰다. 그 결과 Tom의 어린 시절의 트라우마가 보고되었다.

　길거리의 인도를 걷다가 마주치는 한국 남자들에 대한 Tom의 강한 적개 심은 상담을 통하여 다음과 같이 다루어졌다.

첫째, 고개를 수그리고 무관심하게 Tom의 코 앞까지 다가오는 행인들과 봉착할 때, 나는 Tom에게 그 자리에 서 있거나 인기척을 하라고 지시하였다. Tom이 일단 제자리에 서 있었더니 그들은 Tom을 빙 돌아서 자기의 갈 길을 가더라는 것이다. 또 Tom이 미리서 "음흠"소리를 내거나 "Exause me."라고 하니까 그들은 Tom의 존재를 알아차리고 비켜 갔다는 것이다. 결국 그들은 Tom을 무시하는 것이 아니고, 다만 주변사람들에 대한 매너가 부족한 것이다. 그리고 그것은 단지 문화적 차이라고 Tom은 인식하였다.

둘째, 나는 한국의 남자 행인들에 대한 Tom의 과도한 적개심을 심상작업으로 다루었다. 남자 행인들의 무표정한 태도는 Tom이 고등학교 시절에 같은 공간에 있으면서도 Tom을 마치 투명인간처럼 취급하고 배척했던 매튜(Mattrw)와 제임스(James)의 이미지와 중복되었다는 것을 그는 깨달았다. 그래서 그의 잠재의식 속에 들어 있는 친구들에 대한 적개심을 무표정한 한국 남자들에게 투사했다고 볼 수 있다.

이와 비슷하게 장모님이 자기에게 명령조로 말하기 때문에 항상 불쾌감을 느끼는 문제도 문화적인 차이에서 오는 오해라고 나는 풀이해 주었다.

한국 가정에서는 유교적인 가치관에 따라 장유유서(長幼有序)와 부자유친(父子有親)의 태도가 깊숙이 배어 있다. 그러기에 연장자나 부모의 위치에 있는 사람은 젊은 사람에게 무언가 지시하고 또 베풀어 주는 것이 마땅한 도리라고 생각한다.

그래서 장모가 사위인 Tom에게 '어서 와 밥 먹어라.'라고 명령하는 것은 자연스럽다. 또 '이 음식 먹어라.'라고 하는 것은 장모가 애써 맛있는 음식을 만들어서 베풀어 준 행위니까, 그것은 비록 일방적인 지시이기는 하지만, 마치 어떤 호의나 선물 같은 것이다. 전통적인 한국인의 사고 속에는 상대방의 의견을 먼저 물어보고 나서 그가 'Yes.'라고 해야 자기 쪽에서 호의나 선물을 주는 개념, 즉 민주적인 상호존중의 개념은 매우 부족하다.

그래서 나는 장모님이 자기의 자녀나 친구들에게도 일방적인 지시, 명령의 방식으로 대화하는지, 유독 Tom에게만 그러는지를 관찰해 보라는 숙제를 부과하였다.

비만한 여인이 과거에는 미인의 조건이었으나 현대에는 반대이듯이, 장모가 일방적으로 Tom에게 어떤 음식을 강권하는 것은 인격적인 무시가 아니라 장모의 사랑이다.

Tom은 한국 문화에 대한 그의 선입견이 많이 바뀌게 되었다. 그리고 Tom은 장모에게 소신 있는 자기표현을 더 많이 실천해야겠다고 깨달았다.

4. 학창 시절의 교우관계와 따돌림의 트라우마

1) 초등학교 시절

Tom은 초등학교 5~6학년때 1주일에 한 번씩 토요일마다 아버지가 보이스카웃(Boy scout)의 모임에 데려다주었다. 또래 아이들은 모여서 축구를 하였다. Tom은 그 아이들에 끼이는 것이 두려워 자기 운동화를 갈아 신고 신발끈을 천천히 매는 동작을 하고 앉아 있었다. 그리고 보이스카웃 활동이 끝나면 운동장 한구석에 앉아 있던 Tom은 아버지가 데리러 온 차로 귀가하기를 2년간 계속하였다.

어떻게 이처럼 어처구니없는 현상이 지속되었는가?

첫째, Tom의 수줍음과 소극적인 성격 때문에 운동경기 팀에 달려가지 못했다.

둘째, Tom의 아버지가 그런 사실을 알지 못하였다. 그래서 Tom을 도와주지 않았다.

셋째, 보이스카웃의 지도 교사나 또래들이 Tom에게 무관심하였다.

아마도 그들은 Tom의 발에 이상이 있어서 축구팀에 끼어 뛰지 못하며,

Tom이 구경하기를 원했다고 생각했던 모양이다.

한국에서라면 지도교사나 또래들이 Tom에게 함께 운동하자고 강권하였을 것이다. 그런데 서양에서는 개인의 사생활 권리를 지나치게 존중해 준 나머지 Tom이 소외되었다.

Tom은 입이 짧고 왜소하였다. 어떤 음식을 먹기 싫다고 할 때마다 그의 아버지는 Tom을 30분씩, 때로는 1시간씩 벽에 세워 두고 벌을 주었다.

2) 중학교 시절

Tom은 시골의 작은 도시에서 살았다. 초등학교와 중학교 시절에 Tom에게는 Steve와 Mike라는 친구가 있었다. Tom은 Mike의 집에 가서 곧잘 놀았다. 그런데 Tom은 자기의 생일파티 때 Mike가 다른 반이라는 생각에 꽂혀 그를 초대하지 않았다. 그래서 Mike가 섭섭해했고 그 뒤 관계가 끊어졌다.

Steve 역시 다른 반으로 배정되자 Tom은 아무런 생각도 없이 그와의 교류를 끊었다. 그리고 나서 다른 친구도 사귀지 못한 채 외롭게 지냈다.

2) 고등학교 시절

중학교(14세) 때까지 Tom은 많은 시간을 Mattew, James와 함께 보내며 이 3명이 아주 친하게 지냈다. 그런데 Mattew가 고등학교(15세) 때부터 다른 반이 되자 다른 반으로 배정된 James와 어울려 지냈다. 고등학교 3년 내내 Mattew와 James는 단짝이 되고 Tom을 절대로 끼워 주지 않았다. 아마도 Mattew는 Tom에 대해서 사소한 오해가 있었던 모양인데, 지금까지 그 이유를 모른다. 그렇다고 해서 Tom은 자기 반의 다른 아이들과 어울리지도 못하였다. 이유 없는 따돌림을 당하고 비웃음을 받았다. 학교 생활이 고통스러웠다. 반 아이들과 방과 후에 시내를 나가면 함께 따라가기는 했으나 뒤에 혼자 앉아 맥주를 마셨다. 그래서 급우들의 손가락질을 받았다. 그는 오전에는 학교에 가고, 오후 수업시간에는 조용히 집으로 돌아와 텅 빈 집에서 혼자 지냈다. 학교수업에 빠지고 공부는 하지 않아 실력이 엉망이 되었다. 이 사실을 부모는 3년 내내 눈치채지 못하였다.

고통스럽게 고등학교를 졸업하고 골프 연습장에서 어린이들에게 골프를 가르치는 코치역을 한 다음에 골프 자재 세일즈맨이 되었다. 이상하게 세일즈맨으로서 낯선 사람들에게 말을 거는 것에는 불편을 느끼지 않았다. 그 뒤 고향을 떠나 호주, 태국 등에서 수년간 떠돌이 생활을 하다가 8년 전 한국으로 오게 되었다.

Tom은 지난 15년간 자기를 따돌림한 일에 주동이 된 James에 대해 앙심을 품었다. 꿈 속에서 Tom이 두 친구를 때리는데 그들은 끄덕도 하지 않았다. 지금도 그들을 용서할 수 없다.

5. Tom의 고민

Tom을 약 20년 동안이나 괴롭힌 것은 REBT의 이론으로 설명하자면 다음과 같은 핵심적인 신념이다.

- 아무도 나를 좋아하지 않는다. 중·고등학교 때 모든 친구가 나를 배척했다. 그러니까 사람들은 나를 배척할 것이다.
- 나는 매력 없는 사람이다. 나는 무능하다.
- 그렇게 되면 나는 영어교육의 내 사업체도 망할 것이다. 그것은 큰일이다.
- 나는 불안하고 화가 나고 외로운 상태로 계속 살아야 한다는 것이 끔찍하고 견딜 수가 없다.

그리하여 어떤 기업체에서 재계약 신청이 들어오지 않으면 자동적으로 '나
는 매력 없고 실력이 없는 사람이다. 나는 망했다.'라고 생각한다. 또 자기 학
원에 수강 신청한 학생이 수강을 취소해도 불안과 공포증으로 괴로워한다.
그리고 어렵사리 교분을 맺은 Levy와의 관계가 행여나 끊어질까 봐 조바심
을 칠 뿐이지, 자기 쪽에서 만나서 담소하자는 제의를 먼저 하지 못한다.

6. Tom의 사회공포증의 원인

　　나는 Tom에게 인간 성격 형성의 원리를 다음과 같이 간략하게 설명해 주
었다. 개인의 성격은 ① 유전(대략 70%), ② 부모의 양육 방식을 포함한 환경
(가정, 학교, 사회 환경: 대략 25~30%)에 의해서 결정된다. 그렇더라도 ③ 자신
의 가치관에 따라 ①과 ②의 영향에서 상당히 자유로워질 수 있다.
　　Tom의 성격 형성 배경을 살펴보면 다음과 같이 추측할 수 있겠다.

- 유전적인 영향: Tom은 조부모와 부모님의 유전 인자를 물려받아 착하
  고 수줍고 예민하며 내향적인 기질로 태어났다.
- 가정 환경(양육 경험): 어린 시절에 부모는 Tom을 다소 방임적으로 무관
  심하게 양육한 것 같다. 그리고 조부모나 친척이나 이웃들과 빈번한 교
  류 없이 조용하게 자랐고, 부모님은 Tom이 친구 사귀는 문제에 신경을
  써주지 않았다. 그 결과 사회성이 충분히 개발되지 못하였다.
- 전제적이고 처벌적인 아버지와 착하지만 무력한 어머니의 태도: 엄격
  한 징벌로써 양육한 아버지에게 Tom은 자기가 친구를 사귈 수 없으니
  까 도와달라는 말을 하지 못했다. 이것이 세상은 무섭고 사람들은 믿을
  수 없다는 인식을 심어 주었다고 본다. 그래서 사람들에게 Tom이 먼저
  다가가지 못하게 작용하는 요인이 되었다. 자기가 초등학교 시절에 함

께 놀았던 친구들을 별 생각 없이 배척했던 것은, 아빠가 '누구 누구는 ×
×해서 좋지 않다.'는 식으로 항상 Tom의 친구들을 비난한 것에 영향을
받았다. 그리고 어머니의 유순하고 겁이 많고 비주장적인 성격도 큰 역
할을 했다. 아빠가 Tom을 엄벌한 때 엄마는 자기를 보호해 주지 못하였
다. 게다가 엄마는 애정 표현을 할 줄도 몰랐다. 아버지가 외도한 사건
때문에 상심한 어머니가 Tom이 있는 호주로 오셨다(21~22세경). 그때
난생 처음으로 어머니는 Tom에게 '사랑한다.'라고 말하였다.

- 고등학교 3년간의 따돌림 경험: 우정관계의 중요성에 대하여 인식하기
  시작하는 중·고등학교 시절의 따돌림 현상은 다음과 같이 이해될 수
  있다. 첫째, 3명 친구 관계는 그중 1명이 소외되기 쉽다. Tom은 내성적
  이고 왜소하였다. 게다가 Daniel과 James는 다른 반으로 갔기 때문에
  Tom은 자연스럽게 배척되었다. 그러나 청소년기는 도당(徒黨)을 형성
  하는 시기이므로 자기가 어느 친구 동아리에 끼지 못하게 되면 심리적
  인 상처가 대단하다. Tom은 무려 3년 동안이나 외톨이로서 '낙오자'라
  는 쓰라린 마음을 안고 살았기 때문에 그것이 트라우마로 강하게 각인
  되었다.

- 아버지에 대한 억압된 분노와 증오심이 고등학교 때의 또래나 여동생에
  게 그리고 한국의 남자 행인들에 대한 분노로 투사되었다.

- Tom의 노력: 사회 공포증의 사람들은 첫째, 위축, 은둔하는 경우와 둘
  째, 다른 방식으로 사람들의 호감을 사려고 노력하는 경우로 분류될 수
  있다. 찰리 채플린도 사회 공포증을 극복하기 위해서 사람을 웃기는 일
  을 연구하다가 세계적인 희극배우가 되었다고 한다. Tom 역시 골프 세
  일즈와 학교에서 희극 광대역의 연극에 뛰어든 것과, 또 개척정신으로
  호주, 태국, 한국으로 진출한 점, 그리고 영어 강사로 최선을 다하는 것
  은 그의 약점을 극복하고자 하는 태도다. 이런 적극적인 노력 덕분에 장
  차 그는 사람들과도 잘 어울리게 될 것으로 보인다.

상담시간에 Tom이 적어 온 치료 일지(therapy log)의 일부분만 소개하면 다음과 같다.

Therapy log(치료 일지)

The previous session was particularly good, as it made me begin to understand my own presonality and why I have a tendency to stay on the outside of social situations.

(지난번 상담시간은 내가 사회적 상황에서 왜 항상 예외자로 살았는지를 이해하는 데에 특히 유익하였다.)

About my outsider personality and what causes it, interestingly, heredity accounts for 70% of the reason, and perhaps that can be traced through my mum's side of the family particularly. The environment had a big effect on me, and although it only accounts for 25% usually, it feels like a lot more sometimes.

(나의 소외자 성격의 원인은 70%가 유전인 것이 흥미롭다. 나에게는 특히 나의 어머니쪽 가계로 거슬러 올라갈 수 있다. 환경이 25% 영향을 미친다고 하지만, 그보다 더 많은 영향을 주는 것 같다.)

Discussing heredity and my personality type, I have become more forgiving of my past-self, and feel more comfortable in who I am.

(유전과 내 성격 유형을 논의하면서, 나의 과거의 자아상을 용서하고, 현재의 나에 대하여 훨씬 더 편안하게 되었다.)

Before starting therapy, I always had two ways of dealing with my socializing problem. Naturally, I become more withdrawn and grew hated of others, and envious of those with strong social skills. This caused a lot of self-loathing for being so awkward, and I constantly relived my painful interactions over and over. My second way of dealing with it was to constantly read self-help literature and watch videos and this gave me no benefit.

(나는 치료를 받기 전에는 두 가지 관점에서 나의 사회성 문제를 다루었다. 첫째, 나는 위축되고 남들을 미워하였고, 사회성이 뛰어난 사람들을 부러워하였다. 그것은 내가 어리숙하게 보이는 것을 자기한탄하게 하고 고통스러운 사회적 상호작용을 끊임없이 (머릿속에서) 재연하게 했다. 둘째, 나는 계속해서 자기 조력에 관한 책을 사서 읽고 비디오를 시청했으나 효과가 없었다.)

The part of this therapy session that struck me the most was when we got into the mindset of someone who has no fear of socializing. Essentially, it came down to self-acceptance, and the choice to not care about what others think.

Confident people just don't care what others think. I care a lot! I always worry what people think about me and how I look.

It is getting better nowadays.

The podcast has actually helped to see what I look like and how others view me. Now I have come to feel quite comfortable.

(치료 시간에 가장 인상적이었던 것은 사람 사귀는 것에 관한 마음가짐에 대한 논의였다. 본질적으로 자기수용과, 타인이 어떻게 생각하는지에 대해 신경쓰지 않는 것의 강조점이다.

자신감이 있는 사람은 다른 사람들에 대해 신경을 쓰지 않는다. 그런데 나는 신경을 많이 쓰고, 사람들에게 내가 어떻게 보이는가에 대해 걱정한다.

지금은 더 좋아졌다. 팟캐스트(Podcast)는 내가 어떻게 보는가에 대하여 도움을 주었다. 이제 나는 상당히 편안하다.)

7. Tom의 대인관계 문제에 대한 REBT적 접근

저자는 Tom에게 인형을 가지고 대화하며 찰흙으로 친구를 빚어 보게 하면서 옛날 친구에 대한 적개심을 표출하게 하였다. 그런데 Tom은 인형을 보고도 아무런 감정이 일어나지 않으며 심상작업에도 어려움을 겪었다. 그는 그만큼 감성이 개발되지 않았다. 그러니까 Tom은 인간관계에서 감정을 주고받는 상호작용의 능력이 제대로 개발되지 않았다.

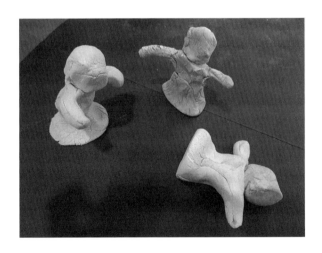

우리는 REBT의 ABCDE 모형과 사고 일지 쓰기와 계단 밟기, 지그재그 논박법, 유추하기, 합리적-정서적 심상법 등의 기법을 활용하였다.

또 그의 강점과 약점을 객관적으로 평가해 보는 시간을 통하여 그의 걱정, 불안, 공포가 비현실적이라는 것을 깨달았다. 특히 사회적인 관계 면에서 그가 재확인한 그의 강점은 다음과 같다.

- 어려서는 친구들이 있었다.
- 중·고등학교에서는 가끔씩 어릿광대 짓으로 아이들을 웃겼고, 특히 연극할 때 희극배우 역을 잘하였다.
- 고등학교 졸업 후 골프 코치를 하였고 골프 기구의 세일즈를 잘하였다.
- 지난 10년간 고향을 떠나 호주, 태국 등으로 가서 생활할 만큼 도전의식이 강했다.
- 한국에 와서 한국어 공부와 대학 공부를 성공적으로 마쳤다. 한국에서도 희극 연극을 했다.
- 한국에 와서 8년간 영어교육의 직종에 뛰어들어 잘하고 있다. 예를 들어, 40명의 수강생 중 3~4명이 탈락하면 자동적으로 겁이 덜컥 든다. 그러나 곧바로 빈 자리가 채워진다. 그러니까 95% 성공률을 보인다. 그리고 많은 수강생이 자기를 좋아하고 자기에게 진심으로 감사해한다. 그것을 Tom이 반신반의한 것은 잘못된 신념 때문이었다.
- Levy와 정규적으로 만나서 우정 관계를 다지게 되었다. 서로 공통점이 많아서 기뻤고, 팟캐스트의 경험도 자신감을 심어 주었다.
그리고 관계를 차단했던 Daniel과 연락하여 가든 파티에도 참석하고 두어 번 만났다.
- 한국인 아내와 만나 가정을 꾸리고 있다.

Tom은 특히 합리적–정서적 심상법과 수용전념치료(ACT)의 거리두기(탈융합)와 마음챙김 기법을 병용하여 그의 비현실적인 사회 공포증을 많이 극복하였다. 이제 남은 과제는 Tom이 먼저 사람들에게 다가가 관계를 맺는 기술을 여러 번 연습하는 것이다. 그리고 앞으로는 어린 시절부터 그의 가슴에 각인된 아빠에 대한 두려움과 여동생에 대한 증오, 복수심을 다룰 것이다.

Tom은 양심과 초자아가 강해서 내면에 억눌려 있는 자기 감정과 접촉하는 것이 힘들었다. 그리고 인형을 통해서 옛날 친구에게 화가 난 말을 하는 것조차 불편해하였다. 이것은 REBT · 인지적 접근으로 다루기에는 한계가 있다. 그러므로 정서 체험적, 표현예술치료적 접근을 병용하는 것이 바람직 하다고 사료된다. 그리하여 그의 분노가 먼저 폭발적으로 방출되고 분노 이 면에 가려진 소속감의 욕구, 관심, 수용, 인정, 사랑의 욕구를 알아차릴 필요 가 있다. 그렇게 되면 Tom은 부드럽게 자신의 약점과 강점을 모두 수용하게 될 것이다. 그리고 사람들을 불신하고 두려워하는 마음을 그대로 간직한 채, 자기 쪽에서 마음의 문을 열고 사람들에게 다가가게 될 것이라고 믿는다.

최근에 들어 그는 '내가 수용 받는 것에 신경 쓰기보다는 내 쪽에서 먼저 수용과 관심을 보내자.'라는 철학, 즉 아들러(Adler)의 '사회적 관심'의 실천에 대하여 적극적으로 계획해 보기로 하였다.

언젠가 때가 되면 고향에서 평범하게 살고 있는 옛날 친구들도 용서하고 다시 만나게 되리라고 기대한다.

Tom은 성실하고 지성적이며 책임감이 강하다. 사실상 그는 사람을 좋아 하고 사교적 능력도 잠재되어 있다. 그는 공적인 상황에서는 유능하나 일대 일의 관계 맺기에 서투르다. 그에게 부족했던 EQ와 유머를 개발하도록 신경 을 쓰게 되면 그는 아주 매력 있고 성공적인 신사가 될 것이라고 믿는다. 그 의 건승을 빈다.

상담사례 7:
REBT와 불교와 기독교적 관점에서 본
상담의 실제

—홍경자—

앞의 4장과 5장에서는 인간의 심리적인 괴로움과 치료 방법에 대한 불교적, 기독교적 관점을 살펴보았다. 이 장에서는 내담자의 문제가 불교적, 기독교적 관점과 REBT 및 CBT의 관점에서는 어떻게 조명되는지, 그리고 어떤 방법으로 치료적 도움을 제공할 수 있는지에 대하여 사례를 풀어가는 방식으로 고찰해 보기로 한다.

1. 열등의식의 S군 사례

S군은 3수(三修)를 하고 있다. 친구들은 대학교에서 열심히 공부하고 있는데 자기는 아직도 고등학교 공부만 하고 있다. 자기는 인생의 낙오자처럼 느껴져서 학습 의욕이 사라진다.

1) REBT의 상담적 접근

REBT의 상담자는 먼저 S군을 무조건적으로 따뜻하게 수용하고 그의 괴로운 마음을 수용해 준다. 그리고 나서 그가 무슨 생각으로 고통받는지를 발견하도록 도와주기 위해서 ABCDE 모형을 설명해 준다. 이어서 S군이 자기 조력의 양식을 이용하여 자기의 비합리적 신념(iB)을 발견하게 한다. 그것은 다음과 같다.

• 나는 기어코 공부를 잘해서 성공해야만 한다.

- 그런데 3수를 하고 있고 학업성적도 오르지 않으니 큰일 났다. 나는 망했다.
- 나는 무능한 인간이다.
- 나는 이런 상황을 도저히 참을 수 없다.

REBT에서는 S군의 비합리적 신념(iB)을 합리적 신념(rB)으로 대체하기 위해 다음과 같은 여러 가지 기법을 적용한다.

① 어의학적 관점, ② 사고 일지 기록, ③ 합리적-정서적 심상법, ④ 여론조사 기법, ⑤ 실행적 탈감법, ⑥ 유추하기, ⑦ 은유와 유머의 사용, ⑧ 탈융합과 호흡명상 및 마음챙김

특히 S군에게 관점의 전환을 유도하기 위해서 은유를 사용하는 것은 그가 세상을 바라보는 관점을 넓혀 줄 것이다.

'실패는 성공의 어머니'
'칠전팔기'(七轉八起)
'대기만성'(大器晚成)

2) 불교적 접근

불교적 관점을 적용하는 상담자는 S군에게 세상만사는 항상 유동적이고, 인간의 본질은 무아(無我)라는 사상, 곧 제법무아(諸法無我), 제행무상(諸行無常)을 설명해 준다. 그리고 나서 S군이 심리적으로 고통받는 것은 그런 사실을 알지 못하고 '나'라는 것과 '성공'이라는 관념에 집착되어 있기 때문이므로, 모든 판단과 생각을 내려놓고 선(禪)의 수행에 몰두하라고 지시할 것이다.

그리고 S군에게 아마도 이렇게 생각해 보도록 지시할지도 모른다.

　즉, '인생'이라는 달리기 경주에서 이기고 지는 것에 대한 생각을 우선 접어두고, 일단 드넓은 우주 공간으로 올라가 보라. 얼마 전까지 꼴찌로 달리기 때문에 몹시도 속이 상한 내담자가 지금 광대무변한 우주 공간에 올라와 보니, 자기는 한 점에 불과한 지구상의 어느 위치에서 바둥거리고 있다. 내가 기를 쓰고 정신없이 달려 보았자, 나는 고작 '지구'라는 둥근 공 위의 한 치 땅 위에 서 있을 뿐이다. 그러니까 열심히 달리는 사람 역시 조금도 앞서 나간 것이 없고, 나는 여전히 그 자리에 서 있는 꼴이다.

　이처럼, 우주적 공간의 관점에서 보니, 일등이고 꼴등이고 하는 개념 자체가 오류다. 이와 같은 진실을 깨닫고 나서 마음의 눈이 개안(開眼)된 다음에도 나는 여전히 달리는 일 자체에만 맹목적으로 집착해야 할 것인가?

　시간적 관점에서도 우리네 인간의 일생을 다른 각도에서 조감할 필요가 있을 것이다. 어쩌면 원심력(遠心力)의 끝 지점에 있는 지구상의 100년은 절대 공간의 우주적 구심점에서는 한순간, 곧 찰나에 불과할 것이다. 이처럼 하루살이같이 짧은 인생인데, 무턱대고 우왕좌왕하며 고뇌 속에 살아야 할 것인가? 그러기에 맹목적으로 허둥댈 것이 아니라, 그런 생각을 내려놓고 오직 현재 할 일에 편안한 마음으로 집중하면 된다.

　만약에 내담자가 이러한 것을 깨닫게 된다면, 그는 자기의 마음이 어마어마한 무중력 상태에서 자유로이 비상하고 있는 것과 같은 희열 자체라는 것을 체험적으로 느낄 수 있을 것만 같다. 왜냐하면 우주 공간에 올라와 일체의 시간의 흐름이 정지된 지점에 와 있을 때, 그때의 자기는 고요하고 또렷한 '의식(意識)' 자체인 것을 느끼며, 무한대의 우주 공간 속에 포근하게 감싸여 있으면서 동시에 무한대의 우주 공간을 감싸고 있는 자신을 발견한다고 볼 수 있기 때문이다. 이상적(理想的)으로 볼 때 불교적 관점에서 내담자가 도달하기를 기대하는 깨달음의 수준이 이쯤 되리라고 가정해 본다.

지금까지 S군은 자기가 인생의 낙오자이며 꼴찌라고 생각하고 열등감을 느꼈다. 그런데 꼴찌로 달리고 있는 자기의 현실은 조금도 변함이 없는데, 이제 그것은 하등의 문젯거리가 되지 않는다. 이런 수준의 통찰(洞察)을 얻은 S군의 얼굴은 온통 기쁨으로 빛나고 있지 않을까?

문제는 이런 깨달음의 경지에 이르기까지 몇 년이나 걸릴까? 그리고 이런 깨달음을 한순간에 얻고 나서도, 그에게는 아직도 곧잘 남과 비교하려는 습관, 곧 습(習)이 남아 있을 것이다. 그래서 그가 획득한 깨달음과 기쁨이 그에게서 떠나지 않고 확실하게 자기의 삶에 녹아들도록 계속해서 정진해야 할 것이다.

3) 기독교적 접근

기독교적인 상담을 적용하는 상담자는 S군이 자기 신세를 한탄하고 실의에 빠져 있는 현상을 '죄'라고 설명한다.

크랩(Crabb)의 성경적 상담 이론에 의하면 S군이 가지고 있는 '중요성'의 욕구와 '안전'의 욕구를 세상적인 준거로는 결코 만족스럽게 충족될 수 없다. 오직 S군은 하나님의 귀한 자녀임을 깨닫는 것이 필요하다. 그것은 S군이 '죄인'임을 자백하고 '예수'님을 믿음으로써 구원의 길로 들어서는 일부터 시작된다.

그리고 자기 안에 무한한 능력과 지혜가 들어 있다는 것을 믿고 하나님께 찬양과 감사의 기도를 하며, 자기가 원하는 바를 구하는 태도가 요구된다.

크랩의 방식을 따라 S군에게 두 개의 카드에 적어 보기를 권한다.

첫째는, 자기의 생각을 적어 보게 한다.

'나는 기어코 좋은 대학에 들어가고 잘나가는 직장에서 일해야만 한다. 그렇지 않으면 나는 보잘것없는 인간이다. 3수하고 있는 내 자신을 나는 도저히 견딜 수가 없다.'

둘째는, S군의 생각과 대치되는 하나님의 말씀을 성경에서 찾아보고 적어 보라고 한다.

'하나님은 인간을 하나님의 형상대로 지으셨다. 그리고 그들에게 복을 주시고…… 모든 생물을 다스리라.'(창세기 1장~2장) 하였다.

그러므로 나는 세상적으로 성공하든 성공하지 않든 간에 하나님의 귀한 자녀로서 축복받은 존재다.

고난과 역경은 하나님이 우리를 연단하여 순전케 하기 위한 불시험이다. 내가 3수를 하는 것이나, 장차 살다가 어려움을 당하는 것에도, 모두 하나님의 뜻이 있다. '내(여호와)가 너를 낮추며 너를 시험하여 네 마음이 어떠한지 알고자 하며'(신명기 8장), '내가 너를 공도(公道)로 질책하되, 아주 멸하지는 않으리라'(예레미야 46장)

그러므로 인간은 세상의 역경과 자신의 실패에 대하여 절망하지 말아야 한다. 오히려 그 속에 들어 있는 하나님의 뜻을 헤아리도록 기도해야 한다. 이어서 하나님께서 우리에게 가장 좋은 것을 주실 것을 믿고 감사해야 한다.

구하라, 주실 것이요, 두드리라 열릴 것이요. (마태복음 7:7)

너는 내게 부르짖으라. 그리하면 네가 알지 못하는 크고 비밀한 일을 네게 보이리라. (예레미야 33:3)

항상 기뻐하라, 범사에 감사하라, 쉬지 말고 기도하라. (데살로니가전서 5:16-18)

기독교적 상담자는 이런 방식으로 S군에게 하나님의 속성에 대하여 교육하고, S군이 하나님과 교류하는 삶을 선택하도록 사랑으로 권면한다. 그리고 성령의 도움이 함께 하시기를 기도하면서 상담을 진행한다. 이와 같은 방식의 기독교 상담을 받게 되면 S군은 마음에 위안을 얻고, 겸손하고 인내하며 긍정적인 사람이 될 것이라고 본다.

2. 이혼한 김 여사의 사례

이제부터 저자가 구상한 상담 사례를 예화로 하여 세 가지의 이론적 접근을 보다 구체적으로 살펴보기로 한다.

30대 중반의 김 여사는 7년간의 결혼생활을 청산하고 그동안 속을 썩혀 온 남편과는 반 년 전에 이혼한 뒤 5세 된 아들은 시댁에서 데려갔다. 홀로 남은 김 여사는 자식에 대한 애끊는 그리움과 남편에 대한 증오심으로 고민하며 의욕 상실, 수치심, 우울증에 시달리고 있다.

1) REBT의 상담적 접근

REBT를 위시한 CBT 이론의 관점에서 볼 때 김 여사가 불행한 것은, 이혼했다고 하는 외부적 사건 때문이라기보다는, 이혼했다는 사건을 수치스러운 것으로 해석하는 인지적 오류 때문이다. 그리고 그러한 인지적 오류 내지 비논리적 상념 뒤에는 ① 당위적 사고와 ② 자기 비하적 평가와 ③ 과장성과 ④ 낮은 인내심이 있다고 본다.

REBT 상담에서는 내담자가 불행감에서 벗어나 비교적 담담하고 적응적인 삶을 영위하도록 돕기 위하여 상담자가 김 여사와 합의하여 상담목표를 결정한다.

여기서 상담의 결과적 목표를 다음과 같이 수립한다.

- **정서적 (결과) 목표:** 이혼한 남편에 대한 분노나 증오심을 버린다. 시댁에서 자라고 있는 아들에 대한 걱정과 애타는 그리움에서 벗어난다. 이혼했다는 수치심과 우울증에서 벗어난다.
- **행동적 (결과) 목표:** 두문분출하고 칩거하는 행위를 중단하고, 예전처럼

외출도 하고 사람을 만난다. 삶의 의욕과 명랑성을 되찾는다.

이어서 상담의 과정적 목표는 비합리적 신념을 합리적 신념으로 변화시키는 데에 둔다. 비합리적 신념을 합리적인 신념으로 변화시키기 위하여 상담자가 사용하는 논박은 지시적 논박, 소크라테스식 담론과 은유 및 유머의 사용 등으로 다양하게 이루어진다.

여기에서는 지면상 간단하게 두 신념의 핵심 내용만 적어 보기로 한다.

표 12-1 김 여사의 비합리적 신념에 대응한 합리적 신념

비합리적 신념	합리적 신념
나를 버리고 다른 여자에게 가 버린 남편을 도저히 용서할 수 없다. 그런 남편은 천벌을 받아야 하고 내가 그를 미워하는 것은 당연하다.	큰 잘못도 없는 나를 버리고 다른 여자에게 가 버린 남편이 괘씸하고 원망스러운 것은 사실이지만, 따지고 보면 그런 행동을 막을 강제적 권리는 나에게 없으며 그것을 용서하지 말라는 법도 없다. 이 세상에는 내 남편보다 더 지독한 악인들도 천벌을 받지 않고 잘 살고 있다. 그러므로 내 남편이 나를 버렸다고 해서 천벌을 받아야 한다는 법은 없다. 어렵긴 하지만 나는 그를 미워하지 않을 수도 있다.
남편도 떠나고 자식도 빼앗긴 채 외로이 살아야 하는 내 운명을 나는 도저히 견딜 수 없다. 그건 끔찍한 일이다.	갑자기 혼자서 살아야 하는 생활은 몹시 생소하고 불편하고 외로운 것은 사실이지만, 그것이 끔찍하다거나 도저히 견딜 수가 없는 것은 아니다. 주말이면 내 아들이 나에게 와서 지내다가 가니까 견딜 만하다.
내 아들이 얼마나 나를 찾으며 울고 있는지, 그리고 시댁에서 이상적인 자녀지도가 잘될 것 같지 않아 도저히 잠을 잘 수가 없다. 밥도 제대로 먹을 수가 없다.	내 아들이 엄마를 찾는 것은 당연하다. 가끔씩은 엄마가 보고 싶어 울 것이다. 그러나 엄마를 잊고 즐겁게 놀 때도 많을 것이다. 시부모에게는 자기 손자가 소중하니까 내가 염려하는 것만큼 미움을 받거나 교육이 엉망으로 되는 일은 적을 것이다. 어미의 본능으로 내가 아들을 그리워하는 것이다. 세월이 가면 나도 눈물을 거둘 수 있을 것이다. 내가 서글프기는 하지만, 이제부터 잠도 자고 밥도 먹기로 결심하면 된다.

나는 이혼 당했으므로 우리 가문에 수치를 안겨 준 죄인이다. 도저히 일가친척들을 뵐 면목이 없다.	내가 이혼 당한 것을 부모님이 서러워 하시지만, 이혼이란 내가 남에게 고의적으로 피해를 준 범죄 행위가 아니므로 나는 죄인이 아니다. 내가 용기가 있다면 일가친척들 중 나를 이해하는 분에게는 내 사정을 이야기하고 가끔씩 도움을 요청할 수도 있는 일이다.
사람들이 이혼녀라고 손가락질 할까 봐 쥐구멍에라도 숨고 싶고 도저히 외출을 할 수가 없다.	사람들은 자기가 생각하는 것만큼 그렇게 남들에게 많은 관심을 가지는 것이 아니다. 이혼녀라고 손가락질하는 사람이 있다면, 그 사람이 인격적으로 부족한 사람이다. 그러므로 내가 그런 사람의 판단에 따라 좌우될 필요가 없다.
나는 아무런 삶의 의욕도 재미도 없으니 죽고만 싶다.	내 주변에 나를 기쁘고 행복하게 만들어 줄 사람이 없다. 그러기에 내가 내 생활을 즐겁고 재미있게 살아가도록 열심히 노력할 필요가 있다. 우울해질 때마다 내 자신의 마음을 가다듬고 추스르는 것이 좋다.
나는 남편에게 소박맞은 사람이니 무가치한 인간이다.	인간의 가치는 사랑받는다거나 매력, 능력, 재산, 지위 등에 의해서 결정되는 것이 아니다. 내가 남편에게 사랑을 받든 소박을 맞든 간에, 그것과는 무관하게 인간으로서 나는 여전히 귀한 존재다.

REBT 상담시간에는 ABCDE 자기조력표를 이용하여, 내담자는 비합리적 생각을 합리적 생각으로 대체한다. 상담자는 내담자에게 정서적 행동적 숙제의 부과, 독서요법 등을 권장한다. 그리하여 상담에서 체득된 합리적 사고가 심화되도록 촉구하고, 내담자가 더욱 유연한 태도로 자기와 세상을 수용하도록 돕는다.

2) 불교적 접근

이제 김 여사의 문제를 불교적 관점에서 저자 나름대로 유추하여 살펴보기로 하자.

김 여사가 심리적인 고통에서 해방되도록 돕기 위하여, 불교적 관점의 지도

자는 김 여사가 호소하는 이야기, 즉 증오하는 남편과 보고 싶은 자식과 비정한 세상에 대한 생각을 일단 접어 두라고 할 것이다. 그리고 남편과 자식과 세상과 자기 자신에 대하여 끊임없이 골똘하게 생각하고 있는 김 여사 자신의 마음, 바로 그 마음 자리를 조용하게 똑똑하게 바라보도록 촉구할 것이다.

그 결과, 자기관조를 통하여 김 여사는 제6식인 의식(意識)과 제7식(말라식)의 작용에 의하여, (즉 마음의 움직임에 의해서) '이혼한 나는 수치스럽고 불행한 인간이다.' '내 자식을 내가 잘 길러야 하는데 헤어져 있으니 도저히 견딜 수 없다.'라고 분별하는 인식이 생겨났다는 것을 알아차렸다고 하자. 그리고 '나'라든지 '남편'이라든지 또는 '자식'에 대한 대상경계가 생기고, 이들에 대하여 분별하고, 자식에 대해서 그립고 사랑하는 감정을 내고, 남편에 대해서는 미워하는 감정을 부단히 반복하여 자신에게 강화시킴으로써, 애증(愛憎)의 감정이 발생, 지속된 것을 알아차렸다고 하자.

이어서 이렇게 고민에 싸여 있는 '나'(나의 본질)란 과연 무엇인가에 대하여 큰 의문점이 생겼다고 하자.

고요한 사유의 시간에 자기 내면에 침잠하여 자신을 바라보니 '나'는 언젠가는 죽고 사라져 흔적도 보이지 않을 허깨비 같은 존재(無我)다. 남편과 내 자식도 나와 똑같이 팔고(八苦)에 허덕이는 무상(無常)한 존재다. 그리고 행복했던 가정생활은 이제는 과거사인데도 불구하고, 행복했던 시절의 그 상태 그대로 영원히 남아 있으라고 내가 억지를 쓰고 있다. 이러한 아집(我執)의 결과로 성냄의 번뇌 망상에 사로잡혀 있다.

나는 떠나간 자식을 그리워한다. 내 아들이 엄마를 찾아 울게 될 때면 나도 울 것이고, 내 아들이 아프게 되면 내 마음도 찢어지게 아플 것이다. 이것이 현실을 사는 나의 모습이다. 나는 이 사실을 인정한다(如實知見). 그러나 '나'의 실상(實相)은 내가 태어나기 전이나 내 육신이 죽은 다음에도 여전히 순수 무구하게 빛나는 한 물건, 즉 공(空)이요, 불성(佛性)이다. 이 불성을 깨우치면 영원한 기쁨과 자유가 있을 것인데, 나는 '이혼'이라든지 생로병사하는 인간적 조건에만 스스로 예속되어 과연 언제까지 울고 웃고 하는 부자유한 존재로 살 것인가?

'나'는 진정으로 자유롭고 행복한 삶을 살고 싶다. 그러기에 오늘 이 시간 내가 '나'에 대한 본질적인 깨달음을 얻는 것은 대단히 중요하다.

이렇게 김 여사는 제3자의 눈으로 자기를 바라보는 것이다. 그리고 이혼의 문제보다는 본질적인 문제, 즉 '나는 누구(또는 무엇)인가.'에 대한 깨우침을 얻고자 하는 큰 동기를 가지고, 보살의 수행에 정진한다고 하자.

이제 김 여사는 '내 것이다.'거나 '내 것이 아니다.'라는 분별심도 버리고, 이 양자를 다 포용한다. 그리고 보니까, 내 '아들'은 '내 아들'이면서 '내 것'이 아니었다. 나의 행복을 빼앗아 간 남편도, 나를 비롯한 모든 중생과 똑같이 갈애로 불타고 있고, 생로병사의 고통에 예속되어 있는 불쌍한 존재다. 그와 나는 더 이상 대립된 존재가 아니며, 본질적으로 평등하다. 나에게 슬픔을 안겨 준 남편은 지금 와서 보니 나로 하여금 인간 존재의 유한성을 깨닫게 하고 해탈의 길로 인도한 은인이다. 나는 이제 '진정한 사랑'이란 소유도 아니요, 이기적인 집착도 아니요, 있는 그대로 상대방을 보면서 이해해 주는 것이라는 사실을 눈물 젖은 눈으로, 절실한 가슴으로 수용한다. 그리하여 모든 살아 있는 것이 행복하기를 진심으로 기원하는 한결같은 마음으로, 나는 이제 남편 역시 부디 행복하기를 진심으로 기원한다.

이처럼 김 여사가 아집과 증오심을 떨쳐 버리고 나니 이혼과 관련된 애증의 죄업(罪業)이 말끔히 사라졌다고 하자. 지금까지 고뇌에 싸였던 김 여사의 얼굴은 이제 잠잠한 기쁨과 평안으로 빛난다. 그녀에게는 자식이나 남편이나 자기에 대한 미련도 온데간데없고 오직 평온한 마음만이 있을 뿐이다.

김 여사가 이러한 경지에 이르기까지는 쉽 없는 수행을 거쳤을 것이다. 그리고 이것은 아마도 여러 차례의 돈오(頓悟)와 점수(漸修)의 과정을 거쳐 가능하지 않았을까? 김 여사는 남편에 대한 생각, 즉 원망과 증오에 초점을 두지 않고, 참된 '자기'를 찾는 것에 초점을 맞추었기에, 번뇌 망상의 세계에서 자유와 해방의 경지로 옮겨 갈 수 있었을 것이다.

이제부터 김 여사는 깨달음을 통하여 터득한 지혜를 놓치지 말고 일상의 체험 속에 기쁨이 항상 녹아 나도록 계속 정진해 나가야 할 것이다. 선정(禪定)을 통한 철저한 자기 응시로 의식과 말나식(末那識)과 아뢰야식(阿賴耶識)이 말끔하게 정화되어 가도록 여생을 수행에 정진해야 할 것이다.

그리고 자신의 행복 추구에만 관심을 가졌던 태도를 지양하고, 자신처럼 불행한 인간과 소외된 사람들, 즉 병든 이와 고아와 노인들의 고통에도 동참하는 **이타행**(利他行)으로 살아가기로 결심할 것이다. 다시 말해서, 김 여사는 개인적인 한(恨)을 승화하여 아름다운 **보살행**을 적극 실현하기로 서원할 수 있을 것으로 기대해 본다.

이상은 김 여사가 깨달음의 경지에 도달하는 과정을 이상적인 관점에서 조명해 본 것이다. 그러나 과연 몇 년의 수행 과정을 거쳐 그와 같은 철저한 초월이 가능할 것인가? 불교적 접근은 이론적으로는 이해가 되지만, 실행하기는 결코 호락호락하지 않은 것처럼 보인다.

3) 기독교적 접근

'이혼'은 거의 누구에게나 트라우마로 간주된다. 남편은 떠나가고 아들마저 빼앗기고, 심리적 · 경제적 의지처가 사라진 현상은 트라우마라 할 수 있다. 그런 경험 속에 절망하는 김 여사에게 상담자는 연민과 수용으로써 그의 호소 내용을 경청하고 공감해 줄 필요가 있다. 이 시기에 어떤 논리적인 설명은 김 여사에게 납득되지 않으므로 적합하지 않다.

김 여사가 차라리 정서 체험적 치유집단에서 상담과 치유의 시간을 갖는 것이 더 이상적으로 보인다. 그리고 나서 한부모 가정, 이혼 가정의 자조(自

助) 집단에 들어가 동병상련의 공동체적 유대감을 나누게 하는 것이 현명하다고 생각된다. 그러면서 기독교적인 접근으로 상담에 임하는 것이 필요하다.

첫째, 김 여사는 하나님께 억울한 심정을 충분히 토설해 내야 한다. 자기의 끓어오르는 감정을 억압하거나 부인하고 회피하면 심인성(心因性) 질환을 앓게 되거나, 걷잡을 수 없는 감정의 폭발로 정상적인 일상생활과 대인관계에 손상을 가져온다.

둘째, 지금까지 자기가 살아온 방식을 검토하고 하나님께 자기가 죄인임을 자백해야 한다. 김 여사는 오늘날까지 하나님이 주신 복을 당연시하며, 하나님에 대하여 알아보고자 하는 관심도 없었을는지 모른다. 이것은 기독교적인 관점에서 볼 때 잘못된 삶의 방식이다.

셋째, 하나님과 대화하는 시간을 가지고 생활해야 한다. 그것은 성경 말씀을 읽음으로써 성경 속에 들어 있는 하나님을 발견하는 것이다. 하나님은 성경 속에 선지자의 말씀을 통해서 그리고 예수님의 모습으로 나타나며, 사계절에 따라 변화하는 삼라만상의 모습으로 자신의 본체를 드러내신다. 보이지 않고 들리지 않는 우주의 소리, 생명의 심장 소리를 들을 수 있어야 한다. 그래서 말씀에 주의를 기울이고 경청하며 오로지 말씀에 마음을 의지하면 치유 받을 수 있다.

> 내 아들아, 내 말에 주의하며 나의 이르는 것에 네 귀를 기울이라……. 그것은 얻는 자에게 생명이 되며 그 온 육체의 건강이 됨이라.(잠언 4:20-22)

넷째, 자기에게 주어진 고난의 의미를 발견해야 한다. 김 여사는 기도하고 간구하면서 그 시련이 자기의 장래에 대하여 어떤 의미와 비전을 암시하는지를 발견하는 일이 필요하다. '하나님(주님)의 뜻이 무엇인지, 자기 인생은 어느 방향으로 나아가야 하는지'를 성령과 교통하는 가운데 점차 확실하게 깨닫게 되는 시간이 필요하다.

세상적으로 모든 자존심을 내려놓고 한없이 낮아지고 겸손해지면서 오로지 하나님의 방식대로 살게 될 때 이 세상이 줄 수 없는 마음의 평화와 기쁨을 누릴 수 있다.

> 심령이 가난한자는 복이 있나니 천국이 저희 것임이요,
>
> 애통하는 자는 복이 있나니 저희가 위로를 받을 것임이요,
>
> 온유한 자는 복이 있나니 저희가 땅을 기업으로 받을 것임이요,
>
> 의에 주리고 목마른 자는 복이 있나니 저희가 배부를 것임이요,
>
> 긍휼히 여기는 자는 복이 있나니 저희가 긍휼히 여김을 받을 것임이요,
>
> 마음이 청결한 자는 복이 있나니 저희가 하나님을 볼 것임이요,
>
> 화평케 하는 자는 복이 있나니 저희가 하나님의 아들이라 일컬음을 받을 것이요.
>
> (마태복음 5:3-9)

　'이혼'은 김 여사가 원하는 것이 절대로 아니다. 김 여사는 행복한 가정생활을 간절하게 염원한다. 그런데 그것이 빼앗겨졌다. 이 커다란 손실을 하나님의 관점에서 바라보자면, 하나님은 더 큰 것을 주시기 위해서 먼저 고난을 주신다고 해석해야 할 것 같다. 무수한 사람들의 질병을 고치시고, 먹이시고, 기적을 행하였던 예수, 하나님의 아들 예수님이 세상의 온갖 조롱과 비극적인 죽음을 감수한 것은 엄청난 하나님의 은혜를 우리에게 주시기 위한 희생이었다. 그렇다면 김 여사 역시 눈물 어린 얼굴로 하나님께 무언가를 드린다는 의미로 '이혼'이라는 사건을 받아들인다면 어떨까? 그리고 그 대가로 돌아오는 엄청난 은혜가 무엇인지를 자기의 사명과 함께 발견해 보면 좋을 것 같다.

　만약에 김 여사가 남편과 아들과 함께 행복하게 살게 되었더라면 아마도 김 여사는 행복한 주부로서 안주하고 일생을 평범하게 살았을 것이다. 그런데 이혼 덕분에 자기의 잠재능력을 찾아 매진하고, 하나님이 주신 탤런트(재능)를 꽃 피우고, 엄청난 일을 일생 내내 하게 되지 않을까? 그리하여 김 여사

는 자기가 하나님의 귀한 자녀임을 확신하고 좀 더 큰 '자기'로 비약하게 될 것 같다.

다섯째, 이상적으로 볼 때, 김 여사는 자신이나 남편이나 세상 사람들의 죄악된 본성을 알아차리고, 그에 대하여 너그럽게 수용하고 용서하는 자세가 필요하다. 물론 남편은 큰 과오를 범하였다. 그래서 김 여사는 그를 도저히 용서할 수 없다는 마음으로 불타고 있다. 그러나 따지고 보면 모든 인간은 실수하기 마련이므로, 남편도 실수를 하였고, 김 여사 자신도 실수하는 인간이다. 두 사람의 실수와 죄악의 크기가 하나님의 관점에서 보면 '도토리 키 재기'와 같다. 그러므로 남편이 비록 김 여사에게 커다란 슬픔을 안겨 주었지만, 하나님의 관점에서 그 사람을 바라보도록 하자. 그의 잘못은 미워하되, 그 사람 자체는 미워하지 말자. 오히려 그가 잘되기를 기원해 줄 필요가 있다. 남편이 잘되어야 아들이 아빠와 잘 살 수 있다. 그리고 김 여사의 마음도 편안해져서 온갖 시름과 질병에서 자유로워질 수 있게 된다.

김 여사가 머리로는 이러한 사상을 이해할 수 있지만, 감정적으로는 이것이 도저히 용납되지 않는다. 그래서 우리는 더욱 기도해야 한다.

"주님, 저는 무어라고 제 마음을 표현할 길이 없습니다. 오직 눈물뿐이에요. 저의 슬픔을 주님은 이해하시지요? 주님, 가슴이 찢어지는 듯한 제 슬픔을 아시고 저를 위로해 주세요."

"주님 저는 남편이 용서가 되지 않습니다. 저는 피해자라고 생각합니다. 주님께서 저에게 무궁한 마음의 양식과 보화를 주시려고 이런 시련이 닥쳤다는 것을 확실하게 알게 해 주세요. 그리고 주님과 같이 끝없이 넓은 마음과 흔들리지 않는 평안을 저에게 주세요. 아멘."

여섯째, 김 여사는 기쁨 가운데 주님을 찬양하는 시간을 가져야 한다. 기독교적 상담자는 김 여사와 함께 성경을 읽고 기도하며 그를 위로하고, 성령님의 지혜와 임재를 간구하면서, 찬양의 시간을 가지라고 권고하는 것이 좋다. 기쁜 생각은 우리 몸의 세포를 살아나게 해 준다.

"시작이요, 끝이신 영원한 하나님, 만유에 편재하고 무소부재하시며, 전지전능하신 하나님, 만물을 창조하시고 이 세상 만물의 운행을 주관하시는 하나님! 거룩한 주님의 영광과 권위와 능력과 사랑과 지혜를 칭송합니다. 조그마한 지구라는 땅에 짧은 시간을 살면서 주님의 영광스러운 세계에 동참하게 하시고 어마어마한 주님의 세계를 조금이나마 헤아려 볼 수 있게 하시니 감사합니다. 저는 마음이 쓰라립니다. 그러나 오늘날 내가 처한 현실에만 눈을 돌리지 말고, 나에게 향한 주님의 섭리와 장차 나에게 예비하고 계시는 은혜를 미리서 헤아려 보면서 그 기쁨을 미리 맛보게 해 주십시오. 주님의 은혜 안에 살게 해 주세요. 아멘."

마지막으로, 상담자는 김 여사의 장래 설계에 대해서 논의해 보는 시간을 가질 필요가 있다. 김 여사는 싱글로 살거나, 기회가 되면 재혼할 수 있다. 그리고 이번 사건을 계기로 사업이나 공부, 전문 직종의 연수에 뛰어들어 전문가로서의 장래를 준비할 수 있다. 어떤 방향으로 갈 것인가의 선택권은 그녀에게 있다.

혹시 수년의 시간이 흐른 다음에 남편이 그녀에게 돌아올지 누가 알 수 있겠는가? 수년의 시간이 흐른 다음에 남편이 그녀를 스쳐 지나가든, 또는 다시 돌아오든 간에, 김 여사가 혼자 힘으로도 당당하고 행복하고 품격 있게 자기의 삶을 가꾸어 가는 모습을 보게 된다면, 남편은 놀라고 그녀를 진정으로 존경하게 되지 않겠는가?

아무튼 상담자는 마지막 충고를 아끼지 말아야 한다.

그것은 김 여사가 남편에 대한 증오와 자기학대하는 마음 등이 말끔하게 정리된 다음에 재혼해야 한다는 것이다. 지금 당장 외로우니까 어떤 사람을 만나 사랑에 빠진다면, 김 여사는 새로운 관계의 즐거움으로 행복감을 느낄 수 있을 것이다. 그러나 새로운 사람과 동거나 재혼으로 들어갈 때, 전 배우자와의 사이에서 치유되지 않고 남아 있는 상처의 앙금이 그들의 관계에 심각한 악영향을 끼치게 된다. 시기적으로는 적어도 3~5년이 경과한 다음에 새로운 사람을 만나는 것이 좋다.

돌아보면 혼자인데

곽현덕

돌아보면 혼자인데,
기도하니 주님께서 동행하십니다.

돌아보면 가진 것 없는데,
기도하니 천국이 나의 것입니다.

돌아보면 나약한데,
기도하니 주님의 자녀입니다.

돌아보면 사방이 막혀 있는데,
기도하니 하늘 문이 열려 있습니다.

돌아보면 세상이 막막한데,
기도하니 영원한 영생과 생명입니다.

돌아보면 내가 한 것 같은데,
알고 보니 하나님이 하신 것입니다.

참고문헌

강정원 역(2018). 열등감 버리기 기술(Rettokan to iu Moco: Zen Ga Oshieru "Kisowanai" Ikkata) Toshiaki MASUNO. 마스노 슌모 저. 서울: 슬로디미디어.

권석만, 김진숙, 서수균, 주리애, 유성진, 이지영 역(2005). 심리도식치료(Schema Therapy). Young, J. E., Klosko, J. S., & Weishaar, M. E. 저. 서울: 학지사.

김남성, 조현주 역(2000). 스트레스 상담: 인지 · 정서 · 행동적 접근(Stress Counseling). Ellis, A. & Gordon, J. 저. 서울: 민지사.

문현미, 민병배 역(2010). 마음에서 빠져나와 삶 속으로 들어가라(Get Out of Your Mind & Into Your Life). Hayes, S. & Smith, S. 저. 서울: 학지사.

박경애(1997). 인지 · 정서 · 행동치료. 서울: 학지사.

방선욱 역(2018). 행복에 이르는 길(How to Make Yourself Happy). Ellis, A. 저. 서울: 교육과학사.

서수균, 김윤희 역(2007). 합리적 정서행동치료(Rational Emotive Behavior Therapy: A Therapist's Guide, Ind ed.). Ellis, A. & McLaren, C. 저. 서울: 학지사.

오제은 역(2004). 상처받은 내면아이 치유(Home-coming). Bradshaw, J. 저. 서울: 학지사.

오제은 역(2005). 당신이 원하는 사랑 만들기: 국제공인 이마고 커플 워크숍 매뉴얼
　　　(Getting the Love You want). Hendrix, H. & Hunt, H. 저. 서울: 한국부부상담
　　　연구소.

원호택 외 역(1996). 우울증의 인지치료(Cognitive Therapy on Depression). Beck, A.
　　　저, 서울: 학지사.

유성진 역(2017). 합리적 정서행동치료(Rational Emotive Behavior Therapy:
　　　Distinctive Features). Dryden, W. 저. 서울: 학지사.

이동귀 역(2011). 앨버트 엘리스(Albert Ellis). Yankura, J. & Dryden, W. 저. 서울: 학
　　　지사.

이민수(1998). 혜원동양고전 10 – 노자 도덕경. 서울: 혜원출판사.

이우경, 조선미, 황태역 역(2002). 마음챙김 명상에 기초한 인지치료(Mindfulness-
　　　Based Cognitive Therapy for Depression). Segal, Z., Williams, J., &
　　　Teasedale, J. 저. 서울: 학지사.

임지준(2019). REBT의 적용과 실제. 동양에서 REBT의 적용 과제(pp. 1–106). 한국
　　　REBT 인지행동치료학회 창립총회 및 제1차 국제학술세미나.

정태연, 이민희 역(2016). 비로소 나를 사랑하는 방법(The Myth of Self-Esteem). Ellis,
　　　A. 저. 서울: 학지사.

조용래(2019). 사회불안장애의 인지행동치료. 동양에서 REBT의 적용과제(pp. 1–64).
　　　한국 REBT 인지행동치료학회 창립총회 및 제1차 국제학술세미나.

최은주 역(2017). 스트레스와 트라우마, 치유할 수 있다(Trauma Response Release).
　　　Berceli, D. 저. 서울: 오랜 기억.

홍경자 역(1984). 이성을 통한 자기성장(Growth Though Reason). Ellis, A. 저. 서울:
　　　탐구당.

홍경자 역(1986). 정신건강적 사고(A New Guide for Rational Living). Ellis, A. 저. 대
　　　구: 이문출판사.

홍경자(1987). 상담사례보고 "20년간의 말더듬이여, 안녕!". 학생생활연구, 제19집, 89–
　　　181, 전남대학교 학생생활연구소.

홍경자(1990). RET에서의 초기단계. 대학생활연구, 제8집, 83–106, 한양대학교 학생생
　　　활연구소.

홍경자(1998). 말더듬도 콤플렉스도 멀리 멀리 가거라! – 청소년의 열등감과 죄의식을 다룬 상담 사례. 청소년 인지상담(pp. 384-408). 서울: 청소년 대화의 광장.

홍경자(1998). 인지상담과 기독교. 청소년 인지상담(pp. 191-236). 서울: 청소년 대화의 광장.

홍경자(2010). 엘리스(Ellis)의 합리적 정서적 행동치료(REBT). 대가와 함께하는 그랜드 워크숍 1–12, 평택대학교 피어선 심리상담원.

홍경자(2016). 넉넉한 부모, 잘되는 아이. 서울: 학지사.

홍경자, 권석만(1998). 인지상담과 불교(佛敎). 청소년 인지상담(pp. 237-283). 서울: 청소년 대화의 광장.

홍경자, 김선남 역(1995). 화가 날 때 읽는 책(Anger: How to live with/without It). Ellis, A. 저. 서울: 학지사.

홍경자, 노안영, 차영희, 최태산 역(2007). 부모코칭 프로그램: 적극적인 부모역할, Now(Active Parenting Now: For Parents of Children Ages 5 to 12). Popkin, M. 저. 서울: 학지사.

홍경자, 유정수 역(2003). 나를 사랑하기(Self-Esteem). Mckay, M. & Fanning, P. 저. 서울: 교육과학사.

홍경자, 정욱호, 최태산, 권선이(2017). 자존감을 심어주기. 서울: 홍경자심리상담센터 출판부.

찾아보기

인명

내용

편저자 소개 _____

홍경자(Hong, Kyungja)

전남대학교 교수(1976~2006)를 역임하였고, 현재는 전남대학교 명예교수이며, 홍경자심리상담센터 소장으로서 세계적인 부모코칭 프로그램인 적극적인 부모역할 훈련(AP)의 지도자를 20여 년간 양성해 왔다. 저자는 한국사회에 '상담심리학'이라는 학문을 처음 소개한 제1세대 학자이기도 하다. 그리고 엘리스(Ellis)의 REBT 이론을 한국사회에 최초로 소개하였다. 지난 50년 동안 상담자들에게 상담의 실제적인 기술을 명쾌하게 가르쳐 왔고 특히 '마음치유여행'의 워크숍을 통하여 한국인의 한(恨)과 화병을 치유하고 있다. 저자는 국제공인 이마고 부부상담치료사이고, 상담심리학 분야의 네 개 학회(한국심리학회, 한국상담학회, 한국가족상담협회, 한국기독교상담심리학회)에서 공인 슈퍼바이저로 활동하고 있으며, '아리랑Therapy'에 대한 특허를 소유하고 있다. 현재는 개인상담, 부부상담, 집단상담, 상담자 기술 훈련과 슈퍼비전 등에 주력하고 있다.

『넉넉한 부모, 잘되는 아이』(학지사, 2016), 『자존감을 심어주기』(공저, 홍경자심리상담센터 출판부, 2017), 『사회성과 대화능력을 길러주기』(공저, 홍경자심리상담센터 출판부, 2017), 『상담의 과정』(학지사, 2001), 『청소년의 인성교육』(학지사, 2004), 『부모코칭 프로그램: 적극적인 부모역할, NOW』(공역, 학지사, 2007), 『의사소통의 심리학』(학지사, 2007), 『이혼·별거 가정의 부모역할』(공역, 학지사, 2009) 등 40여 권의 저·역서와 100여 편의 논문을 저술하였다.

REBT와 인지이론의 실제
-생각 바꾸기 훈련 사례-

Practice of REBT and Cognitive Theories
-Thought Changing Training Cases-

2020년   1월 10일 1판 1쇄 인쇄
2020년   1월 15일 1판 1쇄 발행

편저자 • 홍경자
펴낸이 • 김진환
펴낸곳 • ㈜ **학지사**

　　　　　04031 서울특별시 마포구 양화로 15길 20 마인드월드빌딩
대표전화 • 02-330-5114　　팩스 • 02-324-2345
등록번호 • 제313-2006-000265호

홈페이지 • http://www.hakjisa.co.kr
페이스북 • https://www.facebook.com/hakjisa

ISBN 978-89-997-1987-5　93180

정가 18,000원

이 도서의 국립중앙도서관 출판시도서목록(CIP)은 서지정보유통지
원시스템 홈페이지(http://seoji.nl.go.kr)와 국가자료공동목록시스템
(http://www.nl.go.kr/kolisnet)에서 이용하실 수 있습니다.
(CIP 제어번호: CIP2019048355)

출판 · 교육 · 미디어기업 **학지사**

간호보건의학출판 **학지사메디컬** www.hakjisamd.co.kr
심리검사연구소 **인싸이트** www.inpsyt.co.kr
학술논문서비스 **뉴논문** www.newnonmun.com
원격교육연수원 **카운피아** www.counpia.com